“绿谷双名工程”丛书

整合与创生：

名师引领下的高中课堂教学改革

潘巧明　徐正林　主编

内容提要

本书是浙江省"绿谷双名工程"系列之一，选录了48位高中教师的课堂教学案例，以文字方式再现了各位培养对象的精彩课堂，案例涵盖了高中语文、数学、英语、物理、化学、生物、政治、历史、地理等全部学科。本书案例全部来源于山区教师教学实践经验的总结与提炼，凝聚着山区教师的心血，闪耀着山区教师的课堂教学智慧。阅读本书有助于山区新手教师快速成长为山区教学"名师"。本书适合教育界人士阅读。

图书在版编目(CIP)数据

整合与创生：名师引领下的高中课堂教学改革 / 潘巧明，徐正林主编. —上海：上海交通大学出版社，2024.6

ISBN 978-7-313-30202-1

Ⅰ. ①整… Ⅱ. ①潘…②徐… Ⅲ. ①课堂教学—教学改革—高中 Ⅳ. ①G632.421

中国国家版本馆CIP数据核字(2024)第018807号

整合与创生：名师引领下的高中课堂教学改革
ZHENGHE YU CHUANGSHENG: MINGSHI YINLING XIA DE GAOZHONG KETANG JIAOXUE GAIGE

主　　编：潘巧明　徐正林
出版发行：上海交通大学出版社　　地　　址：上海市番禺路951号
邮政编码：200030　　电　　话：021-64071208
印　　制：广东虎彩云印刷有限公司　　经　　销：全国新华书店
开　　本：710mm×1000mm　1/16　　印　　张：23.75
字　　数：289千字
版　　次：2024年6月第1版　　印　　次：2024年6月第1次印刷
书　　号：ISBN 978-7-313-30202-1
定　　价：78.00元

总 序

Foreword

加强教师队伍建设，实现教育现代化

中华民族自古以来就有尊师重教的优良传统，荀子说“国将兴，必贵师而重傅”。党的十八大以来，党中央特别重视教师队伍的建设。2018 年《中共中央、国务院关于全面深化新时代教师队伍建设改革的意见》指出：“百年大计，教育为本；教育大计，教师为本。”并提出了“真正让教师成为让人羡慕的职业”的政策目标。2019 年教师节，习近平总书记再一次向全国广大教师和教育工作者祝贺教师节，并寄语教师，不忘立德树人的初心，牢记为党育人、为国育人的使命。

改革开放以来，尤其是党的十八大以来，我国教师队伍建设取得了巨大的成就，逐步探索出了一条坚持党的领导、以师德建设为核心、不断提升质量和岗位吸引力的中国特色社会主义教师队伍建设之路。但也要看到，随着各级各类教育普及率大幅提高，教师规模不断扩张，不可避免地出现了发展不平衡、不充分的问题。有些地方教师待遇还是不能很好地得到保障，有些地方教师质量还不达标，也有些地方很难招聘到合格的教师。特别是中西部乡村地区，那里教师招不进去，留不住人。2021 年中央拨款 300 亿元支持农村教育的发展，本人认为这笔钱应该放在教师队伍建设上，以加大公费师范生的教育，加强农村教师的培训，提高乡村教师育人的专业水平。

一、教师培训要改变灌输的方式，采用多种形式向农村输送优质教育资源

首先，教师培训要改变过去那种灌输的培训方式，要培养教师的专业思

想,使他们愿意当教师,热爱教育工作,热爱儿童。其次,要让他们懂得教育的规律、教育的法律法规,有正确的教育观念、良好的师德。再次,要培养他们教书育人的能力,掌握课程标准和教材内容,能够把课上好。另外,除了国培计划、省培计划以外,可以采用多种形式把城市的优质资源输送到农村:一是省级市级之间的交流与帮扶,要像扶贫工作一样,由一个发达省或市帮扶欠发达省或市的教育;二是由市一所优质学校,帮扶市属县里乡村的教育,不是一时一事,而是约定合同计划,进行长期帮扶;三是采取一对一的模式,由一所优质学校帮助一所乡村学校;四是充分利用信息化技术,把优质课堂输送到农村,把线上课堂教学与乡村教学同步进行,不仅使让学生听到优质的课堂教学,还能提高当地教师的教学水平;五是由老教师和年轻教师开展同课异构活动,上同样一节课,由专家点评,开展讨论,深入挖掘课程和教材的本质,改进教学方法,从而提高课堂教学质量,在这个过程中培养年轻教师。

二、在教师队伍建设中改革教师评价制度

2020 年 10 月,中共中央、国务院办公厅发布了《深化新时代教育评价改革总体方案》(以下简称《改革方案》),这是贯彻落实习近平总书记关于教育重要论述和全国教育大会精神、深化教育改革的重大举措,对教育改革有重大的意义。《改革方案》提出要改革学校评价、教师评价、学生评价、用人评价。这几方面评价的改革,归结到一点就是要着力破除唯分数、唯升学、唯文凭、唯论文、唯帽子的顽瘴痼疾,建立科学的、符合时代要求的教育评价制度和机制。《改革方案》对教师的评价制度改革有着重要的作用,因为对教师的评价最终都要落实到教育教学上。《改革方案》对改革教师评价的要求是:坚持把师德师风作为第一标准,突出教育教学实绩,强化一线教学工作。《改革方案》提出,要改进结果评价,强化过程评价,探索增值评价,健全综合评价,这四个方面对教师评价非常重要。

在对学校、对教师进行评价的过程中,应该重视过程评价、综合评价,特别要重视增值评价,鼓励进步。能够治好疑难病症的医生就是好医生,但是教师在所谓“名校”中教优秀学生可以成为名师,在薄弱学校中把所谓“差

生”教好的却成不了名师，这显然是一个悖论。因此，对学校和教师进行评价应该重视增值评价，从发展中看学校和教师的进步。对教师的评价要根据教师的实际情况进行评价，例如，对老教师和青年教师的评价就不应该一样，要重视青年教师的进步和提高，既要严格要求，又要重在鼓励，因为对教师评价的目的是促进教师的发展。

三、什么样的教师是好老师?

什么样的教师是好老师？习近平总书记已经给我们提出了四个标准。2014 年在北师大师生座谈会上他讲到，一名好老师要有理想信念、道德情操、扎实学识、仁爱之心。基于此，我总结了以下五点好老师的标准。

(一) 好老师要有理想信念、道德情操

教师本身就应该有高尚的师德师风。师德是教师专业化的一部分，核心就是敬业爱生。教师是用自己的知识和才能、品德和智慧影响学生的。教师的一言一行都在学生眼里，被学生所模仿。这种影响是长远的，有时教师不经意的、无心的一句话，恰好说到学生心坎上，他会记一辈子，所以，教师的言行要慎之又慎。

教师的任务是传道授业，既是经师，又是人师，教师的工作是塑造灵魂。教师的职业不仅是传授知识，而且要育人，要把学生培养成有理想、有道德、有文化、有纪律的人。教师要用自身的品德和才能影响学生，而不像其他职业那样需要特殊的工具。

(二) 好老师要有扎实的学识，善于引导学生

教师要掌握所教学科的知识体系，要掌握教育规律，同时还要做学生学习知识的引路人、创造思维的引路人。过去我们常说，教师引导学生从未知到知、从知之甚少到知之甚多。现在，教师要引导学生从已知世界到未知世界，去探索，去创新，去构筑美好的未来。

(三) 好老师要树立以学生为本、学生是主体的观念

教师的作用在于启发学生的主体性、主动性和积极性。也就是孔子说的“不愤不启，不悱不发”。教师要了解每一个学生的需要，帮助学生设计适应他发展的学习计划。因此，新时代教师应该成为学生学习的设计者、指导

者、帮助者和共同学习的伙伴。教育的对象是生动活泼的学生,要使学生的潜能得到发挥,就要以学生为主体,发挥学生的积极性、主动性和选择权。我们常常低估了学生的能力,其实教师解决不了的问题要交给学生,往往很快就能解决。我们要平等、公正地对待每一个孩子,不要把孩子分为三六九等,相信他们将来都能成才。

教育是仁爱的事业,没有爱就没有教育。教育的对象是人,是正在成长中的青少年儿童,而不是无生命的物质。教育关系到民族的未来、家庭的幸福、学生个人的成长。学生具有主观能动性,而且千差万别。要把每一个学生培养成才,就要研究学生成长的规律,掌握正确的教育方法。要做一名受学生爱戴,受家长欢迎的好老师,就要对教育的本质有正确的认识,要认识学生成长的规律,科学育人。

(四)好老师会把课堂教学作为立德树人的主渠道

教师要教好每一个学生,课堂是主渠道。教师要深入研究课程和教材,改进教学方法,提高教学质量。现在学生课业负担很重,如何改变这种状况?如何减负?提高课堂效率是根本。如果教师把每一节课上好,让每个学生都能学懂学会,课业负担就能减轻。教师也只有上好课,才能激发学生的学习兴趣,受到学生的尊重。

(五)好老师要坚持学习,终身学习

现在的教师工作很辛苦,但老师的专业培养需要较长的时间,除了理论学习,教师还特别要重视在长期实践中学习,提高自己的文化修养,培养教育智慧,提高教书育人的能力。要活到老,学到老,终身学习,这一点尤为重要。未来教育最大的变革,是从教师的"教"转变为学生的"学"。人机互动创造出新的教育模式、新的学习方式。我们每个教师都要拥抱变化,勇于迎接挑战。面对新的挑战,最好的办法是学习。首先,在实践中学,向别的教师学习,学习他们的长处,比照自己的不足,不断改进;其次,向书本学习,学习专业的书籍;再次,还要跨界学习;最后要放下架子,向学生学习,这就是所谓的"教学相长""向学生找智慧"。只有这样,才能提高自身的文化修养,才能应对信息社会和人工智能时代带来的挑战,做一名真正的好老师。

总之,教师树立正确的教育观、人才观、学生观和质量观;在深化教育改

革的过程中,提高对教育工作的认识,提高教师育人的能力。

以上是我为《河北师范大学学报(教育科学版)》2022 年 7 月第 24 卷第 4 期写的一篇文章(有增删)。2022 年 11 月,我到了浙江丽水学院。在浙江省丽水市参加“教育赋能 · 共富先行”山区 26 县高质量发展论坛期间,我了解到了丽水市自 2019 年 12 月起实施了“绿谷双名工程”。该工程面向丽水全市选拔培养了 336 位山区名校长、名教师,通过实施“双导师制”,开展“六个一”活动,创建“虚拟学校”平台等方式助力山区教师成长。我认为这样的名校长、名教师培养活动非常有意义,特别是对浙西南革命老区山区教师培养是一个新的尝试和突破,对全国山区教师培养有着很好的借鉴价值。

顾明远

中国教育学会名誉会长

2023 年 7 月

前言

Preface

2019年12月，丽水学院承接启动了面向336位山区教师，为期3年的丽水市绿谷名校长、名教师培养工程（“绿谷双名工程”），旨在通过3年系统培养，形成一批在省内、国内有较大影响力的专家型校长和知名教师，夯实山区教育的发展基石。

3年培养接近尾声，丽水市推出“绿谷双名工程”学员成果丛书（4卷），集中展示学员培养成果。本书选录了48位高中教师的课堂教学案例，以文字方式再现了各位培养对象的精彩课堂，案例涵盖了高中语文、数学、英语、物理、化学、生物、政治、历史、地理等全部学科。

课堂教学是人才培养的主阵地。打造高效课堂是高中教师的永恒追求。阅读本书会发现，参加“绿谷双名工程”的学员，在理论导师和实践导师的双重指导下，教学理论水平和课堂实践能力有了显著提升。学员们在把握教材、整合知识、处理重难点问题以及教育教学方式方法创新方面进步明显，从这批案例中可见一斑。在教学方式创新上，有的老师采取问题式教学，有的老师采取项目式教学，有的老师采取对话式教学，还有的老师采取议题式教学。这些创新型教学方式整合、重构了学科知识，创生出新型高效课堂，促进了山区教师专业发展，其最终受益者是山区学生。

本书所收录的案例既有高中文科（语文、英语、政治、历史、地理）教师的教学案例，也有高中理科（数学、物理、化学、生物）教师的教学案例。整体来看，由于不同学科教师所提交的案例数量不一，选用时学科结构存在一定的不平衡性，有的学科稍多，有的学科稍少。但每位作者的每个案例文本都经过了导师的仔细审阅、修改以及编辑人员的反复打磨、润色，这些案例都是值得一读的。本书的案例全部来源于山区教师教学实践经验的总结与提炼,凝聚着山区教师的心血,闪耀着山区教师的课堂教学智慧,阅读本书有助于山区新手教师快速成长为山区教学“名师”。有位读者在审阅初稿时说:“从文科教师的案例中可以体验人文之美,文采之美,哲思之美;从理科教师的案例中可以窥见科学之美,逻辑之美,实践之美。”

本书在案例收集、书稿编辑过程中得到了各县(市、区)教育局领导以及各高中校长的大力支持,得到了各位案例入选者的积极配合与回应。再次表示衷心感谢!

由于编者水平有限,书中难免会出现疏漏及不当之处,敬请读者批评指正!

潘巧明

丽水学院教师教育学院院长

2022年11月

目　录
Contents

何玉红

提高二考复习教学有效性实践探索——以“绿谷名师实践小组”活动中的一节微专题复习为例

一、教师简介

何玉红

松阳县第一中学高中地理教师，从教 23 年。1999 年毕业于浙江师范大学地理系，于 2011 年 6 月获得浙江师范大学教育硕士学位。先后获评为松阳县教坛新秀、丽水市教坛新苗，并于 2021 年 12 月获得市学科带头人称号。多次开设市级公开课，在市教研室组织的各种培训中开设讲座，参加市质量监控命题工作。撰写的论文多次在市里获奖，同时参与和主持了几次课题研究。

二、课堂教学思想

经过多年的实践教学，我认为教师在教学工作中不仅仅是传授学科知识，更要在教学过程中引导学生掌握有效的学习方法，提升学科核心素养，要引导学生在学习过程中潜移默化形成正确的资源观、环境观、发展观。地理学科有独到的育人价值,地理核心素养(综合思维、区域认知、人地协调观、地理实践力)的落实对学生个人和社会发展都具有重要的意义。教师要在教学中引导学生关注新时代社会需求,关注国家的发展新趋势和新动态,要响应党和国家提出的"创新、协调、绿色、开放、共享"的新发展理念,体现地理与社会的关联。所以在地理课堂教学过程中,教师要力求通过选取适合的教学情境,设计适合的问题和教学活动,引导学生在学习活动过程中掌握学科知识和方法,提升核心素养,落实立德树人的教学目标。

三、教学案例(片段)

新高考制度下,学生有两次参加考试的机会,意味着在完成一考复习之后还要再次复习。一考复习中,大部分老师习惯讲授的方式是梳理知识点,分析典型例题,教师讲得细致全面。如果说,一考时学生因为遗忘,罗列和整理知识点的方法还比较有效的话,二考复习就对教师提出了更大挑战。如何让复习高效,让学生提升能力,是一线教师要不断研究的课题。高效的课堂要让学生主动参与,要以学生学科素养的提升为核心,要提高学生应对试题新情境的能力。为了考查学生的能力水平,避免学生照搬模板答题,高考试题往往选用主干知识点的一个小角度设问,考查学生知识掌握、应用能力以及信息获取、应用能力。因此,二考复习中要发现学生知识、能力薄弱点进而重点击破,要建构小切口、小角度的小专题或微专题,使重难点更突出,复习目标更明确[①],利用"重做真题—以题带题—变式训练"三段式教学范式,能切实提高复习效率,实现减负提质。

本文以"绿谷名师工程"活动中的一次公开课"气候对农业的影响"为例探讨高三地理微专题复习。

1. 联系生活,比较差异

在课堂环节一的导入过程中,我先呈现衢州椪柑和松阳茶叶的图片,这两种农作物都是当地最为出名、经济效益最显著的特色农产品。这两张图

① 曹银兵.重温　反思　活用——高考地理二轮复习策略[J].地理教育,2018(1):33—34.

片旨在说明两地特色农业存在一定的差异性，能够引起学生的共鸣。在引导学生思考后，我展示了一幅中国特色农产品分布图，提出“中国不同地理区域特色农业的形成原因”这一问题，从而引入“气候对农业的影响”这一复习微专题。

2. 查漏补缺，提升生长

因是二轮微专题复习，学生对基础知识已经有了一定的积累甚至比较熟悉，如果还是采取回忆列举知识等方法进行复习，不仅很难引起学生的学习兴趣，效果也不尽如人意。因此，课堂的重点应找寻学生知识的盲区和能力的增长点。而学生的增长点也是学生的错误点或者不到位的点。因此课堂中应先引导学生发现自己的问题，只有发现问题才能引发学生关注和重视，课堂才能有的放矢。为此我设计了课堂环节二：重做真题。本环节选用了两道选考真题：

(1) 浙江省 2019 年 4 月选考 29 题(3)：试题提供了云南省略图、图中乙地的气温统计图、橡胶的生长习性文字资料，设问是“分析我国云南省有利于橡胶种植的自然原因。说明影响云南橡胶生产不利的气候条件。”(5 分)。参考答案为：原因：纬度低，光照和热量资源丰富；受北部高原、山地阻挡，冬季不受寒潮影响；地处内陆，地形封闭，夏秋季不受台风影响。不利气候条件：1 月和 12 月温度低，橡胶树不能正常生长；1 月和 12 月极端低温会造成低温冷害。

(2) 浙江省 2017 年 4 月选考 28 题(3)：试题提供了世界某区域略图及图中甲地的年平均降水量统计资料，设问是“甲地是所在国花生主产区，分析降水特征对该地农业生产的影响。”(3 分)。参考答案为：生产主要集中在 6—9 月降水较丰富月份；降水量年内、年际变化大，生产易受旱涝灾害影响；降水变率大，生产对灌溉等水利设施依赖性强；年内旱季时间长，土壤易盐渍化，对农业生产影响大。这一环节实施过程中具体分以下步骤：

步骤一：先由学生做题，后呈现参考答案，学生结合参考答案给自己打分，了解自己的得分点并分析自己的失分点。通过先做题的形式可以消除学生的麻痹思想，因为这一知识是常考点，学生往往会抱着自己很熟悉会做的想法快速完成问题。通过做完打分这一环节，学生会发现自己以为很简单的问题却拿不了高分，才会对问题引起足够重视，才会认真投入熟悉知识点的再次复习中。

步骤二：学生剖析自己存在的问题。通过学生做题后发现存在的问题有：套用模式化的答案如把气候、地形、水源、土壤等要素逐一列举（如图 1）；没有结合材料中橡胶生长习性的资料以及云南省地图（如图 2）；说明云南橡胶生产不利的气候条件时没有说明，也就是没有因，只有果（如图 1）；或者按照气候对农业的气候影响要素逐一说明，没有结合乙地的气温统计图等资料（如图 1）；表述混乱，不规范（如图 3）等。

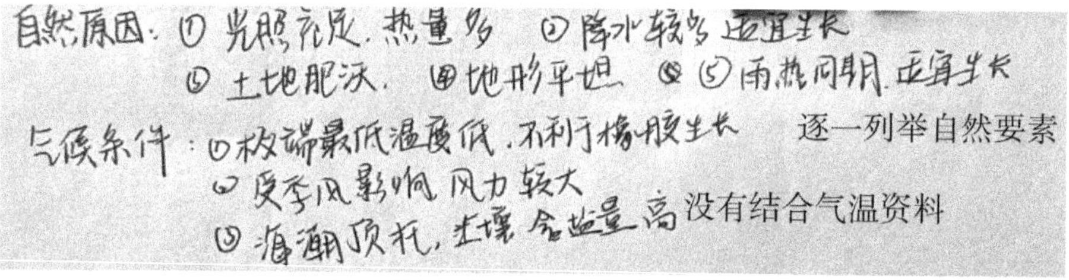

自然原因：①光照充足，热量多 ②降水较多 适宜生长
③土地肥沃 ④地形平坦 ⑧⑤雨热同期 适宜生长
气候条件：①极端最低温度低，不利于橡胶生长 逐一列举自然要素
②受季风影响，风力较大
③海潮顶托，土壤含盐量高 没有结合气温资料

图 1 学生回答①

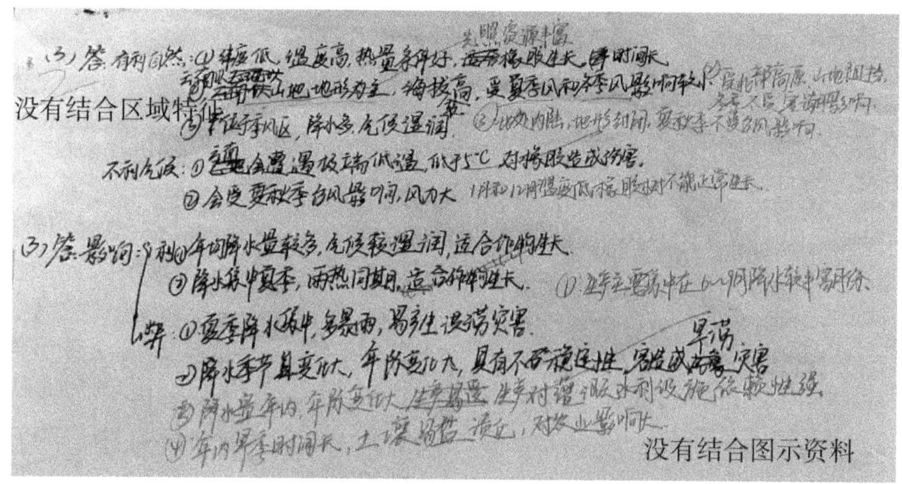

图 2 学生回答②

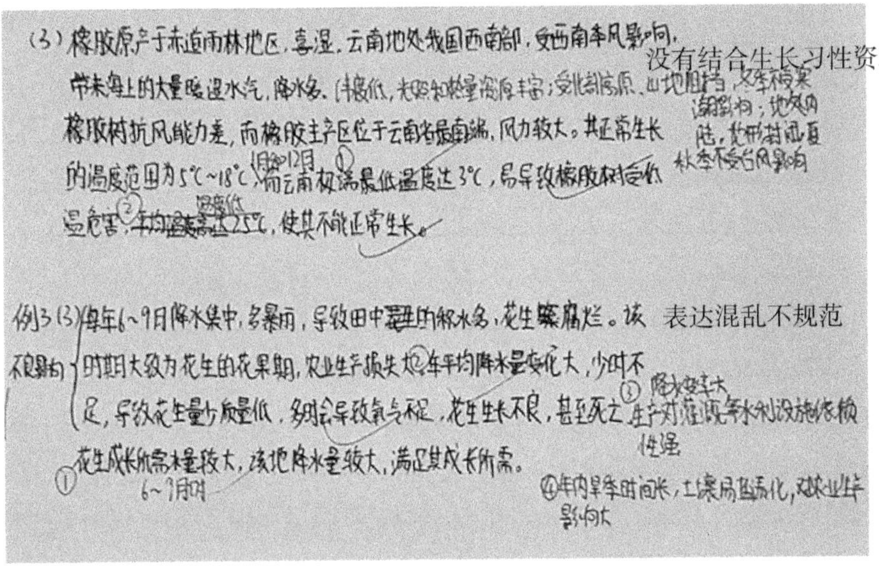

图 3　学生回答③

步骤三:形成正确的答题思路。通过步骤二找出的问题,师生归纳形成正确答题思路。首先要读出题目的行为动词,明确答题的要求,是简单说出还是分析原因,是需要对比还是单独阐述;其次要读出题目的主语,明确考查的知识点。如例 1 前一问考查的是农业区位,后一问考查的是农业区位中的气候这一小要素;再次要读出题目的限定语,明确考查某一知识点的哪一个角度,避免泛泛而谈答非所问。再对比自己的答案与参考答案,哪些是没想到的,出题老师是从哪里得出这个结论的,反向从出题老师的角度推导答案来源(材料提供、知识、题目引导等),得出选考题答案设置的方向和方法,从而形成模式化的答题思路。

3. 以题带题,探究规律

课堂环节二选取选考真题为例,是因为真题是最好的研究载体。高考试题虽年年变化,但对比梳理后就可以发现,部分试题在情境材料的选取、立意的确立、设问的角度等方面有着密切的关联。[①] 因此,在复习中如果能

① 唐塘颖.以高考试题为学习支架的高三地理复习教学方法探寻[J].地理教学,2021(16):53—57.

抓住问题的本质，引导学生通过分析高考试题的特点，总结高考试题答题规律，通过一道题带动一类题，地理复习答题的有效性将会大大提高。本案例中，可以看出“气候对农业的影响”知识点考查方向一般是选取一个典型的区域，提供充足的资料，从不同的气候要素角度考查气候对农业的影响。虽然每年区域不同，问题不同，但掌握了规律和特征，就能以不变应万变。同样，教师可以选取其他知识内容为专题，了解此类知识在高考中的考查方向和方式，通过对比，找寻问题异同，形成规律和方法。如农业、工业、城市区位，地表形态的形成过程，交通方式的选择等常考点都可以进行类似的微专题复习。当前很多老师在教学中也经常选用高考真题，但往往就题论题，缺乏分析、总结、迁移，真题的价值没有得到充分发挥。课堂的重心应通过分析高考各类题型引导学生把握高考方向和规律，高效增分。

4. 总结提升，构建框架

两道高考真题分析后，呈现浙江地理选考真题中所有关于气候对农业的影响的相关试题，让学生感受“气候对农业的影响”这一知识点的重要性，通过高考真题设问的呈现让学生感受这一重点知识在高考题中的考查方向和设问方式，以及如何针对不同的设问作答。同时引导学生对“气候对农业的影响”的相关知识进行整理，包括影响因素、影响表现以及描述用词等。如表 1：

表 1 “气候对农业的影响”相关知识

气候要素	热量	降水	光照	昼夜温差	水热组合	气象灾害
描述语言	丰富或不足	多或少	充足或不足	大或小	好或差	易受干旱、洪涝、冻害、台风、冰雹雪灾等影响
影响	农作物的类型 生长期、生长周期、产量和熟制、病虫害	农业类型或耕作方式（旱地或水田）作物的品种（喜干喜湿）	类型 品质 产量	有机质的积累	高温期植物生长需水量多	影响农作物的播种、生长和收获，导致农业减产

通过总结梳理，学生可以在回答问题时全面规范，从而提高得分。

5. 变式训练，强化落实

复习课的最终目的是学生能利用所学知识回答新情境中的新问题。为此我设计了课堂环节三：跟踪训练。这一环节再次选取了"气候对农业的影响"这一知识点的其他典型题目，验证学生对知识的掌握和应用情况。在平常交流时经常会听到各科老师的感慨"这个题目已经讲了很多遍了，学生还是不会"，所以在教学中教师要通过情境创新知识的应用，通过变式检验学生的知识运用能力。通过各种变式训练，一方面可以落实主干知识，另一方面可以提高学生应对各种新情境新问题的能力。如"结合东北地区的作物熟制和耕地类型，分析图示气温、降水状况对该地区农业生产的不利影响"这一问题，虽然背景和设问发生变化，但考查的本质是类似的。教师要通过变式题强化巩固学生的学习成果，可形成"发现问题—解决问题—总结提升—变式强化"的学习路径，以达到期望的教学效果。

四、教学案例（片段）反思

（一）"时空综合"认识不足

在备课的过程中，我考虑到松阳和衢州都是农业占比比较高的地方，各有特色鲜明知名度高的农产品——茶叶和椪柑。进行农业专题的复习时，以两地特色农产品导入，既能贴近学生的生活，又能拉近与学生的距离，所以就在网上找了衢州椪柑和松阳茶叶的图片，启发学生联想复习内容与生活实际的联系。但是在课后评价环节，同行却提出了不同的观点，认为松阳和衢州是两个相邻的区域，两地的地理要素相似性居多，差异性居少。不仅松阳有茶叶，衢州也有茶叶，而且衢州的"开化龙顶"知名度也很高。这些话让我陷入了深深的思考，一是对两地的区域环境特征了解还不够深入，二是暴露了对时空综合的理解还存在不足。

（二）"导课作用"认识不透

评课时，另一位老师的建议也给我很好的启发。按照她的说法"我虽然利用两张图片激发了学生的思考，引入了本堂课的主题，但在后续的授课过程中没有进一步深挖这两张图片背后的联系，因此对于课件资源的利用还是存在一些不足”，经过她的点拨，我马上意识到这一导课方式值得改进的地方。既然我选了两张图片，而且它们还与我的课题密切相关，完全可以直接以“松阳、衢州为什么农产品极其相似”引入课题，并收集关于椪柑和茶叶的生长习性相关资料，辅助以两地的地理位置及相关资料，设计气候对农业影响的相关问题，也能很好地完成课题内容，而且这样的课堂才真正与学生的生活密切相关。这样既能完成教学内容，又能让学生感觉到地理不是学习枯燥的知识，而是确确实实可以学以致用的。利用这样的方法，我的导课就不仅仅是导课，而是贯穿课堂始终的教学情境。即使是复习课，也要结合情境进行教学，不应该只是知识和题目的堆砌。

（三）“情境选择”大有文章

高考试题通过提供新材料创设新情境，考查学生的学科素养和关键能力。地理课堂也不能脱离情境关注知识。课堂复习过程既是知识的复习过程，也是知识的应用过程。复习课也要开展情境教学，利用情境创设问题，使知识活化，激发学生运用所学地理知识、原理解释人类社会生活、生产过程中的地理现象，提高学生的探究能力和意识[5]。地理复习课该如何选择情境，选择什么样的情境，也是一线教师们要密切关注的问题。选取情境时要因时而异，因内容而异，且要贯穿课堂始终。素材的选取既要结合课程标准，也要利于学生学科素养和关键能力的提高。地理学科特色鲜明，既与人类生存和发展的自然环境密切相关，也与时代发展和社会进步紧密相连。课堂的情境既可以是与课题密切相关的时事热点，也可以是地理研究的热点、诸多的自然现象。如利用汤加火山爆发复习大气的热力作用、结合北京举办冬奥会分析奥运会场馆选址及相关地理知识，结合拉闸限电事件分析能源安全问题、结合当下发生的灾害分析灾害的成因、影响、防御措施、结合国家战略分析区域发展问题等。

（四）“借力平台”助力成长

“绿谷名师工程”为学员们聘请了理论和实践双导师，为学员们提供了理论学习和实践学习的平台，组成一个个学习共同体。通过一次次活动，学员们有了更多的学习和展示机会。在各种活动中，通过与导师和伙伴们的交流，从不同维度发现课堂教学中存在的问题，得到中肯的建议。也在听评课等活动过程中，学到了自己欠缺的、不曾了解接触到的很多前沿的信息和理论，指导自己的教学和教研。相信通过“实践—交流—反思—实践”的循环学习模式，我们这个学习共同体的成员都能获得更好的成长。

五、实践导师点评

论文整体围绕地理教学中的热点即高考微专题复习有效性进行分析论证探讨，在论证的过程中，紧密结合自身的教学实践，吸纳教研群体的集体智慧进行了深度的反思，为优化高考复习引入了新空间，提出了“重做真题—以题带题—变式训练”三段式教学范式，这对整体阐述地理二考复习具有较强的可借鉴性和指导性。得益于绿谷名师学习小组成员的帮助，作者在学习共同体中取得了显著的进步，值得点赞。

金子兴
浙江省衢州第二中学，浙江省特级教师，正高级教师

徐丽芳

设计“学习过程”，经历“真学习”

——以湘教版高中地理必修一《水循环》学历案教学为例

一、教师简介

徐丽芳

任教景宁畲族自治县景宁中学，高中地理高级教师，从事教育教学工作27年来，获得全国优秀科技辅导员浙江省优秀中学地理教育工作者、第二届“浙派名师”、丽水市首届教学名家、景宁县第二届科技新秀、景宁县优秀教师、景宁县优秀班主任，景宁县优秀教研组长等荣誉称号。

二、课堂教学思想

“做幸福教师，教快乐学生”是我教学生涯中执着追求的目标。从教以来不断学习新的教育理念并尝试创新，贯彻“以学生为主体，以教师为主导，以情境为纽带，以练习为主线”的教学思想，构建以生为本，注重生成的“生·活”课堂教学模式。“生”即学生，注重学生的主体地位，关注课堂的生成；“活”即生活，运用所学的地理知识解决生活中的问题，“活”还是课堂中学生的活动，通过课堂活动的设计，使学生学懂了，会学了。

三、教学案例（片段）

（一）设计背景

许多教师都有类似的体验：教师教了，学生经常不会或不懂。从教师的"教"到学生的"学"，课堂信息须经过两次转换。第一次转换是教师发送信息，学生接收信息，是信息的人际转换；第二次转换是信息的自我转换，即学生对信息进行精加工。如果只关注信息的第一次转换而忽视信息的第二次转换，学生一定难以"学会"①。

未来的文盲不再是知识上的匮乏，而是学习力的缺失。当下，教师的教学设计关注的是"教过"，即教什么、怎么教，是教师的立场；而基于学科核心素养的教学设计应该是指向学习经验的，应关注"学会"，即学什么、怎么学、学到什么程度、如何判断是否学会，是学生的立场，它强调学生学习经历的设计。

"学历案"的概念最早是由华东师范大学崔允漷教授提出的。顾名思义，学历案的"历"字就是"学习经历或过程"的意思，是指教师在班级教学情景下，围绕某一个具体的学习单位（主题、课文或单元），从期望"学会什么"出发，设计并展示"学生何以学会"的过程，以便学生自主建构经验或知识的专业方案。其结构如下②：

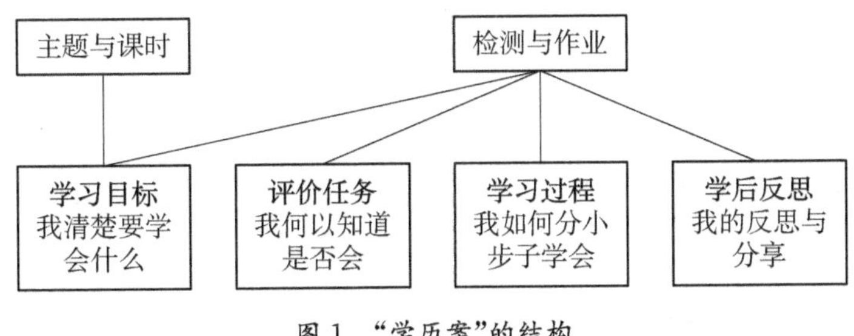

图 1　"学历案"的结构

① 崔允漷，尤小平. 教学变革：从方案的专业化做起[J]. 当代教育科学. 2017(09)：3—6.

② 卢明，崔允漷. 教案的革命：普通高中大单元学历案设计[M]. 上海：华东师范大学出版社，2021：6—7.

(二) 设计课例

1. 教材分析

内容出处:第四章第一节“水循环”。湘教版高中地理必修一(2019 年版),第 84—91 页(第 1 课时)。

课标要求:运用示意图,说明水循环的过程及其地理意义。

学习目标:

(1) 通过教材的阅读,说出地球上的水按相态和存在的空间分有哪些形态;解释地球被称为“水的行星”的原因。(SG)

设计意图:目标设计明确清晰。学习目标 1 的制定以学生为主语,指向性明确具体、可操作,易评价。地球上的水的形态、地球被称为“水的行星”的原因的教学目标在课标中属水平 1 的要求,如果目标设计定为了解地球上的水的形态,了解地球被称为“水的行星”的原因,这样的目标就不具体、不可操作、不可评价。

(2) 绘制水循环示意图,说出水循环的主要环节和类型,并能描述水循环的时空的变化过程,增强获取和运用地理信息的意识和能力,提升综合思维。(CS SG)

(3) 结合实例,说明水循环对地理环境的影响,说明人类活动与水循环之间的关系,形成地理综合思维,树立人地协调观。(CS)

设计意图:目标设计注重学习经历,促进深度学习。目标 2、3 设计绘制示意图、实例分析等活动,体现让学生在活动探究中学习,提升学生综合思维能力。

2. 评价任务

(1) 自主完成活动一(DO1)。

(2) 合作完成活动二(DO2)。

(3) 合作探究活动三(DO2)。

(4) 合作探究活动四(DO3)。

设计意图:将学习目标以任务的形式来实施,学后检测目标的达成情况。从活动一到活动四,始终贯穿“做中学,学后评”,评价任务的主要作用就是给学生提供学习路径，指引学习方向，以便了解学生是否学会、学到什么程度，还有哪些地方做得不够，以此作为下一步教学决策的依据。

3. 学习过程

1）课前准备

（1）学情分析：本节课内容对接下来的第二节“海水运动”“洋流对地理环境的影响”的学习起到重要铺垫作用；通过本课学习，有助于形成整体性思想及人地协调观、提升综合思维能力具有重要作用。

（2）教学逻辑建议：本课学习可以按以下逻辑顺序进行。

地球上水的形态→水循环的动力、环节、过程、类型→水循环对地理环境的影响

（3）重难点剖析与资源建议：水循环的环节、过程、类型是本节课的重点，在学习过程中可以借助模拟实验、画水循环示意图等呈现水循环的环节并描述水循环过程、划分水循环类型；结合“瓯江之水，川流不息”案例，运用整体性思想说明水循环对全球地理环境产生深刻而广泛的影响，感悟全球水量动态平衡，树立人水和谐的观念。

设计意图：让学生明确所学内容的地位与作用，提供怎样去学习、可能会遇到困难、怎样去克服等建议，及如何判断自己是否学会，为学生提供一个有序的学习思路。学生掌握学习的主动权，从而进入“真学习”，实现学习方式的改变。

2）课中学习

水的行星

活动：自主学习湘教版教材 P84，填空（PO1）：

（1）地球上的水按相态可分为________、________、________；

（2）地球上的水按存在空间可分为________、________、________。

（3）教材 P84“探究”1、2。

检测：（DO1）（限于篇幅，省略检测练习）

设计意图：通过学生自主学习，引导学生自主梳理，学生能学懂的概念、知识，教师不再进行讲解，设计针对性练习，起到巩固“地球上水体的类型”的作用，又及时评价学习目标是否达成，为教师教学决策提供依据。

自然界的水循环

活动一:以学习小组为单位,模拟教材 P85 水循环实验,讨论影响水循环各环节的因素(PO2)

(1) 描述实验中水的运动过程,据此推测自然界水循环的主要环节。

(2) 若要改变托盘中水量的多少,可以通过哪些措施来实现?(通过实验验证小组的想法)

(设计意图:小组合作模拟水循环实验。模拟实验能激发学生学习兴趣,探究过程中能生成很多想不到的问题,而问题的探究解决过程中学生经历"真学习")

活动二:小组讨论:瓯江水循环的动力、环节、过程、类型(PO2)

材料:瓯江,浙江第二大江,发源于龙泉市与庆元县交界的百山祖西北麓锅帽尖,自西向东流,贯穿整个浙南山区,流经丽水、温州,主干流全长 800 里,流域面积 18 000 余 km^2,流入东海。图 2 为瓯江地形、水系图。

(1) 根据教材 P86—88 知识,结合瓯江水系等材料信息,在图上标注出水循环的环节。

(2) 小组合作绘制水循环示意图,描述说明瓯江水来去状况,其参与的主要水循环属于哪种类型?(把讨论结果画在图 2 中,小组代表发言交流。)

(3) 水循环的动力是什么?

(4) 水循环联系了哪些圈层?

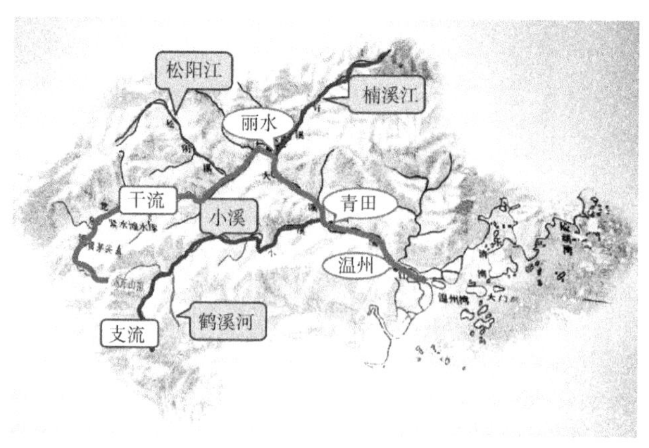

图 2　瓯江地形、水系图

检测：(DO2)(限于篇幅，省略检测练习)

设计意图：通过设计地理原理的示意图的绘制，展现学生的思维过程，锻炼了学生的知识迁移和应用能力，并且活动任务具体、易操作、好评价，学生在互评交流中产生思维碰撞，促进深度学习。

水循环的地理意义

活动：自主探究(DO3)

材料一：20 世纪 80 年代以来，瓯江上游地区食用菌不当发展，造成植被大面积破坏。瓯江水资源呈递减趋势。2000 年冬季(枯水期)，位于下游段的青田和温州出现了严重的断流。

材料二：从丽水沿着瓯江干流走向上游，沿途能看到多个水电站，丽水市谨遵“绿水青山就是金山银山”理念，开展瓯江流域生态治理，瓯江上游植被恢复明显，图 3 为瓯江地形、水系图，图 4 为瓯江入海口地貌图。

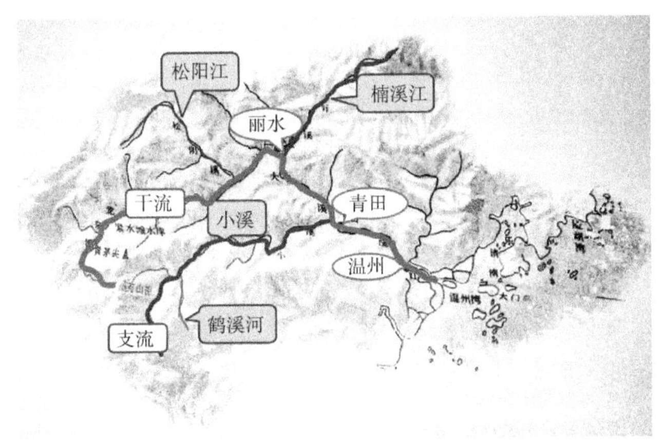

图 3　瓯江地形、水系图

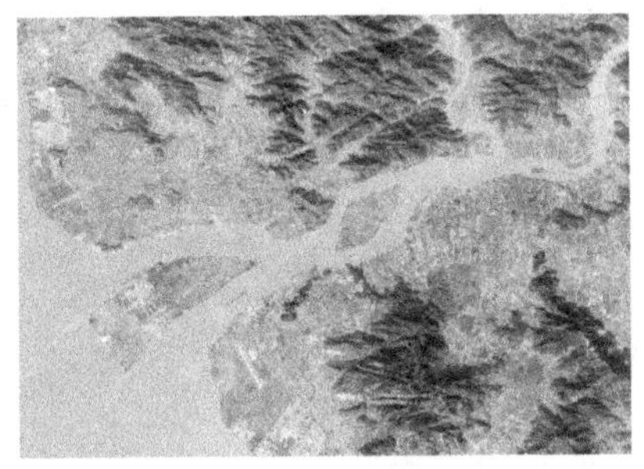

图 4　瓯江入海口地貌图

（1）说出瓯江入海口处的地貌类型和物质来源，简述其形成原因。

（2）根据材料二及所学知识，分析瓯江上游植被破坏对水循环各环节会产生怎样的影响？

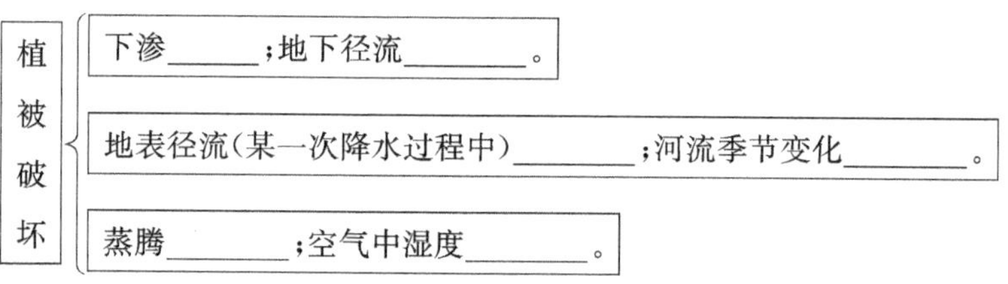

（3）瓯江流域水库的修建对库区水循环各环节会产生怎样的影响？对下游地理环境产生什么影响？

（4）教材P91活动二试从水循环的角度想一想，鱼鳞坑为什么能保土、保水、保肥？

检测：（DO3）（限于篇幅，省略检测练习）

设计意图：通过真实情境的创设，设计问题链，创造深度学习机会，引导学生自主梳理、学习、自主建构知识体系；通过课堂展示、学后评价等活动，让学生“真学习”，提高学习力。

3）学后反思

（1）将本节课所学知识以思维导图形式整理在下面方框里。

（2）你是通过怎样的策略学会这些知识和原理的？

（3）还有哪些方面的问题或困惑？

设计意图：反思是一种学习也是一种能力，通过学后反思帮助学生回忆学习过程、学习方法，同时培养学生自我批判的意识。

四、教学案例（片段）反思

学历案教学能够让学生经历“何以学会”的过程，实现课堂中的“真学习”。

设计过程中课程资源的选配必须紧扣目标，确保其针对性和有效性，杜绝“东拼西凑”；学习过程的设计应展示学科知识发生、发展的过程，充分调动学生的思维，让学生亲身经历和体验，成为知识的主动建构者；活动设计必须遵循“学”的逻辑，要从学生学习的角度出发，按照学的逻辑来设计；学习过程的设计要按照多个目标有序推进，完成一个目标的学习任务，随即进行检测，当一个目标的学习任务学完以后，是否立即转入下一个目标内容的学习，必须由评价结果决定，即教师的教学策略应该依据评价结果[①]。

五、实践导师点评

有自己明确的“学为中心”的教学理念和主张。在课堂教学目标的设定时能聚焦新课程对学生核心素养的培育，且将几大学科素养培育目标进行了整合。学历案的编写符合学情，注重学生学习过程的及时反馈，教师对学生的表现能及时进行评价，注重学教评的一致性。建议学习过程中学生的自我总结不仅仅是知识类的留白，而是能结构化可视的思维导图式的。

郭剑峰
浙江省教育厅教研室，省特级教师，副高级教师

① 卢明，崔允漷．教案的革命：基于课程标准的学历案[M]．上海：华东师范大学出版社，2016：71—75.

叶溢铭

论预设与生成之间的距离

——以一堂绿谷名师课为例

一、教师简介

叶溢铭

龙泉市第一中学任教高中地理学科，教龄27年，担任班主任20年，荣获龙泉市十佳优秀教师、龙泉市“三育人”先进个人、龙泉市优秀德育导师、龙泉市优秀班主任和龙泉市教育系统学习强国平台“强国之星”。“必修一第一章复习课”荣获浙江省2012年高中地理课堂教学评比一等奖，课例“太阳对地球的影响”被评为教育部2014年度“一师一优课、一课一名师”活动“优课”，《基于核心素养下的教材活动设问的探讨——以湘教版必修一第一章为例》荣获2021年丽水市高中地理论文评审一等奖等。

二、课堂教学思想

落实“立德树人”的根本教育任务，坚持“为党育人、为国育才”的教育目标，树立“以生为本”的教育理念，以培育地理学科核心素养为要务，实现学生高质量发展。

关注学生在校期间的喜怒哀乐，及时发现存在心理健康问题的学生，实施干预，对学生进行心理疏导，帮助学生树立信心，形成良好的人际关系之对话能力，不断提高自我素养，增强自我管理，养成健康人格。

三、教学案例（片段）

（一）运用“同地异时”景观反差，激发学生兴趣，引发学生思考导入新课

综合思维中，时空综合是方向。时空综合中，对地理事物特征的认识，难度最大的在于变化。在跟岗实践的一节课中，我选择了阿塔卡马沙漠特殊年份不同时段的景观差异，让学生认识到地理环境的复杂性，在课堂教学现场收到了很好的教学效果。

展示两幅阿塔卡马沙漠不同时段景观图片（如图1所示），并让学生猜一猜两幅图片是不是某地不同时段的景观，并说明理由。

图1　不同时段的阿塔卡马沙漠景观

学生积极参与，各抒己见，如：

甲同学：这肯定是假的，沙漠中缺乏水资源，怎么可能变成花草丛生呢？

乙同学：我认为可能存在，但我不知道理由。

丙同学：……

提供阿塔卡马沙漠不同时段景观图片，通过观察并描述其变化特点，帮助学生建立地理事物的时间演变的基本规律。在探究过程中，运用综合思维，实现地理问题的解决，形成敬畏自然的价值观；运用“差异”，激发学生兴

趣、引发学生思考，为课堂教学提供有意义的先行组织者，从而提高课堂教学效率。

（二）运用“文本转换”检测阅读，问题引领探讨概念的定义教学

文本转换是检测学生是否读懂、内化的最为外显的手段。教师在教学过程中应通过多种形式的文本转换手段，如要求学生阅读文本和观察景观，运用（跨）学科知识，理解文本的意义，体会文本中蕴含的智慧，培育学生的阅读与观察能力。通过问题的解答激发学生探究欲望，掌握知识，培育学生的综合思维能力。

我在海—气相互作用新知识教学中设计了“什么是海—气相互作用?”的问题，帮助学生理解海—气相互作用的概念的定义知识。

学生通过阅读课本能很快回答出来：海—气相互作用是指海洋与大气间物质、能量持续交换的互相影响过程。为检测学生的学习效果，第二天课堂上对该概念的定义进行挖空填写，可是学生一问三不知，与我预设的结果相差实在是太大了。我在反思自己的概念教学行为为什么会出现这种情况。学生拿着课本把海—气相互作用概念的定义读一遍，我就认为学生已掌握了，实际上他们对该概念还是不理解的。因此，我对该概念重新进行教学，圈定重点字词，使学生明确交换的主体是海洋与大气，海洋与大气之间交换的是物质（主要是水汽与 CO_2）与能量。课后与学生交流中发现掌握率明显提高。认识教材中的每一个字，并不能代表学生已掌握该知识，内化为学生自己的知识储备，教师必须把概念细化、分解，这样才能被学生理解与掌握。

（三）运用“图表数据”比较差异，揭示差异描述影响

地理图表是地理的第二语言，包括地理剖面图、地理统计图、等值线地图、地理示意图、地理景观图和地理表格等，能够完美地展现地球表面存在的差异性及其对地理环境的不同影响。我在教学“海—气相互作用与水热交换”内容时设计了 2 个问题：

1. 列表比较海洋与大气的水分与热量交换的异同

表1　海洋与大气的交换形式与两者的联系

	交换形式		联系
	海洋	大气	
水分			
热量			

要求学生阅读课本P98—99“海—气相互作用与水热交换”内容，学生根据自己的理解列表比较两者的差异。第一节课时我没有提供表格给学生，因学生文本转换成图表能力较弱，同时知识概括能力也较弱，学生列表时要么没有列出两者的联系，要么少一种交换形式，如漏掉太阳辐射或风等，也没有把海洋与大气两个主体列出。这可能是我高估了学生的学习能力导致的。课后进行反思，我认为教师备课既要备课程、备教材，更要备学生，及时准备把握学生学情，这样的教学才有针对性，才是高效课堂。第二节课时，我及时调整教学策略，先让学生以小组的形式进行讨论两者的异同，在学生讨论中进行指导，然后展示我准备的比较表格(如表1所示)，引导学生从海洋与大气的交换形式与两者的联系两个角度展开讨论，完成表格达到教育教学的目的。

2. 绘制海—气物质、能量交换示意图

要求学生在列表比较的基础上，分小组绘制海—气物质、能量交换示意图。教学中我发现有个别小组讨论积极，但要求他们动手画示意图时，因图文转换能力弱而无从下手；部分小组绘制的示意图缺少某些环节，如：缺潜热输送环节或海洋生物通过呼吸作用与残体分解把CO_2释放到大气中去；部分小组能够出色地完成绘制任务。我及时调整教学策略，对存在问题的小组进行有针对性的指导，帮助各个小组完成绘制任务，这与课前我的预设存在差异。

我在教学“海—气相互作用与水热平衡”内容时，要求学生读课本P100北半球海洋热量收支随纬度的变化图(如图2所示)，思考：世界上不同纬度

海区海洋热量的收入和支出有什么差异？根据热量收支情况，赤道会不会越来越热，极地会不会越来越冷？为什么？

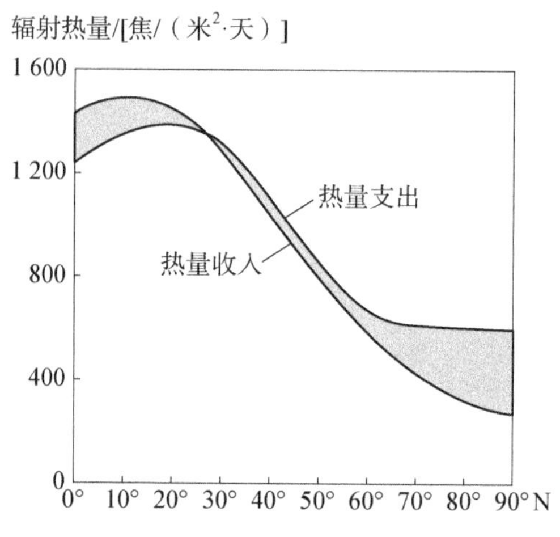

图 2　北半球海洋热量收支随纬度的变化

我在教学中发现个别学生不能从图中提炼出不同纬度海区海洋热量收入与支出的差异及其产生的影响。我与其沟通，发现是不会读图，“授人以鱼，不如授人以渔”，我耐心细致地为其讲解读图步骤：一是读图名，二是读横坐标、纵坐标所表示的地理要素，三是结合设问从图中提炼有用信息（或找差异），四是结合所学知识分析其对地理环境产生的影响。我在后续的教学中，通过不断地强化读图练习，帮助其真正掌握地理读图方法。

四、教学案例（片段）反思

教学预设是教学生成的基础和条件，教学生成是教学预设的目的和追求，我们在教学中要追求两者的融合统一，提升课堂教学效率。

（1）对学生学习能力的判断存在偏颇。如海—气相互作用概念的定义教学及列表比较海—气相互作用的差异教学中高估了学生学习地理的能力，出现与我备课时的设想存在较大差异。因此，在教学中我们首先要通过大数据了解学生学情，才能做到有的放矢，因材施教，加强课堂指导的针对性。其次，在教学中要创设平等、和谐、愉悦的课堂氛围，鼓励学生提问题，及时发现问题、解决问题，提高课堂效率。最后，要创设问题情境，通过文本转换，培育学生的学习阅读能力、概括能力等。

(2) 个别学生课堂参与度远不及预期。如在小组讨论中有个别学生基本上没有参与讨论，没有达到教师预设的每个学生都积极主动参与课堂学习的效果，这时教师就要反思是自己设计的问题过于简单学生不予理睬，还是过难导致学生无从下手而不参与讨论，或是学生自身知识结构存在的问题等，从而导致学生的参与度较低。在今后的教学中，我们要精心备好每一节课，既要备课程标准、备教材，更要备学生的学情，了解学生知识储备，备好符合本班学生学情的教学设计，做好预设工作，以激发每位学生学习的主动性，促进学生积极融入课堂教学中，同时注重课堂生成的可预见性与不可预见性的融合，提升课堂效率。

五、实践导师点评

课堂能运用区域的“同地异时”对比，帮助学生建立地理事物随时间演化的过程思维；能通过“文本转化”的思想，检测学生对文本的深化理解能力，帮助学生提高获取解读地理信息的能力。叶老师能牢固树立“以生为本”的意识，课堂教学通过不断的反思，及时调整教学方式，以缩小预设与生成之间的距离，向高质量、高效率的地理课堂迈进！

金子兴
浙江省衢州第二中学，浙江省特级教师，正高级教师

张恒宇

对话：地理课导入的破题之道

一、名师简介

张恒宇

高级教师，市高中地理学科带头人，浙江省教育厅中小学教材专家库成员，担任丽水遂昌育才高中地理教研组长。丽水市优秀教师，市优秀党员（民革），丽水市教育提质行动个人突出贡献奖获得者，主持市级教学研究重点课题研究，指导学生参加“地球小博士”、全国中学生地球科学竞赛等并获全国优秀科技优秀辅导员称号。多篇教学论文发表于《地理教育》等，担任《区域地理高考复习专用教程》编委。

二、课堂教学思想

坚持“学为中心”。即教学设计及流程安排要以学生为中心、以学生的有效学习活动为中心，运用混合式教学，多种学习方式交替使用，尽量避免课堂上教师“只顾一个人的精彩”的表演或展示。

“学习即生活”。从身边的生活情境出发，将现实生活的现象与问题跟教学内容建立关联，创设适切的教学情境，将学生引入到“愤悱”的学习状态。

"学习即思维"。在教学过程中特别注重与学生对话并积极创设生生互动的机会，让学生在与他人、与文本的对话中获得发展。及时发现学生的亮点，对其进行毫不吝啬、大张旗鼓的表扬，不仅让学生获得积极的情绪体验，还能将这一优点照亮身边的同学，从而达到"长善救失"的效果。

注重学生的自主建构，在发展思维的过程中建构对教学内容的整体认知，温故而知新从而实现教学目标的有效达成。

三、教学案例（片段）

以教学案例"地球的圈层结构"课堂导入的设计及改进为例。

这是"双名"工程教研活动的一节教学研讨课。活动小组和导师工作室成员参加听评课和研讨。

（一）"地球的圈层结构"课堂导入部分（研讨版）

1. 师生对话设计

苏霍姆林斯基说："好的导入是激起学生学习动机的第一个源泉、第一颗火花。"在学习"1.3 地球的圈层结构"这节课的研讨课上，我是这样设计导入环节的：

师：（开门见山）今天我们开始学习第三节的内容。这节课的课题是？

生：齐声读。

师：能在笔记本上默写出这节课的课题吗？（停顿）其中哪个词比较新鲜或亮眼而给你留下好的第一印象？

生：动笔写课题名称。大部分学生回答第二问"圈层"。

师：非常好！"圈层"的含义是什么呢？为什么要用到"圈层"这个概念呢？

生：讨论后学生认识到——因为地球是"球体"。

师：板图演示何谓"圈层"。在此基础上进行跨学科的拓展，即通过秀了一下英语：本节课涉及的几个圈层的名称，其对应的英语单词的词缀都是"-sphere"。

生：翻阅教材的附录“主要词汇的中英文对照”进行验证。

2. 设计意图

这样的教学设计一是基于以往教学对章节课题，尤其是课题中的基本概念的漠视，导致很多学生对地理基本术语的熟视无睹，眼高手低，往往是看着会但合上书本或者第二天就不一定能够说出来，准确写出来的会更少些。表现在平时的作业和测试中往往不能使用地理专业术语来准确表达。二是地理老师在此秀英语，能够强化学生对地理老师无所不知的知识渊博形象，激发学生的学习热情。同时也期待着学生能够在不知不觉中意识到：地理是一门综合性学科，学好地理跟其他学科的学习密切相关，而且其他学科的学习也会促进地理的学习。

3. 存在的问题

在评课环节，小组成员们开展了激烈地讨论。这节课的设计虽然目的明确，直指学生学习过程中忽略的一些痛点，但作为导入环节，存在着以下问题：

(1) 设问的问题难度太低，学生的学习动机激发作用强度不够。齐读课题，与高中生求知欲强、学习能力强的年龄心理特征不太匹配，这种方式在小学、初中阶段效果不错，到了高中阶段学生可能更喜欢挑战性更高、更加新颖性的问题。

(2) 接受式的被动学习为主。动笔在笔记本上写一遍课题，以及查阅教材附录部分，都带有明显的接受式的被动学习的色彩，显得不够灵动。更强调知识的教学，而对思维层面的东西关注度不够。

(3) 给学生创造秀的机会效果远胜于老师作秀。学生才是学习的主体，是课堂学习的主人。作为课堂教学的主导，教师应该为学生创造条件和机会，让学生在课堂上大胆而积极地展示，绽放生命的精彩。如果老师不给学生创造这样的条件，他们可能在老师面前就习惯于“跪着”，主体精神就很难得到培养，学科核心素养就难以得到发展和滋养。

(4) 忽略了“导课”的点明教学目标、指示课堂学习路径的作用。在这个设计中，导课的点明课堂学习目标、指出本节课的学习要点和主要学习路径没有体现，应该再追加一个环节，以达到承上启下、建构清晰的课堂学习路线图目的。

(5) 事物的因果关联没有作出及时修正。当教师问出“为什么要用到圈层这个概念呢?”时,学生回答“因为地球是一个球体”,这两者并不构成因果关联。作为球体,并不一定具备圈层的特征。在课堂教学过程中,失去了一个让孩子校正认知的机会。也即这个问题,本身是一个伪问题。

(6) 对综合性的理解存在误区。地理是一门综合性的学科,是指地理要素之间的形成与发展,一是本身存在着相互制约、相互影响的联系,二是涉及其他学科。而英语只是一门语言学科,与综合性本身无多大的关联。

(二) “地球的圈层结构”课堂导入(改进版)

1. 师生对话设计

师:(开门见山)今天我们开始学习第三节的内容。这节课的课题是?

生:齐声读。

师:好的,请跟我一起书写本节课的课题。(教师板书课题)

生:动笔写课题名称。(培养高一学生规范做笔记的习惯)

师:课题(标题)往往被人称为是文章的“眼睛”。大家能透过“眼睛”看到这节内容的“心灵”即主题吗?请大家尝试通过标题解读一下这节课的主要内容。

生:中心词是“结构”。它有两个修饰词即定语。说明这节课主要是讲地球的结构,而地球的结构有个不一样的特点,是“圈层”即一圈一圈的且分层的。

师:(追问)本节课有哪些跟“圈层”相关的新概念?请大家在预习的基础上,再度快速阅读教材,并探究这几个概念之间的关系。

可以独立完成,也可以和小组内的同学合作完成。

生:找到和“圈层”相关的地理新概念,并通过思维导图的方式呈现它们之间的关系。

地球的圈层结构分为内部圈层和外部圈层。

师:引导学生完善自己的思维导图(见图 1)。

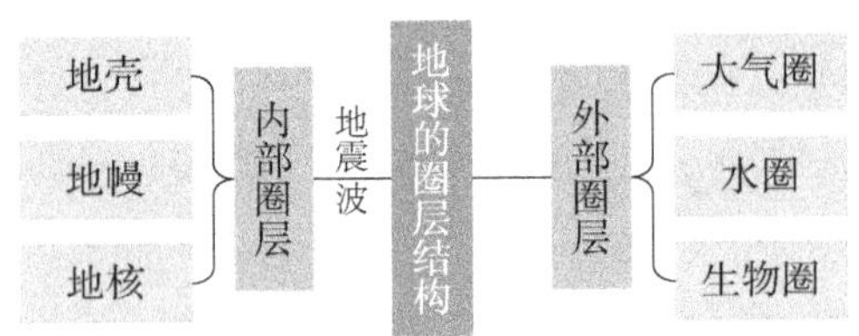

图 1 “地球的圈层结构”思维导图

师:现在大家明白了“圈层”的含义吗?请尝试用地理特有的方式——图示来解释何谓“圈层”。

生:画图,将上面的思维导图以示意图的方式呈现出来。

师:(拓展)本节课涉及的几个圈层的名称,其对应的英语单词有个共同特征,即每个词的词缀都是“-sphere”。这几个单词中,你认识的有几个?

生:翻阅教材的附录“主要词汇的中英文对照”进行验证。

师:(小结)通过刚才对本节课标题的探讨与交流,大家对本节课的脉络有个较为清晰的认识了吧?下面我们就来深入探究地球的每个圈层是如何划分的并了解其特点,这些也就是这节课要完成的学习任务。

在这里再告诉大家一点,我们学校的前两届学长都有一位考入北京大学地球物理专业,而本节的内容即是地球物理这个专业的微缩版。就让我们一起和北大的学长开启本节课的深入学习和研究之旅吧。

2. 设计意图的变化

在自我反思和听取导师和同行的意见基础上,在坚持上一版强调破题、重视基本概念和地理术语掌握与运用的基础上,强化了导课的“激趣”功能、点明学习目标、指示清晰的学习路线图的作用,同时注意“讲好身边的故事”,充分发挥身边优秀学长的榜样作用,激励学生更专注地学习。一个突出的变化就是在问题任务的引领下,培育学生的阅读文本的能力,通过文本的转换,对课题进行解构和分析。

3. 对两次课导入环节师生对话的反思

首先,对话的出发点的差异。设计研讨课的导入环节时,出发点更多地从老师出发,考虑问题的焦点是学生高效地掌握基本术语。话语权主要掌握在老师手里，学生的对话基本上是按照老师的预设被动地发生。再加上时间安排得紧凑，学生更难有时间来发表自己意见和看法的机会。学生才是学习的主体，他们的问题才是真正要解决的问题，一定要保障他们课堂上说话的机会和权利。

其次，对话教学应创设充满爱和充满希望的情境。初次设计的时候，只考虑如何达成目标，只是按部就班地设计基本的对话流程，而没有创设充满爱和希望的情境。第二次走进课堂后注意到了这一点，利用身边学长的案例，激发了学生学习的热情，那一瞬间看到发亮的眼睛我才真正意识到“爱和希望”对学生来说是多么的可贵和重要。

选择对话素材与话题要符合学生的年龄心理特征，太简单太难的话题都会使对话变得无味。第二版就对话的话题瞄准核心问题，难度适中，能够保持学生适度的心理强度，既不会因过难而产生畏难情绪也不会因为过于简单而无意去参与。

培养能力是对话课堂的本质意义。对话不是闲聊，应注重质量。本节课将教材作业情境，通过问题引领，培育学生阅读文本的能力，并通过文本的不断转换，在对话的过程中，不仅弄清了主要的知识点，更重要的是发展学生的思维能力。

四、教学案例（片段）反思

这节课是在前不久的一次研修活动中的一次研讨课。在这节课课堂设计和实施过程中，我充分注意调动学生，坚持学为中心，从学生的身边生活实际出发，创设适切的情境，通过问题链引领、师生互动、生生互动，在有效的对话中将思维活动逐步引向深入。导师和同行用他们专业的眼光让我看到了自己平时看不到的地方，特别是对于自己习以为常的做法的背后的逻辑的探讨，让我看到了自己的实践与新课程理念、与导师和同行之间的差异。

教学中的对话，是一棵树摇动另一棵树，一朵云推动另外一朵云。要推动新课程改革，实现教育价值，课堂的高效对话就是一个重要的立足点，这就需要我们眼中有学生,心里有大爱,不断地学习和修炼,在以后的教学实践中不断地琢磨和推敲每个细节。

五、 实践导师点评

同一内容,两节不同的先行组织者设计,体现了作者教学基本理念的改变,其教学行动向着新课程迈出了可喜的一步。这一步是作者对自己以前课堂教学行为的深刻反思,也是作者对过往的挥手告别,还是绿谷名师这一教学共同体的共同进步!这可喜的第一步,是作者以学生为主体的课堂教学的第一步,更是作者对什么是高效课堂对话的颠覆性的反思。这是爱!这是暖!爱的温暖的平等对话的课堂才是真正的生本课堂。

金子兴
浙江省衢州第二中学,浙江省特级教师,正高级教师

赵晓雷

荒漠化的危害和治理

一、教师简介

赵晓雷

现任浙江省青田县中学高中地理教师，教龄6年。曾获评为地理小博士全国优秀科技辅导员、丽水市教坛新苗、丽水市中小学绿谷系列素养展示活动优秀指导师，在丽水市高中教师业务水平考试中获2次一等奖和1次二等奖，参与开发课程“芝田翠接蔚蓝天”获市一等奖，2020年县高中地理学科课堂教学评比二等奖，多篇论文在县市获奖，多次在县市开设讲座和展示公开课。

二、课堂教学思想

课堂教学要构建良好的师生关系。教师在课堂上能尊重学生自我表达，引导和肯定学生的想法，积极创设利于学生头脑风暴的环境。学生在学习地理知识的同时，能感受到自然风光的美丽和人文环境的多样性。知识的讲解也不能只停留在书本知识上，需带领学生在生活场景中去研究。如连续30日观察每日太阳运动轨迹，发现太阳视运动规律。让学生身体力行，以自我的视角结合书本知识，体会到知行合一，使地理更具有实践性。

其次需进一步的思考，在传授专业知识和锻炼学生实践能力外，还要进行道德品质上的培养。在当今强调人与自然共生的背景下，有理由、有责任培养学生关爱自然。积极落实地理核心素养中的人地协调观。

三、教学案例（片段）

（一）基于课标标准，设计教学过程

在日常的教学中，首先要关注课程标准。只有围绕课程标准设计教学内容，才不会偏离教学要求和目标。《普通高中地理课程标准（2017 年版 2020 年修订）》要求以某生态脆弱区为例，说明该类地区存在的环境与发展问题，以及综合治理措施。

基于上述的要求，联系到 2021 年 3 月有国外新闻报道中国境内发生沙尘天气影响国外，中国外交部发言人澄清本次沙源实际来自境外地区蒙古国。根据上述内容由此设计本节教学案例，确定教学重难点为荒漠化的自然原因和人为原因，治理荒漠化的措施。

根据课程标准结合教学案例，由此设计思路沿着地理事物发展经历起始、恶化到恢复的过程。第一，借助蒙古国地理位置、地形、气候、河流、植被等因素分析蒙古国荒漠化的自然原因；第二借助蒙古国产业结构，分析荒漠化的人为原因；第三，运用新闻报道，说明荒漠化对当地农业生产和生活的影响；第四，以中国治沙经验为例，明确治理荒漠化的措施。引导相应措施可实现生态、社会和经济的可持续发展，最终实现人地协调观。

（二）设计问题线索，串好教学课堂

问题式课堂教学，采用各种问题整合课堂过程，使学生带着问题去思考，从而解决问题。根据上述思路设计了以下问题：

（1）根据蒙古国历年沙尘暴天数图。我们发现蒙古国沙尘天气频繁发生，甚至影响到中国和韩国，那么沙尘频发的主要原因是什么呢？

(2) 什么是荒漠化?

(3) 从地理位置、地形、气候、河流、植被分析和矿产分布蒙古国荒漠化的成因。

(4) 从蒙古国产业结构的特点分析与蒙古国荒漠化的关系。

(5) 除以上人类活动外,同学们认为还有哪些活动会导致荒漠化?

(6) 一开始的视频中,国外认为是我们国家产生了沙尘暴,后来我们积极回复,解释是蒙古国的原因。为什么国外会有这种印象?

(7) 思考沙尘次数变化背后的原因?

(8) 中国治沙采取了哪些方式?

(9) 草方格治沙有什么优势?

(10) 治理沙漠化会产生积极的影响,改善当地的环境。这种环境的改善体现在哪些方面?

(11) 治沙不单单是生态环境的改变,也涉及其他方面,从可持续角度分析该治沙模式产生的效益。

上述内容是课堂教学中设计的问题线索,或者可以称为问题链。问题的设计也尽量引导学生主动思考,而不是设计成学生只需要回答“对不对”或者“是不是”等。当然一堂课问题的设计也要切合学生的知识水平和教师自身教学能力。所以在部分问题的设计中,问题起到的只是引导课堂的作用,更重要的是需要学生带着这个问题,在本节课的学习中不断思考解决问题,类似问题(1)。当然也有类似问题(3)的这类,框定了问题回答的范围,这种设计基于高考试题命制的特点,还有引导学生思考方向的目标。问题(3)既培养了学生发散性思维,也提升了其聚合性思维。

另外抓住学生本堂课的提问。这类问题是学生自己的思考和见解,呈现了他们知识盲点。这类问题的解决,有利于推动形成课堂教学的层次性,也就是常说的课堂生成。下面是学生在课堂教学中提出的一个问题。

“蚂蚁森林在我国西北地区治沙大多种植梭梭树。为什么不采用高大乔木种植?我们南方就看到很多的高大常绿的植物。”

这个问题的提出,代表学生对本节课《荒漠化的危害和治理》的思考,还观察到身边的案例。但是这种思考是基于自己当地区域性的特征。在高中地理教学中,要强调区域特征性,不同的事物放置在不同的区域,会得出不一样的结果。针对这个情况,需要向学生灌输因地制宜的观念。由此解释不同的植被生长的环境是不一样的。南方高大的乔木生长需水量大,根系不够发达,需要生长在降水较多的区域,所以耐旱性差。而梭梭树根系发达且耐旱,容易在沙漠中成活。另外,一种植物叫肉苁蓉,与梭梭树存在寄生关系。而肉苁蓉可作为中药药材创造经济价值,所以梭梭树被选定为固沙植被。

课堂生成,问题解释,体现了教师的应对能力,也是学生知识的拓展。如果只是提到植被的固沙作用,而没有具体解释,学生就不能很好地辩证看待这个世界。也是在后面的进一步教学提到治理荒漠化的措施,不单单考虑环境效益,还要考虑创造社会和经济的效益。

(三) 用好生活案例,引导学生思考

找寻学生身边的案例,从实际案例中剖析现象,思考原因。学生才会觉得地理知识是有效的,生动的。我更希望学生能知行合一,在这节课堂中学生掌握了对我所举案例的对应知识,学会思考的路径。在接下来的学习中带着这种思维结构,举一反三,能解决其他相似的问题。

生活的案例可以在社会热点中寻找,也可以是经常接触的案例。从生活出发可以激发学生的兴趣,又比较符合自己的认知情境。因此本堂课的实例中选择了以一则新闻导入。另外一个案例是展示支付宝中的蚂蚁森林。支付宝是学生常用的软件,他们对于蚂蚁森林这一活动会比较了解。在课堂中展示的蚂蚁森林界面属于本人账号,学生就很有兴趣,并且有目的地将其余的问题关联起来,学生就会思考。在意识到这个蚂蚁森林功能后,学生日后也会想着为保护环境,减少碳排放做出自己的贡献。

(四) 落实立德树人,做好思想教育

日常生活中,很多人对于地理课堂的认知,是教师向学生传达对外界环境现象的描述和分析,但实际地理课堂还可以培养学生的道德品质,提升思想境界。本节课的荒漠化,我设计的是一个中蒙两国荒漠化的对比案例。

前有蒙古国荒漠化形势严峻，后有中国毛乌素沙地、内蒙古阿拉善、甘肃民勤、库布齐沙漠、塞罕坝治沙前后的视频，以及通过卫星图像展示世界绿化率情况，体会中国治沙成效显著。这样的结果对比，学生自然而然生成对祖国的自豪。看到中国人治沙的艰辛过程，明白要珍惜现在的美丽大自然，也会抱有社会责任感。

此外还展示了库布齐治沙模式。该模式通过植树种草，改善了生态环境；通过发展药材、果蔬、牛羊肉、旅游等产业，实现产业多元化，延长了产业链，提高了经济效益(增加了附加值)；通过增加就业岗位，提高了牧民收入，提升了社会效益。让学生更加深刻体会了一场美好的治沙结果，实现了生态、经济、社会三方面的可持续发展。正如“绿水青山就是金山银山”这句话表达的，人与自然是能够和谐相处的。

四、教学案例（片段）反思

本节课的主线以中蒙两国的荒漠化案例，对比分析荒漠化的危害和治理。分别从荒漠化的成因、治理措施、治沙效益三个活动进行本课设计。表明了在生态恶劣区域，存在着环境问题与经济发展的矛盾，探讨治理与效益的双结合案例。展示两国荒漠化的变迁，更能让学生意识到我国对治沙的重视，对生态环境的关注，培养学生爱国情怀，而且也让学生意识到区域研究，需要因地制宜，培养学生综合思维。

在这之中也要深刻意识到一个问题，本课授课对象是南方的学生，他们面对较多的还是植被丰富的区域，因此很难深刻体会荒漠化的场景。所以在教学之中，让学生能积极明确感受不同区域的环境特色，是本节课需要思考优化的地方。

五、实践导师点评

在学科教学案例中渗透学科德育，培育学生的家国情怀，增强“四个自信”，有助于学科思政的落实和教育立德树人根本任务的落地。教学设计基于学科课程标准和省教学指导意见的教学建议,用问题链将主题串起来布置学习任务,思路清晰,有助于培育学生的学科核心素养。因南方学生对荒漠化比较陌生,建议教学设计中可给学生更多"实践"的机会去了解它,剖析它。

郭剑峰
浙江省教育厅教研室,浙江省特级教师,副高级教师

楼晓玲

基于学科理解发展模型认知素养

一、 教师简介

楼晓玲

任教于浙江省缙云中学，高中化学学科，教龄26年。主要荣誉有丽水市化学学科带头人、丽水市教坛新秀、丽水市高中化学能力比赛一等奖，参加"绿谷双名工程"以来荣获省精品微课程优秀奖、省化学竞赛园丁奖，在国家级化学核心期刊发表论文3篇，开设省级讲座5次、市级讲座1次，参与编写了浙江省教育厅组织的《浙江省普通高中学业水平考试导引》和《高中化学教学指导意见》。

二、 课堂教学思想

爱因斯坦曾说："教育无非是将一切已学过的东西都遗忘后所剩下来的东西。"被遗忘的是具体知识和内容，所剩下的是学生应具备的必备品格和关键能力，即核心素养。基于素养发展的化学教学，要求教师增进学科理解，对化学学科知识及其思维方式和方法能进行本原性、结构化的认识，挖掘隐藏在事实性知识背后的方法性知识与价值性知识。体现在试题中的素养就是化学思想方法和学科能力，试题教学对发展化学核心素养具有独特价值。在试题教学中可以拓宽学生的认知视角、突破原认知局限，帮助学生运用化学学科的思维方式和方法学习试题中所承载的化学知识，在知识结构化的模型建构中，练就从化学视角随意调用利用所学的化学知识去解释和解决实际问题的本领，即关键能力和必备品格。

三、教学案例（片段）

陈进前老师提出："增进化学学科理解既要基于知识内在结构进行完整性理解，又要基于知识结构化进行关联性理解；教师对化学学科知识的结构化理解，是教学中促进学生深度学习的前提。"

联系是一种学习能力，如果教学仅停留在符号性知识的理解层面，就不可能在教学中将学生带入知识内核；仅停留在碎片化的、孤立的知识点的理解层面，也谈不上提升学生的联系能力。联系意味着能在不同知识之间看出相同点，能在相同知识之间看出不同点；能看出知识的直接联系和间接联系，特别是能从貌似毫无关联的知识之间找出内在的联系。零散的知识形不成能力，零散的知识很难让学生形成学科思维。基于知识结构化进行关联性理解，是提高学科理解，形成学科思维的基础。

学生在学习"反应过程能量图"时很难把图形与化学平衡常数、化学反应速率、物质稳定性、反应竞争性等核心概念进行有效的关联，高考复习中我们可以基于学科理解，从"认识原型建构认知模型""真题再现理解运用模型""演绎归纳建构思维模型"三个环节展开，从不同的视角将课本、资料以及头脑中固有的知识重整建构成具有高考题气质的知识模型，并运用模型去解释化学问题、揭示其本质和规律，在知识结构化的同时赋予高考能力的意义增值，发展模型认知素养，引发深度学习。

（一）认识原型建构认知模型

苏教版《化学反应原理》专题 1 中涉及"化学反应过程中的能量变化"有如下的 3 幅图。

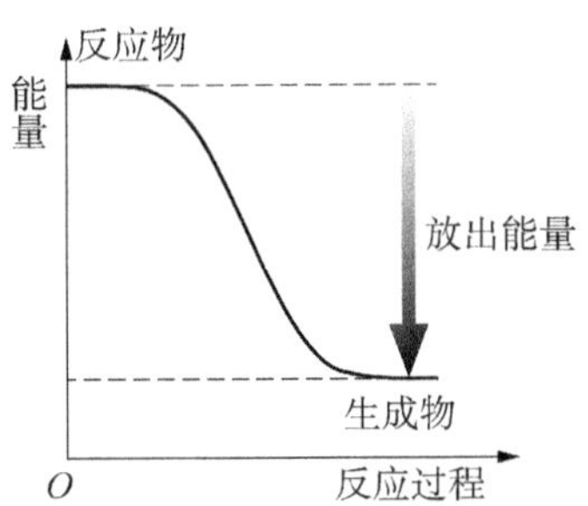

图 1　化学反应过程中的能量变化

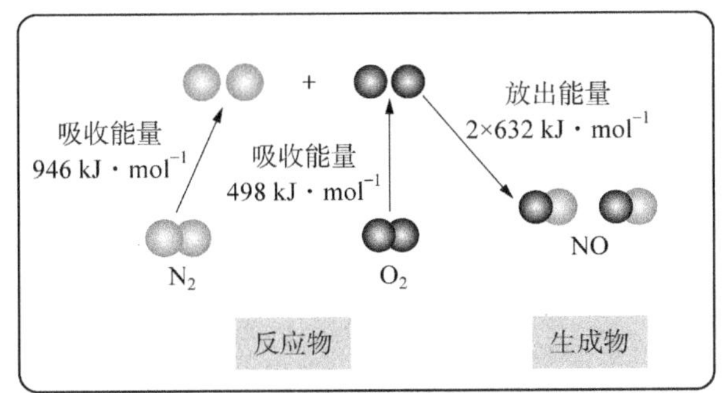

图 2　$N_2(g)$与 $O_2(g)$反应生成 NO(g)过程中的能量变化

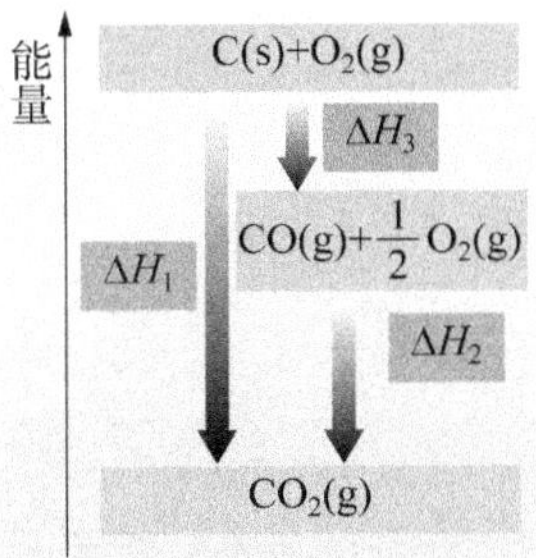

图 3　C(石墨)与 $O_2(g)$反应生成 CO(g)、$CO_2(g)$的能量变化图

图 1 表达的是反应物与生成物的总能量变化，图 2 表达的是反应物与生成物间的键能变化，图 3 则是盖斯定律在能量变化图中的直观表达。

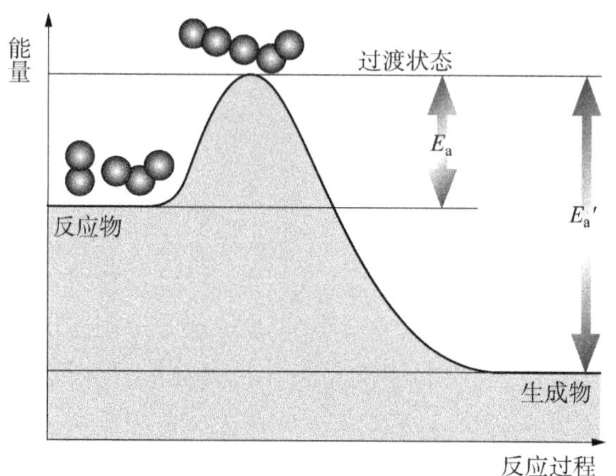

图 4　正反应与逆反应的活化能

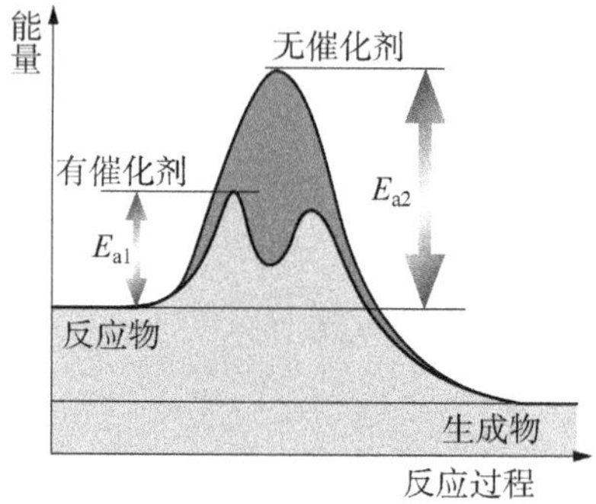

图 5　催化剂对反应活化能的影响

苏教版《化学反应原理》专题 2 中也有 2 幅图，表征反应过程能量变化，即图 4 和图 5。

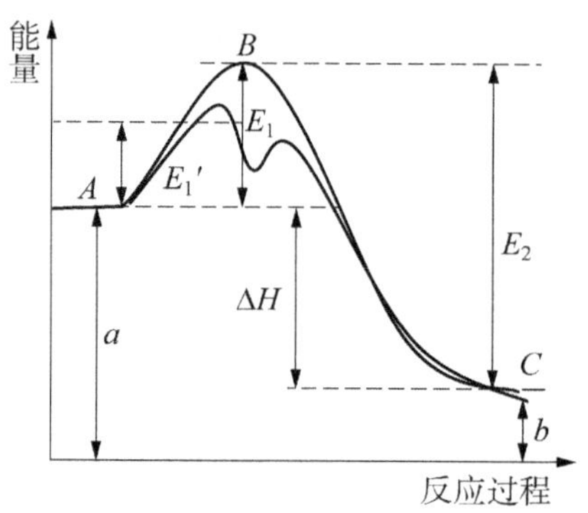

图 6　能量历程图

这 5 幅图[①]涉及了反应过程中的能量变化、键能变化、焓变、活化能、催化剂对活化能的影响，教学中我们可以引导学生将它整合成一个模型，即图 6。

可设计以下问题链以加深学生对该模型的认识。

(1) 能量历程图模型中的能量包括哪些？

(2) 该模型中 A、B、C、a、b、ΔH、E_1、E_2、E_1'分别表示什么意思？

(3) 怎么比较原子、分子的能量大小、键能大小、稳定性的强弱？

(4) 催化剂的作用是什么？

(5) 催化剂影响 ΔH 吗？催化剂在反应过程中参与反应吗？为什么？

---

① 图 1—图 5 均来自王祖浩. 普通高中课程标准实验教科书苏教版《化学反应原理》[M]. 6 版. 南京：江苏教育出版社，2015.

（6）某化学反应分两步完成，两步反应的速率不同，总反应速率由哪步决定？

（7）怎么计算反应热 ΔH？

（8）焓变与活化能之间存在什么定量关系？

设计意图：模型中能量变化是显性的，挖掘模型背后更加深刻的隐藏问题就属于生态思维的能力。我们要引导学生既会定性读图，更能定量识图。因为从定性角度粗略读图涉及的是表象思维，而从定量角度精确读图涉及的才是深层思维。要引发深度学习，提升学生的思维品质，就要把思维角度从定性向定量转变。

（二）真题再现运用模型

试题教学应该是帮助学生从中学化学知识体系的角度系统看待和处理试题内容，尽可能多元化、多视角、多层次、多侧面的对题中蕴含的知识、规律进行抽丝剥茧，从结构和原理的本原角度解析化学问题，挖掘事实性知识背后隐藏着的方法性知识与价值性知识，并基于学科理解，通过改变问题的条件或结论，改变解决问题的方法，改变问题的背景形式等手段，从定性到定量、从描述到推理将问题进一步深化。

学生在建模过程中对能量、键能、活化能、催化剂对活化能的影响、物质稳定性判断、反应条件、反应速率、反应热的计算等核心概念在能量历程图的表达有了系统的认识。但图 6 模型考查的是一个化学反应的能量变化过程，属单变量能量历程图，高考中更喜欢考查的可能是多变量能量历程图，即有多个化学反应的能量历程图。

我们可以先让学生思考：

（1）你能在一幅图中能同时表达多个反应的能量变化关系吗？

（2）如何表达几个反应的快慢不同、反应程度 K 不同、选择性不同、反应物活泼性不同？

为了加深对模式的理解与运用，可选择具有代表性的近年高考题作为例题和变式训练，以评价学生对模型的认知情况。

例 1:(2012 浙江·27)已知反应$(t-BuNO)_2 \rightleftharpoons 2(t-BuNO)$　$\Delta H = 50.5\ kJ \cdot mol^{-1}$,活化能 $E_a = 90.4\ kJ \cdot mol^{-1}$。下列能量关系图合理的是(　　)。

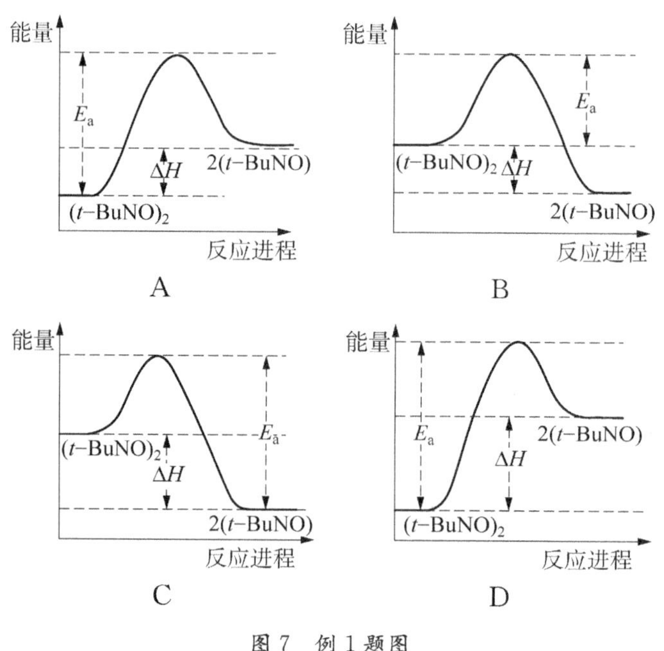

图 7　例 1 题图

设计意图:让学生理解能量历程图模型中焓变、活化能的含义,吸热反应和放热反应的表达。

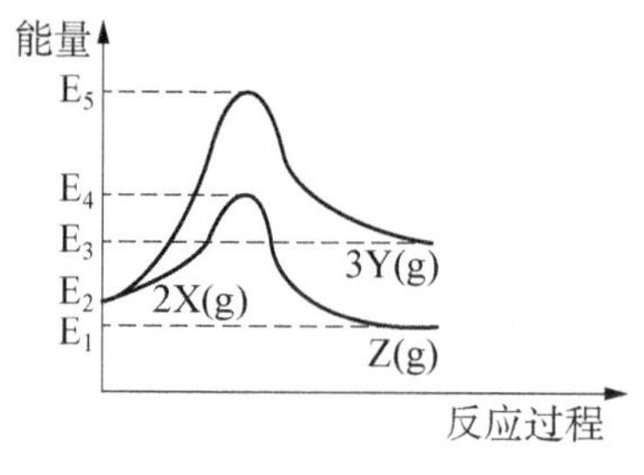

图 8　变式练习 1 题图

变式练习 1:(2016 海南·11)由反应物 X 转化为 Y 和 Z 的能量变化如图 8 所示。下列说法正确的是(　　)。

A. 由 X→Y 反应的 $\Delta H = E_3 - E_2$

B. 由 X→Z 反应的 $\Delta H < 0$

C. 降低压强有利于提高 Y 的产率

D. 升高温度有利于提高 Z 的产率

设计意图:让学生理解能量历程图模型中吸热反应和放热反应的表达,焓变的计算。

变式练习 2:(2014 浙江·27)已知:

反应Ⅰ $CaSO_4(s)+CO(g)\rightleftharpoons CaO(s)+SO_2(g)+CO_2(g)$

$\Delta H_1=218.4\ kJ\cdot mol^{-1}$

反应Ⅱ $CaSO_4(s)+4CO(g)\rightleftharpoons CaS(s)+4CO_2(g)$

$\Delta H_2=-175.6\ kJ\cdot mol^{-1}$

假设某温度下,反应Ⅰ的速率(v_1)大于反应Ⅱ的速率(v_2),则下列反应过程能量变化示意图正确的是(　　)。

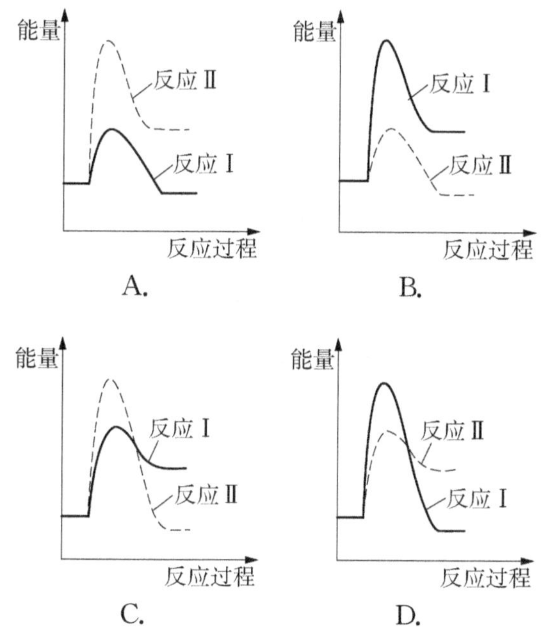

设计意图:让学生进一步加深理解能量历程图模型中由焓变来表达吸热反应和放热反应,由速率大小分析活化能确定峰高,初步形成绘制能量历程图的思维模型,对用能量历程图表达竞争反应有初步认识。我们还可以让学生分析其余选项的图形进行巩固练习。

变式练习 3:(2017 北京·26)氯化过程中 CO 和 CO_2 可以相互转化,根据如图判断:

CO_2 生成 CO 反应的△H____0(填“>”“<”或“=”),

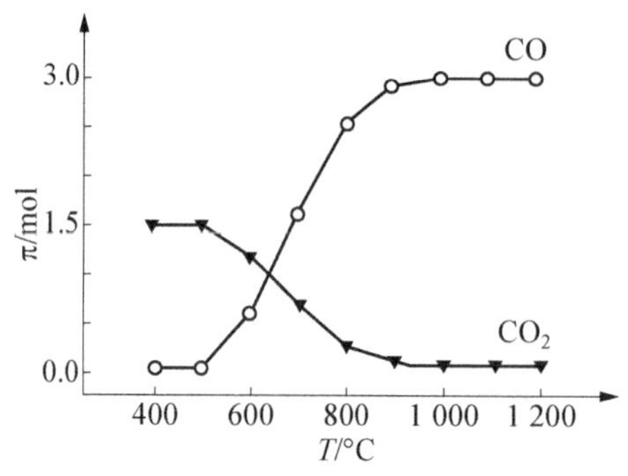

图 9　变式练习 3 题图

判断依据：________________________________。

设计意图：引导学生如何从能量变化角度去认识反应过程图，如何把看似不相关的反应过程图和能量历程图模型进行整合，拓宽能量历程图模型的应用。

变式练习 4：(2017－11 浙江·30) 十氢萘脱氢过程为"十氢萘($C_{10}H_{18}$)→四氢萘($C_{10}H_{12}$)→萘($C_{10}H_8$)"。已知：$C_{10}H_{18}(l) \rightarrow C_{10}H_{12}(l)+3H_2(g)\ \Delta H_1$，活化能为 E_{a1}；

$C_{10}H_{12}(l) \rightarrow C_{10}H_8(l)+2H_2(g)\ \Delta H_2$，活化能为 E_{a2}，其中 $\Delta H_1>\Delta H_2>0$。

在温度为 335℃的恒容密闭反应容器中加入 1.00 mol 十氢萘进行高压液态十氢萘的催化脱氢实验，实验测得 $C_{10}H_{12}$ 和 $C_{10}H_8$ 的产率 x_1 和 x_2（以物质的量分数计）随时间变化关系如图甲所示。

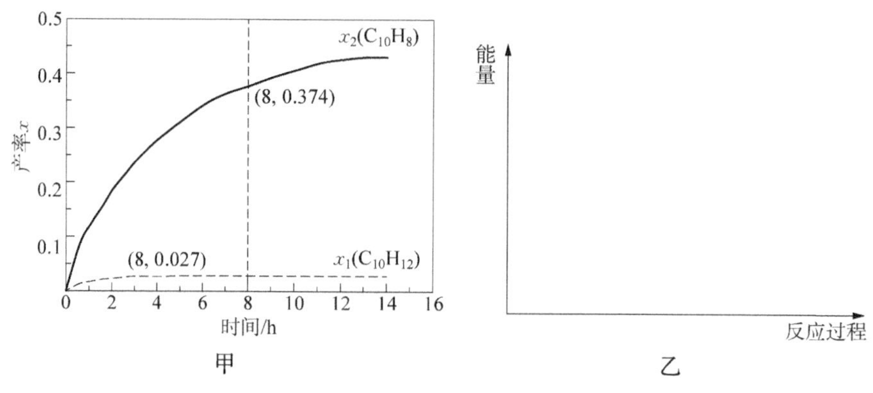

图 10　变式练习 4 题图

(1) 分析 x_2 显著高于 x_1 的原因是________。

(2) 请在图乙中绘制十氢萘脱氢过程"$C_{10}H_{18} \rightarrow C_{10}H_{12} \rightarrow C_{10}H_8$"的"能

量～反应过程”示意图。

设计意图：让学生进一步加深理解从能量变化角度去认识反应过程图，通过分析催化剂对活化能的影响、活化能对反应速率影响的分析，深入理解速率问题就是活化能问题，实现反应过程图与能量历程图模型间的转化，形成绘制能量历程图的思维模型，进一步认识竞争反应在能量历程图模型中的表达。

（三）演绎归纳建构思维模型

《普通高中化学课程标准(2017 年版)》明确提出能依据物质及其变化的信息建构模型，通过建构认知模型建立解决复杂化学问题的思考框架。前者是指科学模型，后者指认知思维模型。建构认知模型，并以其作为推理模式或认识思路，只有这样才能引发深度学习，实现以知识为载体发展学生的核心素养的目标。

环节二中变式练习 1、2、4 均涉及了竞争性问题。竞争性问题无处不在，如钠与氧气反应生成不同产物、氯酸钾分解生成 $KClO_4$ 或 O_2、催化剂的选择性问题等都属于竞争问题。我们可以先抛出几个问题让学生思考讨论：

（1）你对催化剂的选择性问题怎么理解？

（2）竞争反应与能量历程图之间有什么关系？

（3）你能把例 2 中的两个反应的能量变化关系在一幅图中表达出来吗？

（4）你能在一幅图中能同时表达竞争反应的能量变化关系吗？

例 2：(2017－4 浙江·30 改)在常压、Ru/TiO_2 催化下，将 CO_2 和 H_2 按体积比 1∶4 混合(总物质的量为 a mol)进行反应，实验测得 CO_2 转化率、CH_4 和 CO 选择性(选择性：转化的 CO_2 中生成 CH_4 或 CO 的百分比)随温度变化关系如图 1 和图 2 所示。

反应Ⅰ　$CO_2(g)+4H_2(g)\rightleftharpoons CH_4(g)+2H_2O(g)$　ΔH_1

反应Ⅱ　$CO_2(g)+H_2(g)\rightleftharpoons CO(g)+H_2O(g)$　ΔH_2

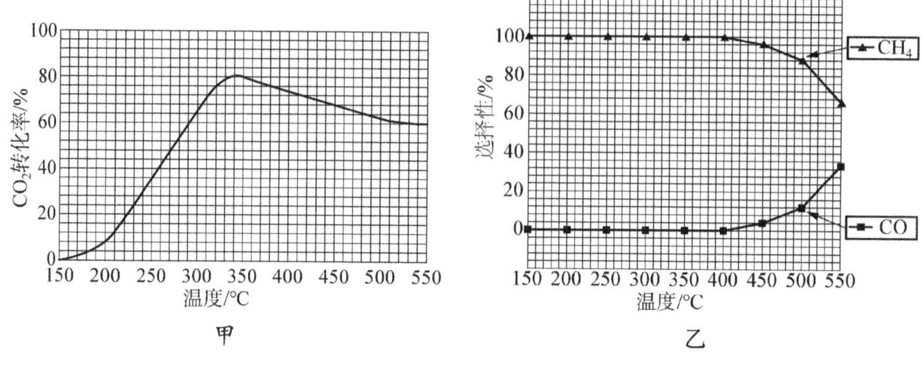

图 11　例 2 题图

下列说法不正确的是________

A. ΔH_1 小于零

B. 产物的选择性受温度影响

C. 随温度升高 CO_2 平衡转化率先增大后减少

D. 其他条件不变，CO_2 和 H_2 的初始体积比变为 1∶3，能提高 CO_2 平衡转化率

例 2 就是催化剂对两个竞争反应的活化能影响程度不同，出现了反应产物的选择性问题。

多重反应的先后顺序分析主要有两个视角：热力学视角和动力学视角，其实就是分析反应结果还是分析反应过程。从动力学视角看化学反应的先后顺序问题，就是反应速率快慢的问题。如例 2 中催化剂选择性竞争问题，我们可以引导学生采用深度思维中的“5 why 思考模型”去寻找问题的根本，演绎归纳建构解决问题的思维模型：催化剂有选择性→why→转化的 CO_2 中生成 CH_4 或 CO 的百分比不同→why→相同时间内反应生成 CH_4 和 CO 量不同→why→相同条件下反应Ⅰ速率快→why→反应Ⅰ的活化能小→why→催化剂对反应Ⅰ的活化能影响更大。

根据“5 why 思考模型”，学生对“催化剂选择性”这个概念进行了转变，帮助学生建构了这样的思维模型——“竞争性问题的本质就是两个反应的活化能比大小”。之后我们还可以让学生运用“5 why 思考模型”分析钠与氧气反应生成不同产物、氯酸钾分解问题进行分析加以巩固，进而建构思维模型，同时也让学生明白通过选择合适的反应条件，能使竞争反应中的某一反应的速率加快或减慢，形成“控制反应条件能让化学反应朝着我们所期望方向发展”的观念。

四、教学案例（片段）反思

在高三复习的过程中，我们既要追求知识容量，提高学生的解题能力，也要兼顾能引发深度学习的思维品质的培养，不仅需要有“高中落点”，更要有“专家视野”。只有不断丰厚自身的学科知识，增进自身的化学学科理解，帮助学生在关联知识结构化的同时，形成认知思维结构化，实现从知识到素养的内化，体现化学知识的价值与意义所在，促进学生的深度学习和长远发展。

在“化学反应能量历程图”这一微专题复习中还有很多需要改进的地方，如何精练习题，如何自然过渡，如何让学生深刻体会各核心概念在能量历程图模型中的整合，如何建立更清晰明确的思维模型等，依然是后续需要研究、改进的地方。

五、实践导师点评

善变是化学学科的特点，变化观念和模型认知是化学重要的核心素养。如何将貌似没有关联的一些化学核心概念运用一种共性的方法统摄在一起，楼晓玲老师在“化学反应能量历程图”这一微专题的教学案例中给出了答案：基于化学学科理解，从整合课本原型建构认知模型、理解运用模型、到建构思维模型，不仅提升了学生化学核心概念和观念的结构化水平，发展了变化观念与模型认知思维，也体现了学科知识的意义与价值所在。

任雪明
南浔高级中学，浙江省特级教师，正高级教师

王爱青

项目化学习“人教版必修二教材——基本营养物质复习”教学案例

一、教师简介

王爱青

浙江遂昌人，浙江省丽水市遂昌中学高中化学高级教师，教龄21年，“绿谷双名工程”学员。2021年获丽水市学科带头人称号，2013年获丽水教坛新秀，曾获市优质课二等奖、市化学竞赛优秀指导老师、市优秀团员称号。曾获丽水市第三、六批精品课程、“丽水市保卫蓝天课程”等市课程开发，主持参与“县域高中学生学习化学的困惑”“高中化学精准教学模式和实践的探究”等课题。《农村普高生自我评价特点的调查与研究》《挖掘课本中的化学史，提升学生的学习能力》《课堂教学过度用语的观察与思考》《高一化学入门教学》《化学教学中信息给予题的解题方法探究》等多篇论文在国家、省、市级获奖。2021年在五地市复习会中开展“实验与无机复习策略”讲座。

二、课堂教学思想

新一轮课程改革确立了"核心素养"教育理念，项目化学习被认为是最具有核心素养发展功能的学习方式，近年来在中小学迅速推广。2021 版《浙江省普通高中学科指导意见》对各学科都设置了项目化学习的实施建议和案例，以引导学生将当下的读书与做事（项目）、做人（素养）建立关系，让学生在做事中理解概念，形成学科思维与跨学科思维，引发跨情境迁移，从而促进认知学习和社会情感能力的提升[①]。本文结合普通高中化学人教版必修二中《基本营养物质》的复习教学，探讨在新一轮课程改革背景下如何开展项目化学习，以提升学生化学学科核心素养。

三、教学案例（片段）

糖类、蛋白质、油脂等这些基本营养物质是学生生活中非常熟悉的，以此为题创设真实情境，更有利于学生从生活中认识化学，体验化学的实际应用价值，关注身边与化学有关的社会热点问题，用所学的化学知识解释和解决实际问题，并能作出正确的价值判断。项目化学习教师既可以在新课授课教学中进行，也可以在完成某个章节学习后进行。

（一）项目学习目标

根据上述项目主题分析，结合我校学生基础知识薄弱，确定本次项目化学习的复习目标：结合生活实际，通过学生熟悉的食物回忆三大基本营养物质糖类、蛋白质、油脂的性质、结构及用途；结合课堂实验和家庭小实验巩固三大基本营养物质的化学性质，培养学生实验探究和分析能力；通过讨论渗透饮食健康教育，提升学生的社会责任感。

---

① 浙江省教育厅教研室.浙江省普通高中学科教学指导意见[S].杭州：浙江教育出版社，2021.

表 1

<table>
<tr><th>项目</th><th>任务</th><th>活动</th><th>核心素养</th></tr>
<tr><td>子项目 1：糖类复习</td><td>任务 1：由学生分组整理归纳糖类物质的分类、结构、性质和用途；
任务 2：检验速溶奶茶中是否有葡萄糖实验；
任务 3：展示周末回家做的酿酒视频</td><td rowspan="3">活动 1：查阅资料奶茶的主要成分
活动 2：整理归纳
活动 3：家庭小实验（拍好视频或图片）
活动 4：课堂实验</td><td rowspan="4">1. 培养学生的物质分类观、证据意识；
2. 培养学生科学探究和创新意识，提升解决实际问题能力；
3. 培养学生可持续发展意识，提升社会责任感；
4. 培养学生兴趣，在真实的情境中去体验、感受化学是可以学以致用的</td></tr>
<tr><td>子项目 2：蛋白质复习</td><td>任务 1：由学生分组整理归纳氨基酸结构、蛋白质的性质和用途；
任务 2：检验奶茶中是否有蛋白质
任务 3：展示周末回家做的自制豆腐视频</td></tr>
<tr><td>子项目 3：油脂复习</td><td>任务 1：由学生分组整理归纳油脂的分类、结构、性质和用途；
任务 2：检验植物油中是否有并不饱和键；
任务 3：自制氢化奶油</td></tr>
<tr><td></td><td>总任务：合理膳食</td><td>活动 5：讨论</td></tr>
</table>

（二）项目学习分解

教师布置任务 1 中的活动 1 和活动 2，任务 2 中的活动 3，由该项目小组成员通过线上线下讨论，周末分工合作完成，并做好 PPT，最后由项目组长向大家展示小组阶段性成果。注意在学生开展问题解决和任务探究过程中，教师作为指导者和激励者应加强项目的过程管理，从旁协助，但是不能点评过细或者代替学生的想法[①]。

① 胡玉娇. 基于联通主义学习理论的项目式教学实践研究——以高中化学“金属矿物的开发和利用”为例. [J]基础教育课程，2022(07)：57—62.

1. 子项目1:糖类复习

先由该项目组组长展示家庭小实验:碘酒滴在馒头上显蓝色。再接下来展示奶茶中的糖类物质和整理归纳出的糖类物质的分类、结构、性质和用途。其他项目组成员听完汇报后可进行讨论和补充。

教师提问:根据小组调查,大家很喜欢喝的奶茶中的糖常用有两种,一种是果葡糖浆,就是葡萄糖加果糖;一种是蔗糖,如白砂糖、蔗糖糖浆。纯甜度葡萄糖小于蔗糖小于果糖。它们有什么区别?现在老师购得某奶茶店的糖浆,请大家设计并完成实验①。

学生活动:葡萄糖是还原性糖,蔗糖是二糖A,属于非还原性糖,用新制氢氧化铜检验,最后得出结论。

2. 子项目2:蛋白质复习

先由该项目组组长展示家庭小实验:水煮蛋、咸豆浆。再接下来展示奶茶中的蛋白质和整理归纳出的氨基酸的结构及蛋白质的分类、结构、性质和用途。其他项目组成员听完汇报后可进行讨论和补充。

教师提问:根据小组调查,有些奶茶用的是纯奶,而有些奶茶用的是奶精,并且用奶精的为多数,原料便宜又好喝。但是奶精不是蛋白质,而是植脂末,是一种酯类物质。那么如何鉴别呢?有人说可以用醋,是否可行?根据我们小组成员查阅资料发现可以初步判断,但是也不排除奶茶中加的其他一些配料加醋之后也会产生沉淀,所以这里我们可以用更可靠的方法。

教师展示蛋白质显色反应资料,学生活动:双缩脲反应,最后得出结论。

3. 子项目3:油脂复习

先由该项目组组长展示家庭小实验:碘酒和植物油反应,碘酒褪色。再接下来展示奶茶中油脂和整理归纳出的油脂的分类、结构、性质和用途。其他项目组成员听完汇报后可进行讨论和补充。

教师提问:根据小组调查植脂末是氢化植物油,是一种人工油脂,还包括人们熟知的人造奶油、代可可脂等。它是由普通植物油在一定条件下加

---

① 赖珊珊,刘双俊.基于真实情境的化学教学实践——以“复习糖类、油脂和蛋白质的性质”为例[J].化学教育(中英文),2022,43(03):32—36.

氢催化而成的。请大家设计并完成实验。

学生活动（必要时教师可以提示）：自制氢化植物油，往植物油中加镁条，再慢慢滴加一定浓度的硫酸，用玻璃棒不断搅拌，直到析出较多固体①。

4. 综合任务：合理膳食，均衡营养

学生讨论总结：食用糖类、蛋白质、油脂的利与弊，要合理膳食，均衡营养。此外要用所学的化学知识维护自己的权益，有正确的价值观。

5. 项目产品

查阅资料，小组合作，制作一份“合理膳食，均衡营养”的海报。

四、教学案例（片段）反思

（一）项目学习评价

项目学习评价注重全程性评价，分为前置性评价、过程性评价和结果性评价。学生可进行自评和互评。

围绕项目化学习的进展，先对已有认知、学习需求调查评价；然后是过程性评价，调查资料、作品展示、阶段报告、实践表现（团队合作、科学探究、创新意识等）；最后针对每个阶段的项目和阶段性成果设计结果性评价涉及成果展示、学习目标达成评价等。

（二）项目学习反思

自从参加“绿谷双名工程”，在理论导师和实践导师的指导下，慢慢提高自己的理论水平和实践能力，我要求自己每天进步一点点。江旭峰导师指导我说：“利用自己担任教研组长的机会，要整体规划一下整个教研组学习的目标，千万不能一天一个想法，不然知识是零散的，无效的。”所以 2021 学年我们教研组整体的目标是落实项目化学习在教学中的应用。

基本营养物质在高中化学和生物学科里都有涉及，食品安全也不容忽

① 徐焱.油脂演示实验优化及学生探究实验活动的设计[J].化学教育，2009，30(12)：58—61.

视,现代人越来越追求健康生活。以往教学复习更注重知识传授而忽视对学生化学核心素养的培养。通过实施项目化学习,学生更好地认识了学科与学科之间,学科与生产生活、科技发展之间的联系。学生面对真实问题情境,能主动学习,在持续多样的学习实践中,从各个方面考虑解决问题。在探索知识的过程中,提升问题解决能力和团队合作能力,同时自身的科学探究和实践能力也得以提升,有效促进化学核心素养的发展。

在项目化学习过程中设置的驱动性问题有助于学生思维的提升,但仍有一些问题没能使学生呈现出不同层级的思考,可能会固化学生的思维角度。在今后的项目化学习中设计有针对性的活动,要多从学生思考路径出发,注重学生能力的提升和核心素养的发展。

五、实践导师点评

项目设计方案不仅让学生发现自己方案的不足,还能分享其他项目小组的成功之处,达到互相学习共同进步的目的,通过自评、互评、老师评价得到学习和锻炼。还培养了学生的团体协作精神,与人合作精神,激发了学生学习化学的兴趣。增加了学生学习的范畴,通过检验奶茶的成分到自制奶茶,通过蛋白质的学习到自制豆腐,通过油脂的学习到自制氢化奶油,包括自己去体验酿酒,让学生真切地感受到学习化学是有用处的,而不是只停留在课本上。增强了学生的动手能力、语言表达能力。

这些就是我平时跟小王老师说要带动学校教研组有计划地开展项目化教学的目的。希望遂昌中学的老师能继续探索项目化教学。

江旭峰
湖州二中,浙江省特级教师,正高级教师

俞惠珍

从电性视角分析物质的性质与转化

一、人物简介

俞惠珍

任教于浙江省丽水中学，高中化学教师，教龄21年。主要荣誉：浙江省高中化学课堂评比二等奖、浙江省高中教师实验技能大赛二等奖，丽水市优秀教师、市学科带头人、市直优秀德育导师、市中小学心理健康教育先进工作者。数篇论文发表于《中学化学教学参考》，开发多个市级精品课程，课程“用化学眼光看生活”入选第五批浙江省普通高中精品选修课程。

二、课堂教学思想

课堂教学是学科核心素养落地的关键，而教学设计的视角也应该从“教”转向“学”。课堂实践中可通过“引领性学习主题”和“挑战性学习任务/活动”，提高学生学习的参与度和投入程度，引导学生经历高阶思维学习过程，进而理解学科本质和思想方法；通过有效的、多维的课堂评价激励和发展学生的主体作用。教师要通过深度备课，把握学科知识的本质内涵，通过大单元设计、大概念提炼和分解、学习活动的合理规划和组织等，引领深度学习的发生。

三、教学案例(片段)

物质的性质及转化规律是化学研究的核心主题,传统元素化合物主题教学通常表现为多、杂、散、乱。基于化学学科理解,凝练学科知识、抽提思维方式,使主题的知识具有素养功能,使思路具有迁移价值。许多化学反应的发生都与粒子所带电荷及表层电子密切相关,从电性维度重新认识物质转化,能帮助学生深入反应本质,将分散的化学事实经验和知识技能联结成整体,形成知识关联结构化、认识思路结构化和核心观念的结构化,建立学科大概念。

(一) 从价态的“正”“负”建构单质与水(或酸、碱溶液)反应模型

物质类别和元素价态,是元素化合物性质的重要认识视角。从价态视角将常见元素分成只有正价(金属)、只有负价(氟)、既有正价又有负价(卤素、硫、磷等)三类。并根据氧化还原反应价态变化规律,通过问题链引导学生写出单质(以 M 或 R 表示)与水反应的模型。

只有正价:$M + H_2O = MOH + H_2$

只有负价:$R + H_2O = HR + O_2$

既有正价又有负价:$R + H_2O = HR + ROH$

问题 1:回忆氧化还原反应中的价态规律、化合价升降规律及价态决定性质规律。(唤醒旧知)

问题 2:写出钠、氯气与水反应的化学方程式,分析其价态变化情况。(模型解构)

问题 3:请按主要化合价对下列元素进行分类。(钠、镁、铝、氟、硫、氯)

问题 4:根据氧化还原反应价态变化规律,判断上述物质与水反应的产物,写出单质(以 M 表示)与水反应的模型。(模型重构与检验)

问题 5:写出铁与水、白磷与氢氧化钾溶液反应的产物。(模型应用)

利用抽象和类比的方法,根据证据推理和模型认知,将研究对象的本质特征形成概括性的描述和认识思路。学生对反应的认识从具体到抽象,再

应用模型从熟悉走向陌生，通过以思维为主导的课堂促进深度学习发生。将众多的化学反应用三个模型进行抽象，一网打尽单质与水（或酸、碱溶液）的反应，学生能够根据物质价态描述、解释和预测反应，大大减轻学习中的记忆负担，并加深对氧化还原反应及反应产物的理解。

（二）从电性的“正”“负”分析多元弱酸及其盐之间的转化

高一学生在初学碳酸及其盐之间的转化关系时，对电性关系往往容易忽略。容易写出：$HCO_3^- + OH^- = CO_2 + H_2O$ 之类的方程式。教师不妨从电荷角度引导学生讨论：HCO_3^- 要转化为不带电的 CO_2 粒子和带更多负电的 CO_3^{2-} 粒子，分别需要加什么电性的粒子？通过讨论，学生惊奇地发现碳线规律（表 1）：①互不相邻的粒子（如 H^+ 和 CO_3^{2-}）能相互反应生成中间的粒子（HCO_3^- 和 H_2CO_3）；②若两粒子间不止一种粒子，产物更靠近量多的一方（如 H^+ 少量生成靠近 CO_3^{2-} 的 HCO_3^-，H^+ 过量生成靠近 H^+ 的 H_2CO_3）；③粒子间的转化符合电荷守恒规律（电中性的 Al、Al_2O_3、$Al(OH)_3$ 转化为带 3＋的 Al^{3+} 需 3 份 H^+，转化为带 1－的 AlO_2^- 需 1 份 OH^-）。师生共同讨论总结，还可推广到“硫线”“铝线”（见表 1）建立从电性维度分析多元弱酸及其盐之间转化的认识思路。

表 1　“碳线”“硫线”和“铝线”的规律

物质变化	酸性增强←酸碱性维度→碱性增强	所带正电荷增多←电性维度→所带负电荷增多
碳线	加 H^+ ←H_2CO_3—HCO_3^-—CO_3^{2-}→加 OH^-	
硫线	加 H^+ ←H_2SO_3—HSO_3^-—SO_3^{2-}→加 OH^-	
铝线	加 H^+ ←Al^{3+}—（Al、Al_2O_3、$Al(OH)_3$）—$Al(OH)_4^-$→加 OH^-	

（三）从同类的“替换”分析水解（醇解、氨解）产物

高中阶段，水解反应范围很广，涉及的物质有盐类、非金属卤化物、金属碳化物、金属氮化物、卤代烃、糖类、酯类、蛋白质等等。醇解、氨解其反应本

质与水解反应类似，均可理解为同类电荷的替换重组，用方程式表示为：$\overset{\delta+}{A}-\overset{\delta-}{B}+\overset{\delta+}{H}-\overset{\delta-}{O}H\rightarrow\overset{\delta+}{A}-\overset{\delta-}{O}H+\overset{\delta+}{H}-\overset{\delta-}{B}$。据此，学生能顺利判断 Mg_3N_2、CaC_2、$\overset{\delta-}{N}\overset{\delta+}{Cl_3}$、$\overset{\delta+}{P}\overset{\delta-}{Cl_3}$ 与水反应的产物并书写相关方程式：

$Mg_3N_2+6H_2O=\!=\!=3Mg(OH)_2+2NH_3$

$CaC_2+2H_2O=\!=\!=Ca(OH)_2+C_2H_2$

$\overset{\delta+}{N}\overset{\delta-}{P}l_3+3H_2O=\!=\!=3HClO+NH_3$

$\overset{\delta+}{P}\overset{\delta-}{C}l_3+H_2O=\!=\!=3HCl+H_3PO_3$

例 1(2022 年 01 月浙江选考 22)下列推测不合理的是

A. 相同条件下，Br_2 与 PBr_3 反应比 Cl_2 与 PBr_3 反应难

B. $OPBrCl_2$ 与足量 H_2O 作用生成 2 种酸

C. 相同条件下，与水反应由快到慢的顺序：$OPBr_3$、$OPCl_3$、OPF_3

D. PBr_3 与足量 C_2H_5OH 作用可得到 $P(OC_2H_5)_3$

解析　通过元素价态及同类电荷的替换重组规律可知，$O\overset{\delta+}{P}\overset{\delta-}{Br}\overset{\delta-}{Cl_2}$ 与水反应生成 $OP(OH)_3$、HBr、HCl，$\overset{\delta+}{P}\overset{\delta-}{Br_3}$ 与乙醇反应生成 $P(OC_2H_5)_3$、HBr。答案：B

(四) 从电荷的平衡分析电化学中的电极反应

电极反应是电化学考查的重点，学生普遍畏难。引导学生根据电流方向判断带电粒子移动情况，进而根据电性变化关联产物、判断溶液酸碱性变化等等。学生讨论得出结论：原电池中的正极和电解池中的阴极都是电子(带负电)流入的极，根据电荷守恒关系，必然导致产物粒子负电荷增加或正电荷减少往往表现为生成阴离子或消耗阳离子，可能导致电极附近溶液酸性减弱或碱性增强；反之，原电池中的负极和电解池中的阳极都是电子(带负电)流出的极，必然导致负电荷减少或正电荷增加(往往表现为消耗阴离子或生成阳离子，可能导致电极附近溶液酸性增强或碱性减弱)。学生在基于电性关系分析的基础上讨论得出模型(见图 1)。

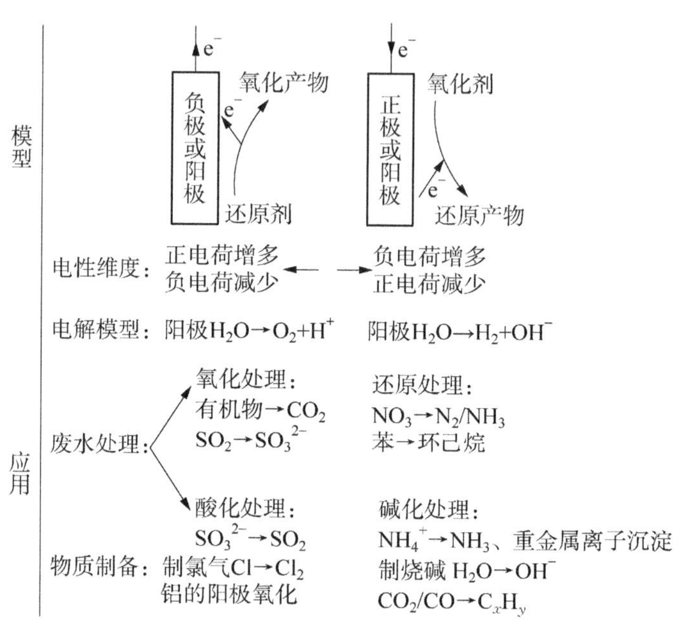

图 1　电性关系模型

(五) 从电性的“正”“负”重组分析常见有机化学反应

高中有机化学中，除自由基取代反应外，大部分反应都与电性作用有关。正负电荷的电性关系是有机反应的重要动力，共价键极性及电性关系的引入能帮助学生进一步理解取代、加成等有机反应。可引导学生讨论以下问题加深对电性关系的认识：卤代烃水解产物为什么是醇和卤化氢而不是烃和次卤酸？烯烃的不对称加成为什么遵循马氏规则？苯和丙烯加成产物为什么主要是异丙苯？格氏试剂为什么常用于碳链构筑？分析电性关系可知，$CH_3-\overset{\delta+}{C}H=\overset{\delta-}{C}H_2$ 与 $\overset{\delta+}{H}-\overset{\delta-}{Cl}$、$\overset{\delta-}{C_6H_5}-\overset{3+}{H}$ 反应时，异种电荷重组，产物主要为 $CH_3-CH(Cl)-CH_3$、$CH_3-CH(C_6H_5)-CH_3$。有机流程题中经常涉及格氏试剂，学生对格氏试剂构筑碳链的原理一知半解，引入电性关系能帮助学生理解其在碳链构筑中的作用（见图 2，苏教版有机化学基础 P64 页），有助于有机合成路线等高端思维能力培养。

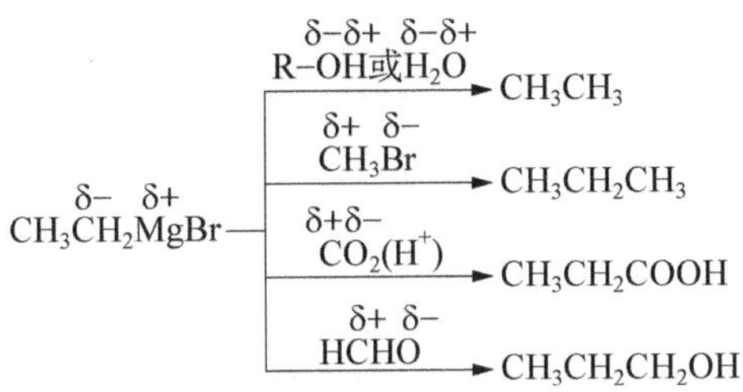

图 2　碳链构筑模型

利用电性关系还能很好地解释某些物质的物理性质(如熔点、溶解性等)、有机酸的酸性强弱、极性分子间的诱导力对分子间作用力影响等等。

四、教学案例(片段)反思

电性原理是自然科学的重要原理,具有普遍和广泛的解释力,更揭示了许多科学现象的本质。电性分析更可以促进深度学习的发生和学科素养的形成。本案例设计基于正负相亲、电荷守恒等电性关系建立学科大概念,从微观上反映物质性质与转化的主要观点和思维方式,帮助学生更好地理解物质的性质与转化,对学科知识起组织作用;引导学生在证据推理的基础上,运用抽象和类比等方法,将反映研究对象的本质特征形成一种概括性的描述和认识思路,并通过概念的迁移运用,促进学生逻辑思维上的成熟。

五、实践导师点评

化学反应复杂多变异彩纷呈,许多学生在化学学习中往往觉得十分繁复甚至分不清方向。作者从“电性”视角指导学生重新审视化学反应,既切中了化学反应的本质和要害,也为学生分析和把握化学现象和化学原理指明了方向。

本案例基于化学学科理解的视角,结合作者自身较为丰富的教学经验和实践感悟，对中学化学常见的物质性质及转化类型提出“本源性”认识，并引导学生举一反三，将方法和技能应用于已有知识系统，多维度观察和建构电性关系，帮助学生将分散的化学事实经验和知识技能联结成整体，深悟反应本质，形成知识体系，建构认知模型，进而实现化学核心素养的提升。

任雪明
南浔高级中学，浙江省特级教师，正高级教师

刘慧英

指向现实的历史项目化学习

——以《近代以来中国的官员选拔与管理》为例

一、教师简介

刘慧英

中学高级教师，青田县中学历史教师，24 年教龄。担任工会副主席、历史教研组长。曾获浙江省优秀指导师，丽水市学科带头人、市优秀教师、市优秀班主任、丽水市研究性学习成果优秀指导师，青田县优秀教师、县学科带头人、县"家庭事业兼顾型"先进个人等荣誉称号。多篇论文在省级及以上获奖或发表；主持或参与多个省市级课题；"劫！结？——回望抗日战争"入选教育部基础教育一司"学科德育精品课程"。

二、课堂教学思想

随着课改的持续推进，在教学实践中，为了更好地提升学科核心素养，我尝试以"指向学科核心素养的深度学习"为理念指导课堂教学设计。聚焦学习项目，通过有价值的学习活动来提升学生的素养，针对不同的学习内容设置任务链。项目化学习课堂的构架区别于传统的课堂，力图让学生的学习真正发生,要像历史学家一样地学习历史。让学生在项目化学习的设计之下,以小组合作,收集资料,并结合所学对所获取的资料进行分析,从而提出自己的观点,对于历史学科素养尤其是史料实证的素养得到有效的提升。在深度学习这一教学理念的指导下,教学实践力求做到心中有理念,眼里有学生,手中有方法。

三、 教学案例(片段)

以第7课《近代以来中国的官员选拔与管理》为例。

(一) 学习目标和重难点

学习目标:围绕项目主题“我为政府部门人才选拔制度建言献策”,通过各项目小组运用所学、合作探究,在学习任务的驱动下,实现指向学科核心素养的深度学习。

重点:近代以来中国公务员制度的出现和发展。

难点:理解近现代中国公务员制度是随着时代的需要产生和发展的,增强对当今中国制度建设与发展的自信心和责任感。

(二) 教学过程

导入:播放湖北省司法行政机关监察系统2013年考试录用公务员面试88分实录视频。

问题:从面试的问题及考生的回答,展示了该考生怎样的知识、能力和素养?

(设计意图:以视频导入,进入“历史现场”,增强学生对公务员面试环节的直观感受,容易激发学生的学习兴趣。引出本课项目主题——我为政府部门人才选拔制度建言献策)

1. 项目学习任务一

每个项目小组课前自主梳理近代以来中国的官员选拔制度。

课堂中展示项目小组梳理的历史时间轴,并由其他小组进行补充修正,最终形成完整的近代以来中国官员选拔制度的历史脉络，并分析其发展趋势。

（设计意图：结合课前学生梳理的时间轴，各项目小组间的相互点评补充，把握近代以来中国官员选拔制度的演进脉络，并在合作学习中体验成就感。从考试内容、选拔方式、标准、制度化、规范化等角度思考，概括其发展趋势及特点）

材料一　科举夙为外人诟病，学堂最为新政大端。一旦毅然决然舍其旧而新是谋，则风声所树，观听一倾，群且刮目相看，推诚相与；而中国子之留学外洋者，亦知进身之路，归重学堂一途，益将励志潜修，不为邪说浮言所惑，显收有用之才俊，隐戢不虞之诡谋，所关甚宏，收效甚巨。且设立学堂者，并非专为储才，乃以开通民智为主，使人人获有普及之教育，且有普通之知能，上知效忠于国，下得自谋其生。

——袁世凯等《立停科举推广学校折》(1905 年)

问题：根据材料一并结合所学指出晚清官员选拔方式的变化，并分析变化的原因？

（设计意图：在高一所学的基础上，让学生理解从科举选官到学堂选官和留学毕业生选官的变化，归纳主要原因。递进式的问题设计，引导学生从感性认知到理性思考。从内外两个角度分析 1905 年中国与世界的发展趋势，深刻感悟“制度是随着时代的需要产生和发展的”，引导学生深度思考）

2. 项目学习任务二

项目研究小组分为：古代组、近代组、西方组、采访组。

研究任务：要求每一个项目小组在组长的带领下，分工合作。多渠道获取相关的文字、图片或影视资料。实地走访相关部门，对相关人员进行采访。在小组合作探究的基础上形成本组的研究成果。

成果展示：各项目小组选派代表在课堂中围绕项目主题阐述本组的观点，并对本组的研究过程做简要评价。每小组限时 2.5 分钟左右。展示过程采用自评、小组互评与师评结合的多元评价方式。

（设计意图：该环节的设计体现出“项目式教学”的内涵，学生搜集资料进行探究，有利于达成史料实证素养；让学生展示探究成果，提升学生的主

体地位,并锻炼语言表达能力和逻辑思维能力)

1) 古代选官组

课前小组编制表1。

表1 历代的选官制度及选官标准

朝代	选官制度	选官标准
西周		
战国、秦朝		
汉朝		
魏晋南北朝		
隋唐		
宋朝		
明清		

学生活动:学生可能会搜到教材中未涉及的宋朝为防范科举考试作弊而采用的“糊名法”和“誊录”。对历代选官标准变化的分析,学生深刻了解古人在选官方面的智慧,并为当代的人才选拔提供借鉴。通过试题内容充分体现考生的知识储备和能力水平,更突出了选贤的功能。这正是古人智慧与现代科技的完美结合。

(设计意图:学生填写大事年表。通过上网搜索、文献查阅及合作探究等途径,从汲取古人智慧的角度,运用史论结合的方式,围绕项目主题阐述本组的观点)

2) 近代选官组

其研究与古代选官组的研究路径相似,学生通过对教材及所搜集资料的分析,预计学生能较为完整地了解民国时期文官考试制度的现代性和局限性。围绕项目主题阐述本组的思路。

3) 西方文官组

课前小组编制表2,并结合多方搜集资料进行探究,并围绕项目主题阐述观点。

表2　中西方的选官制度

角度	西方文官制度	中国公务员制度
法定范围		
选用标准		
性质划分		
政治原则		
管理体制		
服务对象		

（设计意图：从形式到内容对比中西方的选官制度，学生不仅对两种制度的不同点有更直观的认识，也能更深刻地了解中国公务员制度的优越性。学生通过查找资料完成此表。了解到中国的公务员制度建立时间虽晚，但目前推行的公务员录用考试制度已初步形成公开、平等、竞争、择优的机制，在感知、体验和思考历史的过程中，深化对史实的认识和判断，并强化了制度自信）

4）采访公务员组

学生活动：采访组预设采访话题。

活动主题：面对面采访近两年通过公务员考试进入政府部门的公职人员。

采访问题：

（1）国家公务员人才选拔流程是怎么样的？这样的流程设置是否最大限度地体现了公平公正？是否还有可以改进的地方？

（2）公务员考试试题涉及哪些方面的能力和素养，您是通过哪些途径具备的？

（3）您认为对比试题设置与当前对公务员的要求，试题内容是否还存在不足，有何需要改进的地方？

（4）您最终成功通过考试，有哪些经验可以分享？

（5）请您对当前的公务员考试流程及试题内容作简要的评价。

设计意图：运用采访的方式激发学生学习兴趣。由公务员考试的经历者与同学们交流现代公务员制度，相比老师单纯的理论讲解更具说服力。交流中还能学到书本内容以外的知识，增长了学生的见识，拓宽了学生的视野，对学生确立人生理想有一定的启发。

5）走访企业组

学生活动：采访组预设采访话题。

活动主题：到世界五百强青山控股集团下辖的浙江青山钢铁有限公司采访其人事科科长。

采访问题：

（1）请问你们企业是如何招录员工的，具体有哪些程序？

（2）招录员工的标准有哪些？

（3）员工在企业中是如何升迁的？

（4）与国家公务员的选拔相比，您认为你们企业招录员工与公务员招考有什么不同之处？

（设计意图：学生依照项目主题进行实地考察。了解民营企业更加灵活、注重实绩、因材而用等用人机制，围绕项目主题，结合公务员制度的现实需要，提出小组的见解。有意识地将学科知识与实践内容有机整合，构建对历史的解释）

3. 项目学习任务三

根据课前下发的《小组互评表》（见表3），让各组对其他小组的研究成果汇报进行评价。

表3　小组互评表

组别	内容丰富 价值较大 （40分）	表达清晰 讲解到位 （30分）	有创新性 富有激情 （20分）	体现合作 规定时间 （10分）	总分 （100分）
古代选官组					
近代选官组					
西方文官组					
采访公务员组					
走访企业组					

（设计意图：在对学生进行评价时，让教师和学生个体及小组成员都参与进来，实现评价的多元化。教师要注意个体的差异，对学生进行发展性的评价，关注学生个体的进步，要给予充分的鼓励和肯定，激发学生学习的积极性和自信力）

4. 项目学习任务四

材料二　在此之前的近40年时间里，我国一直实行高度集中统一的人事管理体制，凡由国家财政支付工资、以脑力劳动为主的工作人员，统称为"国家干部"。这支队伍当时有2 900万人，机关、企业、事业干部都在里头。党的十一届三中全会以后，随着国家工作重点的转移、经济体制改革的逐步深入和政治体制改革逐步展开，传统干部人事制度的弊端逐渐暴露。邓小平同志深刻指出："干部缺少正常的录用、奖惩、退休、退职、淘汰办法，反正工作好坏都是铁饭碗，能进不能出，能上不能下……必须从根本上改变这些制度。"

——中国组织人事报实习编辑郑海洋

小组合作：结合小组所搜集的相关材料及小组研究的成果，就人才选拔制度的建设写一个政协提案。

（设计意图：能够在占有史料的基础上，结合小组的项目式学习成果，做到学以致用）

四、教学案例（片段）反思

在指向核心素养的深度学习理念指导下，将项目化学习的设计要素融入学科教学，基于历史学科关键概念和能力，以具有挑战性、有价值的问题解决为任务，增强了学生的合作、沟通能力，发展批判性思维。但如何增强全体学生在学习过程中的参与度和积极性，还需要在今后的教学中继续探索。

五、实践导师点评

本案例是学科项目化学习的一次尝试，运用项目化学习的方式学习《近

代以来中国的官员选拔与管理》。亮点包括以下几方面:

一是明确的学习任务。将学习内容和目标分解为四个层次的项目学习任务,由浅入深,由表及里,学生容易入项。

二是深刻的历史理解。将近代以来中国的官员选拔与管理放在历史发展的长河中考察,并根据这一理解分解学习任务,体现了历史贯通的意识。

三是强烈的现实意识。尤其是采访公务员、采访企业员工、撰写政协提案等学习活动的设计,将历史与现实紧密联系起来,使学习活动更有意义。

徐金超
浙江省新昌县教育体育局教学研究室,浙江省特级教师,正高级教师

孙小梅

指向"家国情怀"培育的项目化学习设计

一、 教师简介

孙小梅

丽水第二高级中学历史教师，19 年教龄，中学高级教师，浙江省普通话水平测试员，丽水市高中历史学科带头人，校历史学科组组长。曾获民盟浙江省先进盟员，丽水市"事业家庭兼顾型"先进个人、市语言文字工作先进个人，校优秀教师、优秀班主任、教学能手等荣誉，所撰教育教学论文多篇多次在省市获奖。

二、 课堂教学思想

历史教育要以培育学生家国情怀为核心价值追求，本着立德树人的根本目标。高中历史教学不仅仅是传授基本的历史史实、提高历史解释、史料实证等基本能力，更是培养优秀社会主义接班人和建设者的"人"的教育。充分挖掘历史人物、历史事件和历史现象的内在精神力量去涵养学生家国情怀素养是我始终坚持的教学主张。寓情于史、润物无声的育人途径是家国情怀核心素养最自然的落地方式。在教学中，我通过设计项目化学习方案，以主题统领并整合教材，立足家国情怀设计学习目标，创设历史情境渲染学习情绪，以期在学习过程中唤醒情怀并在学习评价中促使学习主体主动内化情怀。

三、教学案例（片段）

背景：高中历史选择性必修三的主要内容是文化交流与传播，既关系到文化自信，又要培育学生的世界意识。因为讲的内容是文化，所以整体上比较抽象，识记知识容易，而要形成文化认同和文化自信，培育家国情怀就不容易了。为此，我想通过项目化学习的形式来组织学习活动，设计项目化学习方案，创设各种学习情境浸润学生心灵，唤醒家国情怀，使学生与过往的历史人物、历史故事对话，思考身边人、身边事并使其在对话和思考中不断成长，从而培养学生的社会责任感和使命感。

（一）目标设计：立足情怀，体现“正能”

选择性必修三“文化交流与传播”这一模块内容包括六个单元，实际上可以分成“精彩纷呈的中外文化”“世界文化的交流与互鉴”“世界文化的传承与保护”三个部分，以此为框架设计项目化学习方案。在设计项目化学习目标时，既基于课程标准和《浙江省普通高中学科教学指导意见》，更突出“立足家国情怀”的教学追求。为此分别将三个项目化学习方案在家国情怀核心素养方面学习目标设置如下：

“精彩纷呈的中外文化”——通过梳理中国传统文化发展和外传的历程，认识中华文化源远流长、生生不息、泽被四方，树立文化自信；通过分析中华优秀传统文化的内涵和特点，认识中华优秀传统文化的历史价值和现实价值，增进对中华民族和中华文化的认同，树立继承和发展中华优秀传统文化的历史使命感；通过了解世界其他古文明的发展历程和成就，认识人类文化多样性的历史发展趋势，形成理解和尊重世界文明多样性的价值观。

“世界文化的交流与互鉴”——通过了解不同历史时期人口迁徙、商路贸易、战争冲突对世界文化发展的重大影响，培养“文明交流超越文明隔阂，文明互鉴超越文明冲突，文明共存超越文明优越”的价值观，增进对伟大祖国和对中国共产党的认同，同时培育人类命运共同体意识。

“世界文化的传承与保护”——了解中国历代文化遗产以及历代传承载体与保护措施的沿革历史，在璀璨的中华民族文化财富中增强民族自豪感，在体悟祖国守护文明的大国担当的同时树立起为国分担，与国同心的责任感；通过了解世界各国文化遗产以及传承与保护的相关史实，拓宽国际视野，培育理解和尊重世界文明多样性的价值观；通过对文化遗产内涵和保护原则的理解，感悟构建人类命运共同体的深远意义，培养守护世界文化遗产的责任感和使命感。

上述设计从学习内容中提炼出教学主旨，凝练出家国情怀核心素养的具体目标，突出了涵养家国情怀在项目化学习目标设计中的地位。

（二）学习过程：唤醒情怀，营造“正气”

在“精彩纷呈的中外文化”“世界文化的交流与互鉴”“世界文化的传承与保护”三个项目化学习方案中，根据家国情怀核心素养目标设计了以下学习活动和学习任务。

1. 精彩纷呈的中外文化

以“回望浙西南的革命岁月，赓续浙西南的革命精神”为主题设计了一个实践活动，学生自主报名“大革命时期的浙西南”“抗战时期的浙西南”“解放战争时期的浙西南”三个小组。要求：①通过查阅资料、参观纪念馆、走访等形式了解各时期丽水的革命形势、主要历史人物和历史事件，并撰写成文。②选择其中一件革命事件编演一段历史剧。③总结该时期的浙西南革命精神的内涵。

设计意图：通过自主实践活动，学生了解家乡、热爱家乡，明白家乡的建设和发展离不开革命年代先辈们的艰苦奋斗和无私奉献，离不开中国共产党的正确领导，认识文化认同与文化自信的重要性，自觉培育为家乡建设，为社会主义建设而努力的责任意识。

2. 世界文化的交流与互鉴

课外实践与课堂汇报相结合活动：观察你身边的人、事或物，结合“世界文化的交流与互鉴”中的所学知识,选取一个对象搜集相关资料说明“文化因交流而多彩,因互鉴而丰富”。最终,课堂汇报中学生做出了“世界品牌服装里的中国风”“奶茶的往事前身——中国茶文化对世界的影响”“青田华侨的悲与喜——移民的悲惨生长和文化传播的重大贡献”等优秀的交流报告。

设计意图:通过学习任务的探究,使学生将历史与现实相联系,提升学生学习兴趣,同时认识世界文化的多样性,认识文化交流交融中的民族性和创新性,培育学生继承和传播中国文化的使命感。

3. 世界文化的传承与保护

1)设计课堂合作学习任务

结合所学,就浙西南革命精神的传承与保护写一份市民提议。

设计意图:通过对世界文化传承载体和保护原则等知识的运用,使学生初步具备文化传承与保护的科学理念,在为家乡文化传承与保护提议中获得文化认同和文化自信,感悟传承与保护文化遗产的紧迫性,自觉承担起文化传承与保护的时代重任。

2)编制课后个人学习任务

文化遗产承载着民族的记忆,富含历史价值和科学价值,可以提升国民的文化自信心,能让我们完成一种朴素的回归。

材料一　人类文化遗产是人类改造自然和利用自然的痕迹,是人类文明的佐证,是人类进步的标志,也是沟通过去、现在与未来的桥梁。他们的存在超越了时间与空间的界限,打破了民族与民族之间的障壁,是全人类所共有的财富。

——李世化《文化遗产十讲》

材料二　在城市化高速发展阶段,大量人口涌入城市,需要大规模地建设住宅,当时普遍的做法是拆掉老城区,拓宽马路,盖起新楼房。但是不久人们发现,这样做的结果使建筑面积得以改善的同时,历史环境却遭到破坏,城镇的历史联系被割断,文化特色在消失。

——单霁翔《从“文物保护”走向“文化遗产保护”》

材料三　睁开眼吧,小心看吧,哪个愿臣虏自认……开口叫吧,高声叫吧,这里是全国皆兵。历来强盗要侵入,最终必送命。万里长城永不倒,千里黄河水滔滔。……冲开血路，挥手上吧！要致力国家中兴！岂让国土再遭践踏，个个负起使命！万里长城永不倒，千里黄河水滔滔……这睡狮渐已醒！

——卢国沾《万里长城永不倒》

(1) 根据材料一并结合所学知识，简要阐明保护人类文化遗产的原因。列举改革开放以来党和政府在立法保障上加强保护人类文化遗产的举措。

(2) 根据材料二并结合所学知识，分析城市化进程中所面临的问题有哪些，并指出中国由此推动进行的重要文物保护对策。

(3) 根据材料三并结合所学知识，简述长城蕴含的中华传统文化内涵，并指出传承和保护长城文化遗产的现实价值。

设计意图：通过史料阅读拓展学生对教材中为何要保护文化遗产这一问题叙述的认识，进一步理解我国立法保护文化遗产的必要。

理解经济与文化的辩证关系，进一步感悟我国在平衡经济发展和文化传承与保护之间所做出的努力。认识长城这一世界文化遗产的文化价值，进一步理解中华优秀传统文化内涵，明白传承和保护文化遗产的深远意义。培养学生阅读、分析、整合史料的能力和唯物史观、时空观念、史料实证、历史解释、家国情怀等核心素养。

项目化学习过程中设计的课外实践活动、课堂学习任务抑或是课外与课内相结合的活动任务都有利于推动学生在体验和感悟身边人与身边事的过程中与项目对象的情怀共振，进而达到唤醒并自主孕育家国情怀的目的。家国情怀是一种精神引领，不管是对国家富强、民族兴盛还是人类社会进步的责任感和使命感都不是一朝一夕就能养成的，也不是仅仅通过一次又一次空洞的说教就能内化的。它是一种埋藏在心底的力量，需要被唤醒；它内隐于每一个人的情感深处，需要被激发而外显。项目化学习强调在做中学，主张学习主体的体验和探究，这也就意味着项目化学习过程需在目标引领下设计各种围绕目标的学习活动和学习任务，只有活动体验与任务探究最能起到唤醒、激发家国情怀的作用。

(三)学习评价:内化情怀,追求“正道”

项目化学习主张教、学、评一体化。其中项目化学习评价包括过程性评价和终结性评价,分为评价要求前置和总结评价两个程序,综合自评、小组评和教师评三类主体的评价而成。无论哪一阶段、哪一主体、哪一对象的评价,都是根据教学目标围绕项目化学习过程进行评判,因而在项目化学习评价量表中突出家国情怀核心素养的要求,有助于学生在项目化学习过程中积极建设家国情怀的思想正道。

在“精彩纷呈的中外文化”“世界文化的交流与互鉴”“世界文化的传承与保护”三个项目化学习方案中,我将家国情怀核心素养的要求融入评价标准中。例如,在“回望浙西南的革命岁月,赓续浙西南的革命精神”项目的评价量表中,列出了形成性评价指标:①能够围绕革命精神搜集资料;②能够维护国家主权独立、拥护中国共产党的领导、坚持社会主义道路。终结性评价指标:①政治方向正确(分为撰写的文章、编排的历史剧两项);②能够展现中华优秀传统文化内涵,展现文化自信。再如,在“观察你身边的人、事或物,结合‘世界文化的交流与互鉴’中的所学知识,选取一个对象搜集相关资料说明‘文化因交流而多彩,因互鉴而丰富’”的项目评价量表中,列出终结性评价标准:①主题能够凸显中华文化自信或世界文化多样性;②能够阐述传播和弘扬中华优秀文化相关思想。像“世界品牌服装里的中国风”“奶茶的往事前身——中国茶文化对世界的影响”“青田华侨的悲与喜——移民的悲惨生长和文化传播的重大贡献”这几个成果在上述两个评价条目中最终获得A等级。

总之,通过项目化学习评价量表里对家国情怀素养的具体化,不仅使学生的项目化学习有了正确的方向,也有助于学生有意识地关注国家和民族,关注人民与现实,树立起家国观念,不断成长为一个富于情怀的社会主义建设者。

四、教学案例(片段)反思

指向家国情怀的项目化学习设计关键在于融通,因此学习目标的制订、学习情境的创设、评价标准的设置必须合三为一,家国情怀更是作为各阶段、各任务的灵魂而存在,与具体的学习项目共同构成一个整体,不可割裂也不能浮于表面。在项目化学习实施的过程中,指向家国情怀的学习情境的创设以及驱动性问题的设计是难点,教材资源有限,教材外的资源又庞杂无边,再加上历史学科涉及的跨学科知识多,如何基于学习目标围绕教材内容设计高度有效的项目化学习任务和活动是极大挑战。上述案例中的设计形式虽也多样,家国情怀素养的培育也贯穿始终,但缺乏对学生认知的调查,创设的历史情境不够丰富,影响学生项目化学习的热情。苏联教育家赞可夫认为,教学法一旦触及学生的情绪和意志领域,触及学生的精神需要,便能发挥其高度有效的作用。因此,今后的教学设计要更加关注学情,提高项目化学习的趣味性、精准性和科学性,推进家国情怀素养的有效落地。

五、实践导师点评

孙小梅老师"指向家国情怀培育的项目化学习设计"的案例围绕选择性必修三的教学,以项目化学习的形式开展大单元学习活动,设计立意高又有很强的可行性。亮点主要体现在两个方面:

一是突出了历史课程的教育性。案例将家国情怀的培育作为核心目标,以家国情怀统领其他教学目标,并结合"文化交流与传播"模块的具体内容,将知识的传授、能力的提升与文化自信、世界意识结合起来,教学立意是很高的。

二是突出了学生学习的主体性。案例以项目化学习的形式来重组教学内容,并能结合丽水的地方课程资源,突出了学生在历史学习中的主体地位,可以很好地化解"文化交流与传播"模块内容比较抽象的难点,对学生成长很有意义。

徐金超

浙江省新昌县教育体育局教学研究室,浙江省特级教师,正高级教师

严小卫

时人·时事·时代·时评

——“北洋军阀的政治、经济与文化”教学设计

一、教师简介

严小卫

任教于景宁中学，高中历史教师。“浙派名师培养工程”培养对象，浙江省“教科研先进个人”，浙江省“春蚕奖”获得者，丽水市第一、二、三届“教学名师”，丽水市“三育人”先进个人，丽水市“138人才”第二层次培养人员，景宁县第一、二、三届“拔尖人才”，丽水市第二届教坛新秀、第三届学科带头人。

二、课堂教学思想

历史课堂教学既要立足教材又要高于教材，通过优化重组知识结构，创新教学设计。把握时间节点，掌握重大事件，理清发展趋势；聚焦关键词组，梳理历史脉络，理解时代特征；关注历史细节的阐释，重视教学内容的人性化，注重史学素养的培养。本教学设计通过构建时空线索，掌握北洋军阀统治时期政治、经济、文化的内在联系，认识社会转型时期的新旧碰撞冲突和

向近代化过渡的艰难性，对北洋军阀统治时期的历史做“多元之解读”“同情之理解”，从而进一步体会近代中国人探索救国救民道路的艰辛。通过讲述“有人”的历史，阐述“有事”的历史，要“有时”“有评”，探究时代特征，提升历史解释，最后还要追寻“有情”的历史，实现学科育人的根本目标，形成独具特色的历史韵味的历史课堂。

三、教学案例（片段）

（一）导入新课

1. 情境渲染

回望辛亥烽烟成灰，民国之路波折坎坷。在内外交困之下，南与北、血与火的冲突之中，北洋军阀风云变幻，纵横捭阖，荣损与俱，演绎了民国史上最纷繁复杂的一段乱世传奇。那些年、那些人、那些事，那个纷乱而又惨烈的悲情年代，那个峥嵘而又沧桑的铁马岁月……

设计意图：创设情境，渲染氛围，从而突出本课的主题：时人·时事·时代·时评。

2. 概念解读

北洋、军阀、北洋军阀、北洋军阀统治时期

设计意图：明晰历史概念内涵外延，运用时间轴划分北洋军阀统治的历史时期。

（二）讲授新课

1. 第一环节：“时人”

教师提供三组民国初期重要历史人物的图片，学生自主选取这一时期最具有代表性和典型性人物来回答，以形成这一历史时期的初步印象。

设计意图：通过人物照片生动具象地呈现，引导学生回忆初中已学过的历史知识，初步认识时代与人的关系，从而引出“时代中的人”。

图1　时　人

2. 第二环节："时事"

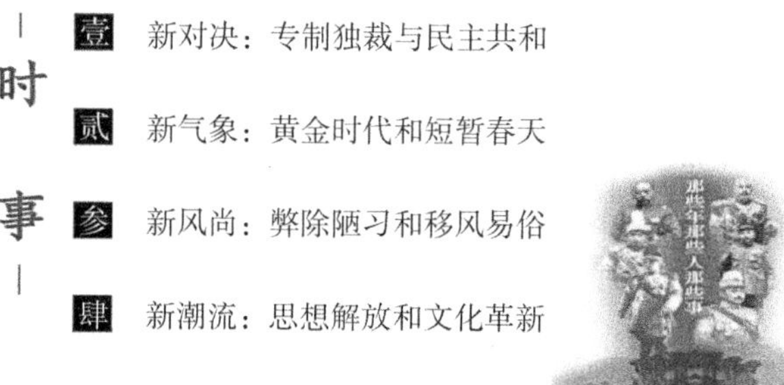

图2　时　事

1）新对决：专制独裁与民主共和

材料"袁世凯就任临时大总统的誓言"的图片

誓詞

民國建設造端百凡待治世凱深願竭其能力發揚共和之精神滌盪專制之瑕穢謹守憲法依國民之願望蘄達國家於安全彊固之域俾五大民族同臻樂利凡茲志願率履弗渝俟召集國會選定第一期大總統世凱即行解職謹掬誠悃誓告同胞

大中華民國元年三月初十日

袁世凱

袁世凯就任临时大总统后，有没有谨遵"发扬共和之精神，涤荡专制之瑕秽"的誓言？

图3　袁世凯就任临时大总统的誓言

学生：学习任务 1　“以袁世凯活动为主线，梳理 1912 年至 1916 年间的重要事件。”

教师补充关键信息点，明确大权独揽的袁世凯走上复辟帝制之路，激起人们反对，导致了失败。

教师以徐中约的“强权人物的消失产生离心力”来切入袁世凯死后形成的军阀割据混战局面。

学生：学习任务 2　“列举北洋后期出现的夺权复辟活动；分析北洋时期的政治特点。”

教师：从府院之争到张勋复辟到段祺瑞“再造共和”，明确军阀割据导致政治分崩离析的特点。

教师：解读陈旭麓的“于是开始于清末的民主和专制之争，注定在新的历史条件下展开了新的肉搏……”史料，围绕“新的肉搏”，梳理得出孙中山领导从“二次革命”到“护国战争”再到“护法战争”等一系列维护民主共和的斗争。

学生：学习任务 3　“结合《讨袁檄文》和《第二次讨袁宣言》，分析孙中山对袁世凯称帝的态度和理由。概括护国战争成功的原因。”

教师：通过“护法战争的失败”来引导学生认识北洋军阀的本质特征。

2）新气象：黄金时代和短暂春天

材料：中华民国成立后，民族资产阶级的政治地位大大提高，许多工商界人士参与中央和地方各级政府，掌握了部分权力。

——俞国《如何看待中国民族资本主义工业发展的"黄金时期"》

材料：近代工业企业的两大巨头张謇和周学熙，锐意发展实业，不失时机地引进西方发展资本主义的政策法令，略加修订颁布实行，诸如《暂行工艺品奖励章程》《商业通例》《公司条例施行细则》《公司注册法规》等。

——摘编自郭剑林《中国近代社会的转型与过渡》

材料二：1918年帝国主义国家对华资本和商品输出量（1913年指数为100）

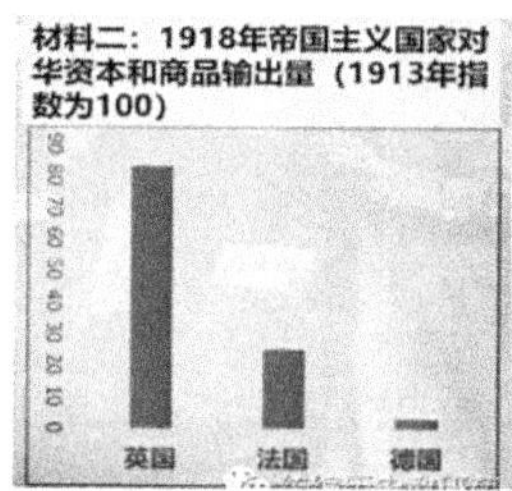

材料：辛亥革命时期，报刊竞相宣传“实业救国”。五四前后，民族资本家大力提倡国货，抵制外国的经济掠夺，维护民族利益。他们的共同口号：“振兴实业，挽回权利。”

—摘编自白宝福《近代中国"实业救国"思潮的发展演变》

材料：

本店不進日貨

依据材料，分析民国初年民族工业发展的有利条件。

图 4　黄金时代和短暂春天

学生:学习任务 4 “依据材料,分析民国初年民族工业发展的有利条件。”

教师:引导学生分别从中华民国成立提高资产阶级地位、欧洲列强暂时放松对中国的经济侵略、临时政府的鼓励实业法令政策、实业救国思潮、群众抵制日货等角度来概括民族工业发展的有利条件。强调短暂性,随着一战的结束,帝国主义卷土重来,“短暂春天”发展也随之结束。

3) 新风尚:摒除陋习和移风易俗

分析北洋时期中国近代社会生活变迁的特点。

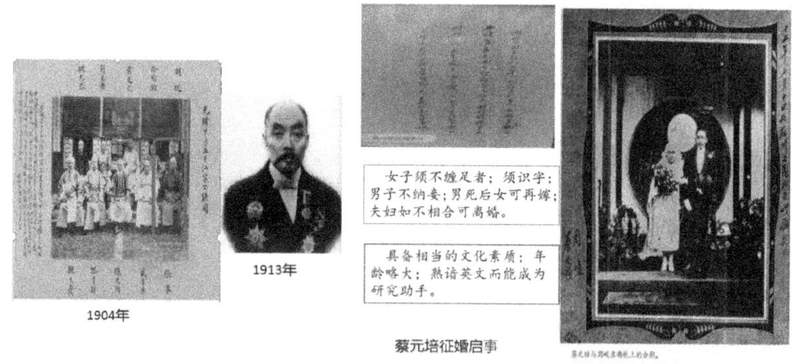

图 5 摒除陋习和移风易俗

学生:通过对比张謇在 1904 和 1913 年两个时间段的照片分析变化,得出“剪发辫、易服饰”;通过蔡元培的征婚启事和结婚照,得出“文明开化、新式婚礼”;完成学习任务 5 “结合材料,分析北洋时期中国近代社会生活变迁的特点。”

4) 新潮流:思想解放和文化革新

教师:讲述从蔡元培和陈独秀的求学工作经历,得出新文化运动兴起,北京大学和《新青年》成为新文化运动的重要阵地。

学生:学习任务 6 “如何理解新文化运动是‘思想界空前之大变动’?”

设计意图:通过人物的活动各方面的展示,分析“人”“事”与时代,让学生明确“人”“事”和“时”之间的关联,从而形成正确的历史解释。

学习聚焦

新文化运动高举民主与科学的旗帜，反对封建礼教，提倡文学革命，有着解放思想的重大意义。

“三纲五常”完全违反了自由、平等、独立的原则，都是“奴隶之道德”，与时代潮流不相符，与共和也不相容。
一陈独秀

为什么改革思想，一定要牵涉到文学上？这因为文学是传导思想的工具。
一蔡元培

此种新文化运动，在我国今日，诚思想界空前之大变动。推原其始，不过由于出版界之一二觉悟者从事提倡，遂至舆论放大异彩，学潮弥漫全国，人皆激发天良，誓死为爱国之运动：倘能继长增高，其将来收效之伟大且久远者，可无疑也。此种新文化运动，实为最有价值之事。
——摘自《孙中山选集》

图 6　如何理解新文化运动为“思想界空前之大变动”

3. 第三环节：“时代”

学生：从思考“北洋，究竟是一个怎样的时代”入手，引导分析阶段特征，得出关键词。

教师概括：北洋时代的“众生相”。这一时期，民主共和和专制独裁相互较量对决，民族工业进一步发展，进入短暂的黄金时期，民主科学旗帜之下思想解放潮流迭起，文明冲击持续不断，人们的社会生活习俗和经济生活发生了巨大的变化，传统与现代交织，本土与西洋并存，其背后折射出经济的振兴、思想观念的革新、文化的觉醒。

学生：阅读陈钦《北洋大时代》、来新夏《北洋军阀》、郭剑林《北洋政府简史》等系列史料，如“一个空前混乱的年代，一个思想大解放的年代……”“北洋政府是由统一走向再统一的一个过渡……”“转型与过渡是这个政府的基本特征”等。

学习任务 7　小组探究：结合史料，概括北洋政府统治时期的时代特征。

北洋政府所处的时代，是外国资本主义、帝国主义对中国侵略不断加剧的时代，也是近代中国在半殖民地半封建背景下由传统农业社会逐步向近代化工业迈进的时代。北洋政府正是在半殖民地半封建和被人们遗忘的“半资本主义”，即在新旧冲突与并存、中西撞击与杂处的背景下取代清王朝而建立的。这种承上启下的大背景决定了它必然地扮演近代中国由传统向现代化转变的中介角色，转型与过渡是这个政府的基本特征。
—郭剑林主编《北洋政府简史》

图 7　北洋究竟是一个怎样的时代？

教师进一步阐释:“新与旧”的矛盾既体现了经济发展与政治、文化之间的辩证关系,又反映了推动近代社会转型的意义与局限。

设计意图:通过北洋军阀统治时期政治、经济、文化的内在联系与互动关系分析,得出时代特征,从而培养学生唯物史观。

4. 第四环节:“时评”

时评

看历史

1914 这个国家会好吗

继续妖魔化这段历史,其实是对中国历史的不尊重。对这一时期历史,近年来史学界经历一个由简单一概贬斥否定到对其中的某些方面给予适当肯定的发展过程。他们认为尽管这一时期是军阀混战、政治混乱的黑暗时期,然而另一方面社会出现新因素,历史仍在向前发展,是近代中国从传统社会向现代社会转型当中的一个特殊阶段,现代化正是在这种新旧交替和冲突中向前发展的。 ——马勇《重寻近代中国》

在一般中国人的历史常识里,最为不值得称道的就是北洋政府,被认为黑暗、反动、卖国。……总是把北洋时期形容为军阀混战,民不聊生,黑暗无比。当我们百年后重新回看北洋时代时,我们发现,这是一个中国王朝政治解体走向宪政民主国家的过渡时代,除了军阀混战政治动荡外,那时也留下了很多正面的东西,比如,那时的中国开始尝试民主,党禁开放,言论自由,政治理性,经济飞速发展,民主和科学理念开始深入人心。 ——陈钦《北洋大时代》

图8 时 评

教师:对北洋时期的历史要从更宏观的角度去看,它是从旧民主主义革命向新民主主义革命的过渡,一方面,其黑暗昭示了革命必须有新的力量;另一方面,其进步又为新民主主义革命提供了条件。

设计意图:通过研读不同史料,对比对北洋军阀统治的评价,进行多元解读,培养历史解释和史料实证素养。进一步让学生明确从时代和社会的历史条件下去对历史人物、历史时期进行分析评价。学会如何正视历史,尝试着去与历史和解,是一种学习方法,一种治学境界,更是一种时代要求。

主题升华:学生对“新因素”“新希望”“新追求”的解读分析,讨论探究。教师由此引入下一课的学习主题:时代的抉择——中国共产党的成立和新民主主义革命的兴起。

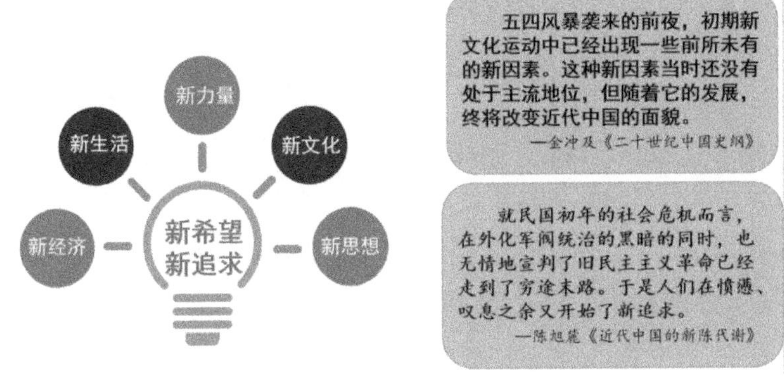

图 9　时代的抉择：中国向何处去？

（三）巩固小结

教师引导学生从内政、外交、经济、生活、文化等方面列表来归纳北洋军阀统治时期的相关史实与所呈现的特征。

设计意图：通过列表方式，学生对本课的知识进行一个再梳理，构建整体的知识框架，加深认识和理解。

（四）课堂练习

按照史料的类型，给以下史料分类

①《袁世凯奏议》（天津古籍出版社）
②《中国近代史资料丛刊　北洋军阀》
③陶菊隐的《北洋军阀统治时期史话》
④来新夏的《北洋军阀史略》
⑤李新主的《中华民国史》
⑥徐中约的《中国近代史》
⑦陈旭麓的《近代中国社会的新陈代谢》
⑧李宗一的《袁世凯传》
⑨侯宜杰的《袁世凯一生》

- 属于档案史料的有：
- 属于通史类史料的有：
- 属于专门研究类史料的有：
- 属于名人传记类史料的有：

图 10　课堂练习

设计意图：通过史料对比，明确史料的分类标准，判别史料价值大小，培养史学素养。

四、教学案例（片段）反思

本课通过“时人・时事・时代・时评”这四个环节从政治、经济、社会、思想文化四个方面切入，由点成线，由线成面，由面成体，旨在勾连时代变迁和经济发展，分析背后所体现的文化自觉因素，也正是这样系列的因素，最终推动了中国近代社会的进步与转型。在备课和教学中有以下几方面的感悟：

（1）进一步加强专业阅读。新教材对教师的基本素质和教学视野提出了更高的要求，尤其需要加强经典史学理论专著的研读和对史学前沿成果的关注，丰厚自身人文底蕴。

（2）注重培养学生自主学习和合作探究的能力。学生的知识非常碎片化，通过引导学生构建知识框架体系，整体把握知识体系，使知识点系统化。

（3）如何抓住学生的兴趣点，分层次设计有思维含量的问题链，把历史学科的核心素养培育落实到教学之中的细微之处，才能达到润物细无声的境界。

五、实践导师点评

本课的内容是典型的一个历史阶段的学习，严老师以“时人・时事・时代・时评”四个环节来组织教学，既能够让学生比较全面地认识一个时代的面貌，学会分析历史阶段特征的方法，同时，又富有新意和亮点。最突出的表现在以下几个方面：

一是通过历史人物，感受历史温度。不是干巴巴地来讲政治、经济和文化的特征，而是通过一系列历史人物来切入，既使课堂灵动，让学生有兴趣，又体现了重视“人”的历史立场。

二是通过史料阅读，引导史料实证。引用了不少原始史料和史著中的重要观点，让学生真切地感受历史现场，提升阅读和分析史料的能力。

三是通过历史辨析，学会辩证思维。在“时代”的环节，让学生学会整体分析历史阶段特征的方法，在“时评”的环节，引入了一系列关于民国初期历史的新观点，有效地培养了学生的唯物史观、历史解释的学科核心素养。

徐金超
新昌县教育体育局教学研究室，浙江省特级教师，正高级教师

姚春琼

问题引领的专题复习课教学

一、教师简介

姚春琼

浙江省庆元中学历史教师。从2007年从教至今,已有15个年头。从教以来,多次获得丽水市网络三项评比中命题、公开课等奖项,在丽水市高中教师业务水平考试中多次获奖;获得丽水市优秀指导教师、庆元县优秀班主任等称号。撰写教学论文多篇,曾参与撰写的课题《基于史料实证的深度学习实践研究》获得市三等奖,目前正在参与"时空观念在历史课堂教学中的使用研究"课题的研究。

二、课堂教学思想

高中历史课程要切实落实立德树人的根本任务,使学生通过历史课程的学习逐步形成具有历史学科特征的正确价值观、必备品格与关键能力。在历史课堂教学中通过情境教学,具有层次性的教学设计,引领学生达成深度学习的目标。作为高三历史复习课,基于两大思想进行设计。历史课程要以培养和提高学生的历史学科核心素养为目标,所以在课程设计和实施方面要始终贯穿发展这一任务,在这节课中着重培养学生的时空素养、史料实证和历史解释的能力，通过这些素养的培养，达到立德树人的要求。同时要契合高三学生的高考要求，教学设计要符合浙江高考的特点，提升学生的高考应试能力，在教学过程中贯穿情境教学，通过相关材料的提供，并且设计针对性的和阶梯式的问题，培养和检测学生调用和应用知识的能力。

三、教学案例（片段）

以高三复习课《国际经济秩序的演变》为例。

（一）教材分析

教学目标：

（1）通过材料理解国际经济秩序的概念，并了解近代以来国际经济秩序发展的四个阶段，落实时空观。

（2）通过时间轴及材料分析国际经济秩序发展的四个阶段形成的原因及影响，并加强对国际经济秩序的认识，落实时空观及史料解读能力。

教学重难点：影响国际经济秩序的因素。

教学方法：小组探究法。

（二）教学步骤

1. 问题导入

早在第二次世界大战期间，美国已经开始筹划战后国际经济秩序。美国所设想的战后经济秩序由贸易和金融两部分组成：在贸易方面，由国务院牵头，自1943年起游说各国成立以自由贸易为宗旨的国际贸易体系；在金融方面，由财政部牵头，自1941年起与英国一起筹组以自由汇兑固定汇率为特征的国际金融体系。

——樊勇明《西方国际政治经济学　第3版》

问：根据材料，用史实说明美国设想的“战后国际经济秩序”的达成情况，并结合所学分析上述设想达成对世界经济的影响。

生:(略)

师:解题方法指导,阅读题目并找出关键词、限定词,联系考点,然后用相关的知识点回答问题。

设计意图:导出本节课的主题:国际经济秩序的发展历程;以及落实历史解释的学科核心素养,同时进行解题方法指导。

师:这节课我们一起探讨国际经济秩序的"前世今生"。

材料:国际经济秩序是指在某一时期内,国际行为主体以国际经济关系为基础而形成的国家之间追求自身利益最大化的力量对比关系或权力均衡状态。研究国际政治经济格局是研究国际经济秩序的基础和出发点。国际经济秩序从产生到建立,历来都是为资本主义制度服务的,体现的是发达国家的意志,维护的是西方大国的利益。国际经济秩序的演变是一个渐进和复杂的过程,它的发展和演变经历了四个阶段。

——刘笑瑜《国际经济秩序的演变过程及决定因素》

思考:根据材料分析影响国际经济秩序的因素。

生:(略)

师:(小结)国际经济秩序受到国际经济政治格局、国家利益、国家实力等各方面的影响,而这些因素是会变化的,所以国际经济格局是渐进复杂演变的。由此,国际经济格局可以从"世界开始走向一体化的新航路的开辟"开始整理。

2. 合作探究1

根据作者对影响国际经济秩序的因素阐述,结合所学知识,阐述新航路开辟后哪些历史事件影响国际经济秩序的发展,并指出国际经济秩序发展的表现。

设计意图:学生能够调用并整合所学知识,并在小组合作下实现知识分享,初步形成两次工业革命、战争、国际形势对国际经济秩序的发展带来影响的观念,为接下来的学习提供一定的基础。

任务一:第一次工业革命前后国际经济秩序的发展表现

教师呈现16世纪至19世纪中期的国际经济秩序时间轴,如图1所示。

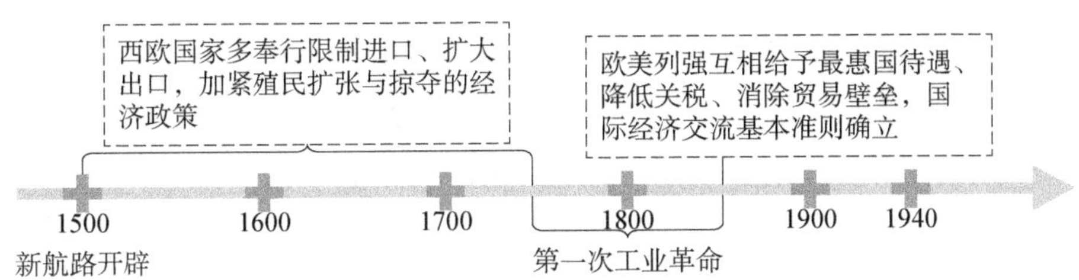

图1 16世纪至19世纪中期的国际经济秩序

问题设计：根据材料，指出这一阶段国际经济秩序的变化表现，并结合所学概述这一变化出现的时代背景。

生：从无序走向有序的历程，第一次工业革命的影响及国际经济交流基本准则的确立。

师：从这一阶段的影响事件可以得出，这一时期国际经济秩序是由英国主导的，而事实确实如此。

材料：19世纪末，英国凭借其海上霸权，占领了大面积的殖民地，成为日不落帝国，英国经济处于有史以来的全盛时期，处于国际分工中的核心地位。其凭借强大的经济实力，确立了以英镑为中心的金本位制，金本位制作为一种固定汇率制度，它通过英镑与黄金比值的稳定来实现国际货币币值的稳定。英镑的国际地位是与英国的国力相匹配的，英镑体系的确立标志着英国霸权地位的确立。

——刘笑瑜《国际经济秩序的演变过程及决定因素》

表1 1820—1870年主要工业国家在世界贸易中的比重(%)

年份	英国	法国	德国	美国
1820年	27	9	—	6
1840年	25	9	8	7
1850年	22	11	8	7
1870年	25	10	10	8

问题设计：根据材料结合所学，分析这一时期确立“以英镑为中心的金

本位制”的原因。

师：(小结)政治上：英国17世纪后期确立资产阶级代议制，并不断发展完善，政局较为稳定；经济上：通过工业革命，成为世界工厂；军事上：英国具有当时世界最强大的军事尤其是海军力量；对外：殖民扩张，初步建立起以英国为中心的世界市场。

师：这一时期由于英国强大的综合国力成为世界的领导者，但是第二次工业革命的发生使美、德经济实力的增强，一定程度上冲击了英国的领导地位。

任务二：分析两次世界大战时期的国际经济秩序

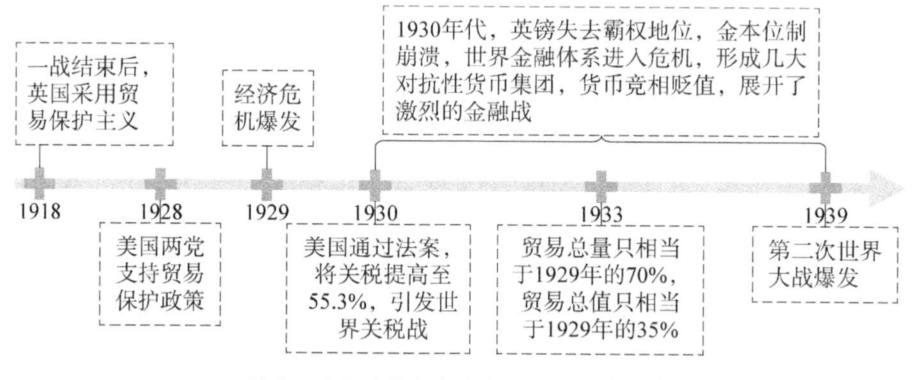

图2　两次世界大战时期的国际经济秩序

思考：根据时间轴(如图2所示)，概述这一时期国际经济秩序的表现，并结合所学知识分析原因。

生：以英镑为中心的金本位制崩溃，国际经济秩序呈现无序的状态。影响因素主要表现为战争的影响、贸易保护主义造成国际贸易萎缩等。

师：两次世界战争使国际政治格局发生了根本的变化，由此在战争后期，新的国际经济秩序逐渐形成。

任务三：分析二战后新的国际经济秩序的建立

思考：根据所学知识，概括二战后期国际经济秩序建立的影响因素。

生：(略)根据教材可以得出答案。

3. 合作探究2

有人认为重建的国际经济秩序体现霸权与共赢的理念，结合所学知识，请选择其中一个理念进行阐述。

设计意图：基于浙江高考开放性试题的类型的考虑，在教学中设计这种二选一的问题，培养学生的知识调用的能力。

生：（略）

材料一：世界出口贸易总额年均增长率（见图3）

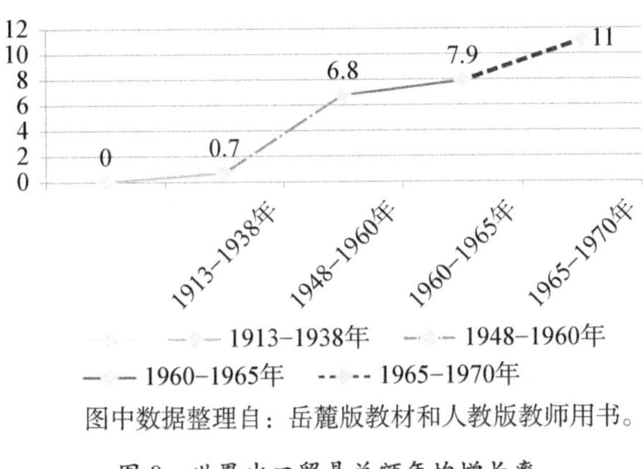

图3　世界出口贸易总额年均增长率

材料二：各国为了发展国际贸易，必须用美元作为结算与储备货币，这样就会导致流出美国的货币在海外不断沉淀，对美国来说就会发生长期贸易逆差；而美元作为国际货币核心的前提是必须保持美元币值稳定与坚挺，这又要求美国必须是一个长期贸易顺差国。

——特里芬：《黄金与美元危机》

师：得出结论：就如《布雷顿森林体系70年之痒》中所阐述的，布雷顿森林体系造福美国的同时也造福世界。

师：20世纪六七十年代，美国经济霸主地位受到了冲击，随着各经济体和主权国家经济实力的增强，二战后形成的国际经济体系又面临新的挑战，有些研究者称其为“蜕变”。

任务四：概括新兴力量崛起后国际经济秩序的演变

思考：根据时间轴，如图 4 所示，指出国际经济秩序“蜕变”的内涵。

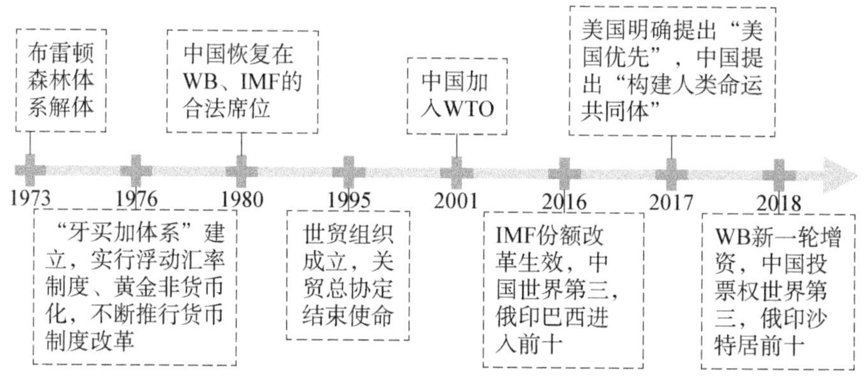

图 4　新兴力量崛起后国际经济秩序的演变

生：在“蜕变”阶段，以中国为代表的第三世界国家的经济实力增强，在国际经济秩序中发挥越来越重要的作用，同时对以发达资本主义国家为主导的国际经济秩序的不满，致力于建立国际经济新秩序。

材料：1964 年 10 月，第二次不结盟国家和政府首脑会议首提建立国际经济新秩序的口号；1974 年 4 月，联合国大会第六届特别会议通过了《关于建立新的国际经济秩序的宣言》和《行动纲领》，分别提出了建立新秩序所应遵守的 20 条基本原则、10 项基本目标。

1970 年代以来，建立新秩序的内容不断完善，主要包括：①改善在国际贸易关系中的地位和条件；②增加向发展中国家资金转移、改革国际货币金融制度；③改善转让条件，争取发达国家更多地向发展中国家转让技术；④世界经济结构的改革等。

但发达国家仍然控制着世界经济的命脉，20 世纪 80 年代以来，以美国为首的西方国家自身经济危机的加深，和对南北对话与合作态度僵硬，使建立国际经济新秩序陷入僵持局面。

思考：结合 20 世纪六七十年代国际经济秩序的“蜕变”的相关史实，谈谈你对刘笑瑜关于国际经济秩序的定义有何认识？

4. 课堂总结

师：通过对国际经济秩序概念的再温习，再次强调国际经济秩序的变化是这一时期国际政治秩序的反映，国际经济新秩序的形成必然成为推动世界整体发展的强大动力，人类命运共同体的构建是人类共同的奋斗目标。

四、教学案例（片段）反思

优：使用了合作探究的方法，培养学生调用教材知识回答问题的能力，一定程度上有利于提升学生的应试能力，特别是面临高考的高三考生；一材多用，首尾呼应，落实史料实证的核心素养。

缺：只是对知识的再重复，在知识的拓展和知识的升华方面有待提升；在时空观念、史料实证的素养的渗透较为表面化；复习课除了动脑外还要注重动手能力的培养，进行解题规范的指导；在旧版的教学设计中，是先将国际经济秩序分为萌芽、建立、坍塌和蜕变四个阶段，然后引导学生分析这四个阶段的影响因素，会让学生错误地理解“论从史出”的史学方法。

五、实践导师点评

姚春琼老师的案例是一节高三复习课，在设计上有其特色和亮点，比较突出地体现在以下三个方面：

一是融通的意识。教科书中对国际经济秩序演变的叙述是分散在不同专题的，姚老师的这节课将散落的知识点以一条线加以贯穿，有利于培养学生“融通”的史识。二是问题的意识。整节课用材料和问题来引导学生回忆、思考、分析，实现历史学科能力和素养的提升。三是方法的意识。在教学过程中，注意在问题分析中把分析的思路、解题的方法加以总结和提示，既务实又有效。

徐金超

浙江省新昌县教育体育局教学研究室，浙江省特级教师，正高级教师

俞伟平

速度诚可贵，温度价亦高

一、教师简介

俞伟平

龙泉市第一中学历史教师，1995 年 8 月参加工作，具有强烈的集体意识，服从学校的工作安排，为人师表，师德师风良好；具有较强的育人本领和丰富的育人经验，工作认真细致有耐心，育人效果好；具有扎实的专业基本功和丰富的教学经验，能胜任高中历史学科教学；具有较高的教科研水平和能力，能积极撰写教育教学论文，主动承担上级分配的教研任务，教科研成果具有一定的影响力。

二、课堂教学思想

教学是师生交往互动、共同发展的过程。教师在课堂教学中不能一讲到底，强行把历史知识和总结性结论灌输给学生。教师要从知识的传授者转变为促进者、引领者，还课堂给学生，发挥学生自主学习的积极性。教师要为学生创造一切条件，使学生成为课堂的主体，成为知识的发现者、创造者。教师应主动地从“舞台剧的主角转变为导演”，从而“让学生动起来，让历史课活起来”，学生才学有成效。在教学过程中教师与学生分享相互的思考、经验和知识，沟通相互的感情、体验与看法，丰富教学内容，求得新的发现，从而达到共识、共享、共进，实现在课堂中师生共同发展。

三、教学案例（片段）

以下是第 5 课《工业革命与工厂制度》教学案例。

（一）教学导入

我的职业是一名教师，但是今天在本堂课中老师将扮演一个导演的角色，下面欢迎大家收看俞老师版的《工业革命版：速度 vs 激情》。我的电影从一位打工人开始讲起，打工人，自古有之，但成为一个庞大的阶层却是起源于工业革命。

（二）师生互动过程

1. 第一环节：回顾工业革命的概况

学生陈述已知晓的与第一次工业革命的相关信息，包括工业革命的前中后不同时期，英国、他国、世界都可以。安排两位同学记录，中间（2—4 排）的同学“开火车”依次陈述（若学生提到圈地运动，则教师阐述下工业革命背景/影响）。之后教师将黑板上众多信息进行归类，概括为一个更高层级的概念。例如将火车、轮船概括为交通工具，例如将交通工具、纺织业、城市化概括为社会生活。

2. 第二环节：分析工业革命带来的变化

过渡：我们不难发现这一场革命促使政治、经济、文化生活、生产方式等方方面面都发生改变，那就让我们一起来看看工业革命是如何促使全社会碰撞出速度与激情。

工业革命之下，人们开始用机器生产（工具的变革，这是属于生产力的变革），大量的工人被聚集起来组织在一起进行生产，于是工厂出现。工厂需要制度管理，因此便出现工厂制度，这属于生产组织形式的变化。请学生阅读书本 24—25 页，指出相比于分散的手工工场，工厂制度有哪些特点与优势？——（教师概括）特点：机器大生产、专门化的厂房中劳作、严格规章制度、纪律意识、流水线、生产过程处于监督管理之下、原料统一供应、合理调配。因此，在工厂制下，优点有：生产速度——更快，工人专业程度——更高，产品质量——更高、更有保障，生产成本——更低。那么生产速度快了，产品数量多了，专业程度高了，物品（设计的专业细心人性化）好用了，质量更有保障了，物品耐用了，生产成本低，价格会更便宜，产品越来越有竞争力。

过渡：同学们刚才已看到它的优势——工厂就会越办越多：工业区—工业城市—城市群不断出现。工厂越来越多，需要的劳动力也会越来越多，以前人们以从事农业为主，慢慢地也会转变为以从事工业为主。那么，以前经济主要以农业为主，现在第二产业工业比重上升，经济的组成部分也就变了，这叫作——工业革命带来经济结构的变化。

材料分析：通过对比 4 组数据我们发现什么现象？英国基本上都一枝独秀，很多行业发展速度遥遥领先。为什么？由工厂速度—行业速度—到英国速度，正如多米诺骨牌，环环相扣，生产力生产关系都在发生巨大改变。

过渡：工业革命带来生产方式的巨大变化。但是，在工厂制下，打工人是如何适应这种速度不断加快的生产流程的呢？让我们从打工人的早晨说起。

情境设计：

(1) 请问，今天你是怎样起床的？在家里，手机会更常用，当然更多是爸妈叫我们起床，一个隐藏在大家身边的起床叫醒师。但若让时光倒回到我们买不起闹钟的时候，爸妈们的角色是一种正经职业叫作——起床叫醒师。为什么要有这个职业呢？英国的工人们每天下班都非常辛苦，为了防止第二天上班迟到，他们会专门雇人叫自己起床，原因非常简单那就是因为买不起闹钟但又不能迟到。这是一位女叫醒师，在吹哨子——工业革命也带来了生活方式的变化。

(2) 作为打工人，你家住得离工厂实在太远了。起床后的你，上班路上可能是这样的，也可能是那样的。这时你需要借助交通工具，当时绝对可以为你提供，路上还会有大本钟为你准点报时。因此，我们在社会生活中可以看到工业革命对交通出行的影响（呈现 2 个动画）。而在伦敦这样的城市实在是太容易迟到了，（材料呈现拥挤图片），这里我们看到了工业革命促使城市化速度加快，人们的生活空间扩大，伦敦已俨然成为世界性大都市。当然，你能成为一名打工人，也是非常优秀的，为什么这样说？（材料呈现）工业革命还促使了教育速度加快，因此要做一名绝对自信的打工人。

（3）这一天中，你可能还要挤出时间帮忙照顾下家里的粮食，你很羡慕邻居家已经拥有了脱粒机（图片呈现）。令你更头疼的是，你还需要分离谷粒和谷糠，如果也有一台机器可以让你稍微省力些就好了。请同学们对这幅画作（呈现）中三个人物作出赏析，哪个人最省力？手工挑选，疲惫乏味；速度略有加快，但看她挺直的身板，这也不是件简单的事情，谨慎困难；小男孩采用的叫扬谷机，省时省力。工业革命带来农业速度发展。速度快了，很多人就有机会走出去打工，视野更加开阔。（板书：乡村生活也在改变）

过渡：你看人们这一天从起床开始到上班下班，这一天中多有意思，激情也当然在逐步提高。而这些都是由工业、科技带来的加速度。

接下来，激情的卓别林来了——看似幽默滑稽的场景，主人公也是全身心投入到工作中，他工作的速度很快，可是他工作的时候激情饱满吗？为什么？（生：太有激情了，简直疯了。被压制剥削，长时间工作，太累了，工作到麻木。）

下面我们再看这张照片（呈现）——激情呢？我们进一步观察他们的微表情（从他们的眼神中你看到了哪些内心活动：看不到希望、凝重、沉默、疲惫、麻木、毫无激情）。（材料呈现工业革命带来的问题）提问学生：这些变化是由什么带来的？会不会有很多人善心大发帮助他们？一般很少。工业革命使得一部分人的生活仅仅只是速度加快了，少了激情，丢了时代的人文关怀——既然这是工业革命带来的，那么面对苦难，是否要去改变，不要进行工业革命，否定科技？或许这样就会有激情了且多一点人文关怀，生活会过得好一点？（生：不否定，因为带来苦难的不是机器，而是资本家的残酷剥削等。）资本家会主动去改善工人待遇吗？不会，幸福是要靠自己奋斗换取的，工人们虽然生产的激情在减少，但是却激发了他们斗争的热情。

时间来到19世纪,当工业化扩展到其他区域,工人运动也在欧美国家兴起:法国里昂工人起义,德国西里西亚纺织工人起义,美国芝加哥工人大罢工,这些工人运动虽然大多失败,但他们产生的最深远意义是什么呢?客观上促进马克思主义的诞生。工人是社会主义的战士,无产阶级战士们的激情被逐步唤醒,也因为他们自己的努力,工人们应当享受的关怀因这些运动而逐步唤醒,政府不断改善工人境遇。

那么中国的速度与激情是否也被唤醒了呢?两个工厂图片(动画,当工业化扩展到中国),中国近代民族工业发展,工人夜校、癸卯学制、工人运动也开展起来,速度与激情并行,一步步拯救民族危机,走向伟大复兴。而以上的种种发展,也是因为我们对工业革命的反思、斗争、学习、完善而得来的,间接上也是由工业革命推动的结果。

3. 第三环节:讨论工业革命的影响和评价

下面让我们回到事件本身,工业革命是完美的吗?世界上有完美的事物吗?世界上没有绝对完美的事物,那要求我们如何正确看待事物呢?要学会客观辩证理性地看待事物。工业革命虽然是不完美的,但是我们不能否认它创造出的生产力,就连伟大的无产阶级革命导师们都在感慨工业革命蕴藏的巨大生产力,它给世界带来的变化也是我们无法想象的。

通过我们今天的学习,也应当学会思考,速度与激情,科技与人文,只能二选一,还是说缺一不可。(引导:如果没有科技,可以就用农业提高生产力吗?如果没有人文,但当时如果不改进,工业革命或许无法更深入地发展)。

因此,速度与激情,都要!要速度,科技是第一生产力,国家强大才有我们坚实可靠的避风港;要激情,国民若丢了温度,避风港也终会起浪。科技若缺失了人文的守护,科技只会是变成弱肉强食的帮凶;人文若缺失了科技的支撑,文明或许会止步不前。大家有没有注意到老师开头的这张图片,现在你是否对它有了更深刻地解读。机器与人的碰撞,切勿盲目片面,丢了人的温暖,要让更多人都跟上时代的速度。这就是今天我给大家带来的整个剧情,感谢大家的配合。

四、教学案例（片段）反思

本课教学中运用了大量的与工业革命有关的材料，把分析材料与教学知识结合起来，锻炼了学生的材料分析能力，知识运用能力，深化了课本知识，拓宽了学生视野。本课对教材挖掘程度较深，较适合高中学段学生对知识的需求。本课学生对知识内容是非常熟悉的，如果仅限于知识的教学，学生肯定吃不饱，而且也会没有兴趣。如何让学生有兴趣、吃得饱是本课教学设计需要考虑的问题。合理使用多媒体课件。多媒体课件是教学的有效载体，但不是唯一载体，为了提高课堂的有效性，必须配合板书进行。对学生来讲，板书是对学习思路的很好引导，通过板书设计，可以达到帮助学生理清思路，巩固新知的目的。

五、实践导师点评

本案例的特色如下：一是善于营造探究历史的场景。俞老师能结合学生的兴趣深入进行挖掘，在重组教材化繁为简后，以电影导演的角色引导学生进入学习状态，辅以历史学习策略的引领，从而达到联系学生盲点，挖掘教材，夯实基础，提升能力的目的。二是善于设计思考历史的问题。能恰当地设计探究问题、科学的引导探究、有效的策略引领，让学生的思维层层深入，当然在设问的指向性、知识的系统性以及学生的差异性等方面还可以进一步提高和改进。三是善于引领核心素养的发展。在一个个学习任务和问题思考中，在史料阅读中体现史料实证，在全面评价中渗透唯物史观，不是生硬地强加，而是与学习内容自然地结合，在潜移默化中达成。

徐金超
新昌县教体局教研室教研员，浙江省特级教师，正高级教师

周林仙

巧用乡土史料，架起历史与现实的桥梁

——以“改革开放的进程”教学片段为例

一、教师简介

周林仙

任教于云和县云和中学，历史教师，教龄19年。所获荣誉主要为：2013年浙江省教坛新秀、2016年云和县优秀学科教师、2017年县先进工作者、2019学年县优秀学科教师、2020年县先进工作者，2021年获县委组织部嘉奖。近5年，多次开设市、县级公开课和讲座，参加市监控试卷命题，论文省级刊物发表1篇，主持课题获市三等奖，目前担任省级课题“县域高中学生研学课程的开发与实践研究”的执笔人。

二、课堂教学思想

适切的史料，对学生理解历史概念和历史结论而言，就像一座桥梁。乡土史料是地方历史发展过程中遗留下的信息、痕迹、遗产，它是中学历史教学的重要史料来源。在历史课堂上合理应用乡土史料，拉近历史与现实的距离，易于激发学生的学习兴趣，更培养了学生热爱家乡的情感。“改革开放的进程”属于《中外历史纲要》上册28课的其中一框内容，与学生的生活经验和环境紧密相关，但是在学习中有些概念如经济体制改革等专业性很强，引入乡土史料更有助于理解教材内容，感受改革开放的伟大意义。

三、教学案例（片段）

以本为本讲授式教学法，这是传统的教学方式，简单高效但只见短期效果，扼杀学生的思维能力。建构主义认为，真正学习能力的培养是学生在学习中自己总结经验知识，由学生主动去构建知识，从某种意义来说“授人以渔”替代“授人以鱼”是更先进的教学理念。这就需要提供丰富的史料，创设情境，让学生亲身体验知识的建构过程。

（一）策略一　利用身边的历史激趣导入

导入是教学目标实现的起始环节，有复习导入、情境导入、目标导入、故事导入、开门见山等多种方法，考虑到“改革开放的进程”一框内容的专业性比较强，历史概念不容易理解，如何能够快速吸引学生的注意力并引发他们探究思考的欲望，仔细斟酌后选择采用情境导入法。

结合学生最熟悉的生活场景，打出20世纪70年代、90年代和2015年的云和县城全图，并局部放大70年代的城南路、90年代的儿童公园、2015年的元和广场，这些局部的场景是学生们每天上下学要经过的地方，可谓是“最熟悉的陌生人”。学生们连呼：“哇，十几年前的新建路是这样的！”“三十几年前的城南路是这样的！”我想导入“吸睛”的效果达到了。系列图片展示后，马上设疑：“我们的老云和是如何书写出今天的美丽新童话的呢？我们从“改革开放的进程”一框中去追寻答案”，导入环节水到渠成地完成。

（二）策略二　四两拨千斤，重难点迎刃而解

本课重难点：①家庭联产承包责任制、社会主义市场经济体制、现代企业制度等概念；②对外开放格局特点。

用乡土史料引导学生临近历史的第一现场，创设有血有肉、丰富多彩的

历史情境，那么课堂就会活跃、灵动起来。

为此，在家庭联产承包责任制的难点突破时，我找到了县档案馆藏的1949—1990年的云和县农业生产总值相关数据。可以用于说明问题的原始史料有了，但是我认为在史料的运用方面，一要保持史料的原始性和真实性，二要兼顾教学的需求。也就是说史料的选择和运用上要适应学生的学习能力和教学目标。尽管很多原始史料非常能够说明我们教学中的某一问题，但艰涩的史料会打击理解的积极性；冗长的史料会消磨阅读的热情。为此，我对找到的原始史料进行教学化处理，将数字统计表转换成了更直观的数据点折线图。

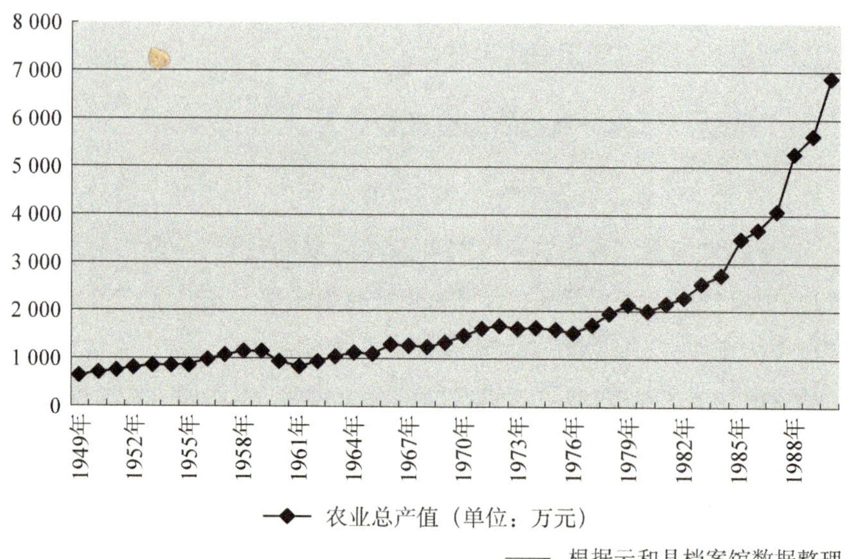

图1　1949—1990云和县农业生产总值情况

在史料的解读上，遵循循序渐进、抽丝剥茧的方法，设计了三个问题：

(1) 从图中获得了哪些信息？（先阅读图表看看讲了什么，为第二问做好铺垫，主要培养学生的图表解读能力。）

(2) 结合所学知识，分析80年代以前我县农业发展相对缓慢的原因。（关注阶段历史的因果关系。探究80年代以前的事件，实际是探究家庭联产承包责任制的背景。）

(3) 阅读教材，分析80年代我县农业迅速发展的政策背景。(此问的设置巧妙地将对云和的乡土历史了解拉回到了教材当中，并且初步直观地感受家庭联产承包责任制带来的实践效果。)

紧接着，马上给出《云和县志》中的记载"1982年，农村实行家庭联产承包责任制为主要形式的农业生产责任制，纳税由承包户缴纳"。以县志记载的史料引入培养学生史论结合的意识，同时利用此史料过渡链接教材文本，体会教材中"到1983年，农业生产总值平均增长率接近8%"的知识点。

值得一提的是，一则好的史料是可以重复使用，关键就是解读的角度和方式的问题。我又截取了"1975—1985云和县农业生产总值"的部分数据和云和民谣"辣椒当油炒，火笼当棉袄，番薯丝吃到老。"放大后形成鲜明对比的材料更直观。学生很自然体会到国家政策与民生的关系，朴实无华却道出了农村改革最值得称道的地方。

对于城市体制改革这一难点的突破，据以往的经验，学生非常容易遗忘，究其原因，还是对此内容的不理解。个人和企业的命运系于国家命运，反过来以小见大映射国家大事未尝不是好办法，解决了云和玩具企业的问题，那全国的城市经济体制改革的内容就水到渠成了。为此，我以现在云和龙头产业木制玩具为突破口，调查采访了部分早期创业者，并查阅了大量关于云和玩具发展的相关史料，终锁定一则简短却信息量丰富的小史料：

我们玩具一厂过去是国营企业，吃的是国家的大锅饭，从厂长到工人都没有什么生产积极性，平时拿着工资却经常不去上班。如果县二轻局分配下来生产计划，厂长再把我们叫回去……全县的玩具产值多年在150万元左右徘徊。

——根据玩具一厂退休职工口述整理

设问：(1) 结合材料分析早期云和玩具产业的特点。(学生通过对史料的解读，最大限度地获取有效信息。)

(2) 改变云和玩具企业生产困境需要采取哪些措施？请你来开开药方。(调动所学知识，使学生能对具体的历史问题提出自己的看法。)

对于对外开放这一概念，考虑到刺激学生学习的兴奋点，借用了新云玩具厂的视频，形式上全面给予学生感官上的刺激，内容上既能说明城市经济体制改革的作用;利用视频中的“新云玩具厂自成立以来就是外向型的企业,其产品通过宁波、上海销往世界各地”,又能向“对外开放”这一部分内容自然过渡。

(三) 策略三　乡土史料,将课堂延伸到课后

作业的布置也是一门艺术,有章可循就是作业要起到巩固所学的作用,章无定法的意思是作业的形式是可以多样化的。我想通过“改革开放的进程”的学习,学生们应该能够体会到乡土史料在解释历史事件中的作用。在课后作业的布置上,打破传统的作业形式,建议学生做一些与改革开放有关的研究性学习小课题。因为真正做到知行合一才是最好的学习方式。

四、教学案例(片段)反思

反思了几个关于乡土史料的应用需要注意的问题:①乡土史料积累重在平时;②适切使用乡土史料,不喧宾夺主;③避免史料使用的单一性。

在本片段的教学实践中,我深深地体会到:乡土史料不仅能弥补教材的不足,使教材变得鲜活而丰满,而且能丰富课堂教学,使课堂教学充满活力。只要认真研究,正确把握好与学习内容的结合点,恰当地应用,对提高历史学习的效率,深入理解教材知识点,培养学生科学的历史观和健全的人格,将发挥愈来愈重要的作用。

本课结束时,学生给予了评价:熟悉的乡土、通俗的史料,今天的课和平时不一样,很轻松,但又对教材理解非常深刻。

五、实践导师点评

历史教师要做个有心人,心中有学生,设计从学生的学业基础和兴趣点出发去激发学生兴趣、引发学生思考,让课堂以学生为本;历史教师还要做个有情人,心怀乡情,教学中从档案馆、县志等寻找乡土资料,从学生生活的环境出发,构建历史与现实的联系,培育学生的家国情怀。这些做法符合历

史教学的专业特点，论从史出，符合教学规律，以人为本，符合历史课程改革的趋势，体现历史学科素养。

徐金超
新昌县教育体育局教学研究室，浙江省特级教师，正高级教师

李绣兰

情境认知学习理论在“神经调节”一节教学中的应用

一、教师简介

李绣兰

丽水市遂昌中学高级教师，教龄25年。曾获丽水市生物学科带头人、市教坛新秀、市优质课一等奖、“绿谷双名工程”学员、市生物竞赛优秀指导师，遂昌县首届“钱瓯名师”学科带头人。10余篇论文发表于国家级核心刊物，获省、市级奖；主持或参与研究多项省、市级课题，开发选修课程，获丽水市第六、七届精品课程。

二、课堂教学思想

情境认知学习理论认为，知识是一种动态的建构与组织，学习只有发生在个体与真实情境的互动之中才会彰显价值。教师应为学生提供结构性强的素材，创设真实的学习情境，引导学生主动建构知识。本案例以观看“蛙的反射”实验（微视频）、坐骨神经—腓肠肌标本探究实验和动作电位形成机理的科学史料等为学习情境，通过设置一系列难度梯度的问题串、实验探究活动等任务驱动，让学生的知识水平在“提出问题—实践探究—建构概念”的过程中进阶式螺旋上升，从而建构以“反射和动作电位”为核心的概念图和知识体系。

三、教学案例（片段）

教学流程	教师活动	学生活动	教学意图
创设情境	播放微视频——“蛙的反射”实验 实验1：将蛙的左后肢趾尖浸入稀硫酸溶液中，观察现象。 实验2：将蘸有稀硫酸的纸片贴在腹部，观察现象。 实验3：切去一小块腹部皮肤，再将蘸有稀硫酸的纸片贴在该部位，观察现象。 实验4：剥离右后肢的坐骨神经，并用电刺激，观察现象。 实验5：切断右后肢的坐骨神经，再将其左、右后肢的趾尖浸入稀硫酸溶液中，观察现象。 实验6：用毁髓针捣毁脊髓，观察现象。再将左后肢趾尖浸入稀硫酸溶液中，观察现象	(1) 由课外兴趣小组学生做“蛙的反射”实验，并拍摄成微视频。 (2) 学生观看微视频中实验现象，并记录到学案中。 实验1：左后肢收缩，收缩迟于刺激之后发生。 实验2：后肢向腹部收缩，踢去纸片，即搔扒反射，且反应迟于刺激发生。 实验3：无反应 实验4：右后肢收缩 实验5：左后肢收缩，右后肢不收缩 实验6：无反应	(1) 从学生已有的知识出发，提供学习新知识的学习支架。找到知识学习的最近发展区。 (2) 将课外兴趣小组学生做的实验拍成微视频，作为课堂学习材料，激发学生的学习兴趣。并通过学生教学生，开展合作学习
分析情境	从微视频可以看出，蛙受刺激后作出了反应，即反射。这一活动需要神经系统的参与，而神经系统的结构和功能的单位是什么？ 分析情境，引出课题：神经元的结构与功能		
神经元的结构与功能	播放运动神经元的模式图 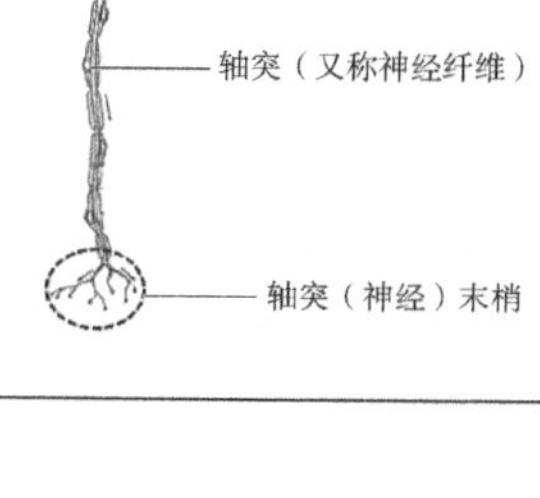 树突 胞体（位于脊髓） 轴突（又称神经纤维） 轴突（神经）末梢	(1) 学生课前预习完成学案中神经元结构与功能的内容。 (2) 学生标注神经元的主要结构：胞体、树突、轴突、神经纤维与轴突(神经)末梢。 (3) 观察图片，学习神经元、树突、轴突和神经元的功能	(1) 回忆初中《科学》所学过的有关神经系统的知识。 (2) 通过比较神经元与一般细胞，树突与轴突的区别，提高学生的读图能力和比较分析能力。

续表

教学流程	教师活动	学生活动	教学意图
	提出问题:①神经元与人体的一般细胞在结构上有什么异同点?(追问)树突与轴突有什么不同?②图中箭头及方向能告诉我们什么? 介绍:神经纤维与神经的关系		(3)通过课前自学和课堂评价,提高学生自主学习的能力
过渡	蛙的反射活动只通过一个神经元可以完成吗?那反射活动的结构基础是什么? 引出:反射弧		
反射与反射弧	(1)引导学生分析、讨论,自主得出反射弧的结构。(边讨论边板书) (2)展示反射弧模式图 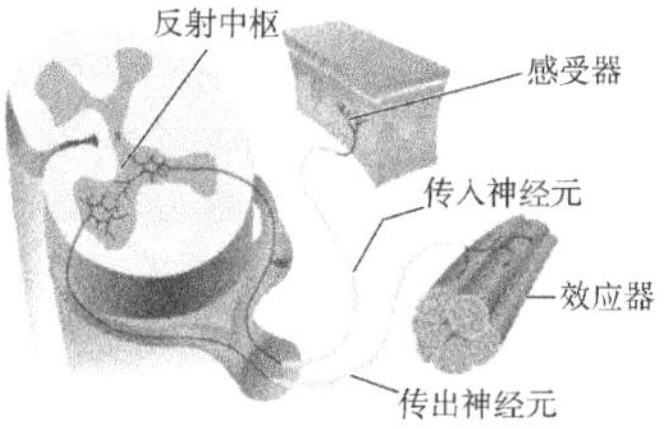 在学生讨论获得反射弧结构的基础上,以反射弧模式图为载体,介绍传入神经元、反射中枢和传出神经元的结构与功能。 (3)问题探讨: ①若直接刺激坐骨神经,蛙有反应吗?属于反射吗?是否有反射弧存在,就一定有反射发生? ②若有可能,将传出神经纤维剪断,再刺激趾尖,趾尖有无反应?兴奋能否向反射中枢传导? ③若要证明屈腿反射的反射中枢位于脊髓,对这只蛙应做怎样的处理?若要进一步验证屈腿反射中枢在脊髓,请说出你的实验思路。 小结:①反射弧的完整性是完成反射的基础。②反射的条件是反射弧和刺激。③板书以反射为核心的概念图	(1)学生观察微视频中的实验现象,通过分析、讨论,得出反射弧的基本结构是: 感受器→传入神经元→反射中枢→传出神经元→效应器 (学生以蛙屈腿和搔扒反射为例,说出感受器与效应器,并简要说明其功能) (2)以反射弧模式图为学习载体,说出传入、传出神经元和反射中枢的结构及功能。 (3)各学习小组根据观察微视频记录的实验现象,对几个有关反射的问题进行分析、讨论。 (4)各小组表达讨论结果: ①有反应,不属于反射。不一定,要有刺激。 ②趾尖无反应,能。 ③去除大脑。用针捣毁该蛙的脊髓,再用稀硫酸溶液刺激该蛙的右后肢趾尖,观察是否屈腿	(1)培养学生观察实验现象,分析、讨论和解决问题的能力。 (2)以学习小组为单位,围绕问题探讨,学会合作与交流,提高表达能力。 (3)以微视频为学习载体,通过后续实验设计方案的探究,培养学生分析、设计实验的能力。 (4)以微视频中的反射实验为载体,在已有知识经验基础上获取新知,构建以反射为核心的概念图,将实验与概念教学有效整合。关注概念的本原、拓展与延伸

续表

教学流程	教师活动	学生活动	教学意图
过渡	为什么刺激蛙会发生反应呢？下面我们做几个小实验来探究其原因		
学生实验	(1) 为每个学习小组提供一个浸在任氏液中的蛙坐骨神经——腓肠肌标本、电流计及电刺激仪等器材。  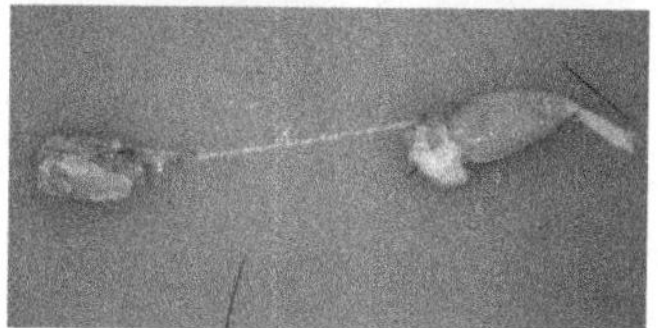 (2) 学习任务：完成三个小实验，观察、记录和分析实验现象，并完成学案内容。 实验 1：在坐骨神经上放置两个电极，并且将这两个电极连接到一个电表上，观察电表指针是否偏转？思考：若将其中电极一个插膜内，一个插膜外，指针是否偏转？ 实验 2：在电表的左侧给予电刺激，观察电表指针是否偏转？偏转方向如何？ 实验 3：用电刺激直接刺激腓肠肌，观察其是否收缩。说明什么？实验 4：用电刺激腓肠肌，将电表的两个电极连接均插在神经膜外，观察指针是否偏转？	(1) 各学习小组的组长课前参加实验操作指导，电流计测定方法等，课中由“小老师”指导、帮助同组其他成员实验与学习。 (2) 各小组做实验，观察、记录实验现象。 实验 1：指针不偏转 实验 2：指针偏转，向左、右各一次 实验 3：肌肉收缩 实验 4：指针不偏转 (3) 学生自学教材 P21 页关于静息电位和动作电位形成机理。 (4) 完成学案中的内容。 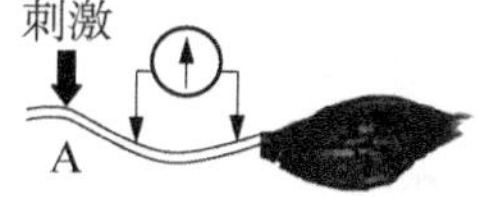 该实验说明：① 腓肠肌细胞是________细胞。 ② 在适宜的电刺激下，A 点产生了某种________信号，该信号能沿着神经________。 ③ 该信号能从神经元________到肌肉上，引起肌肉收缩 ④ 为研究方便，科学家将刺激点产生的某种信号称为________或________	(1) 以“小老师”指导同组成员完成实验，通过组内互助，生生互学，自主获取新知。 (2) 通过操作、观察、分析实验，培养学生动手操作、分析、讨论解决问题的能力。 (3) 培养学生自学能力

续表

<table>
<tr><th>教学流程</th><th>教师活动</th><th>学生活动</th><th>教学意图</th></tr>
<tr><td>过渡</td><td colspan="3">实验中,刺激坐骨神经,电流计发生偏转,腓肠肌收缩。说明刺激点产生了电信号并沿着神经纤维传送到肌肉。这个电信号又称神经冲动</td></tr>
<tr><td>神经冲动的产生</td><td>(1) 提供两个科学史料,介绍神经冲动产生的物质与结构基础。
资料 1:静息时神经细胞膜内外离子浓度(表格)
资料 2:20 世纪 50 年代初,霍奇金和赫克斯利提出了离子通道理论。1984 年,霍奇金发现了钠离子通道的分子结构,之后科学界陆续发现了与钠、钾离子出入细胞有关的钾离子通道和钠-钾泵。
(2) 引导学生利用实验中记录的现象,进行分析、讨论,获取新知。
(3) 对各学习小组表述的实验现象及静息电位和动作电位产生机理进行小结。(边讨论边板书)。建构以动作电位为核心的概念图。
(4) 小结过程中用 PPT 呈现静息、动作电位产生过程的图解,并帮助学生构建动作电位的产生、恢复的数学模型。
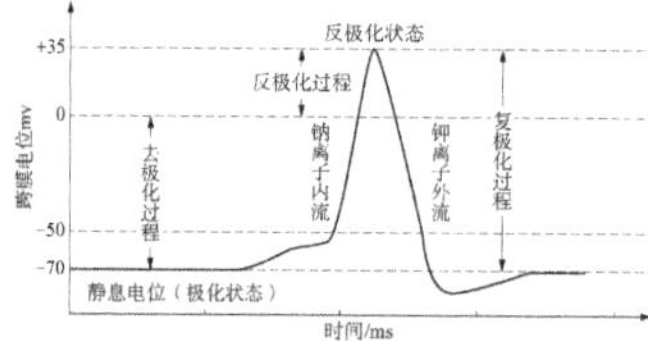

播放视频:动作电位形成与恢复的动态变化过程</td><td>(1) 学生通过观察分析资料 1 中表格的信息,获知静息时神经细胞膜内外离子浓度差异。
(2) 学生由质膜蛋白功能去理解钠、钾离子通道和钠-钾泵。
(3) 各学习小组成员代表说出实验 1 和 2 的现象,并结合自学任务,讲述静息电位与动作电位产生的原因。
实验 1 现象:两个电极均插在膜外,指针不偏转。若一个电极插在膜外,一个插在膜内,则指针偏转。
静息电位产生原因:钾离子大量扩散到膜外,造成内负外正的极化状态。并说明两种方法测静息电位的差异。
实验 2 现象:指针发生了偏转。
动作电位产生原因:钠离子通道打开,钾离子通道关闭,钠离子大量涌入膜内,造成内正外负的反极化状态,产生动作电位。
随即,钠通道关闭,钾通道开放,大量钾离子涌出膜外,又形成内负外正的极化状态,即复极化</td><td>(1) 通过两个科学史料分析,提高学生读图表,获取信息能力。
(2) 通过对记录的实验现象进行分析、讨论,增强学生自主学习,合作、交流、表达能力。
(3) 提高归纳总结能力,并通过建立数学模型的方式加深对新学知识的理解。
(4) 通过观察完整的视频,使学生更深刻了解动作电位产生的全过程</td></tr>
</table>

续表

教学流程	教师活动	学生活动	教学意图
继续探究活动	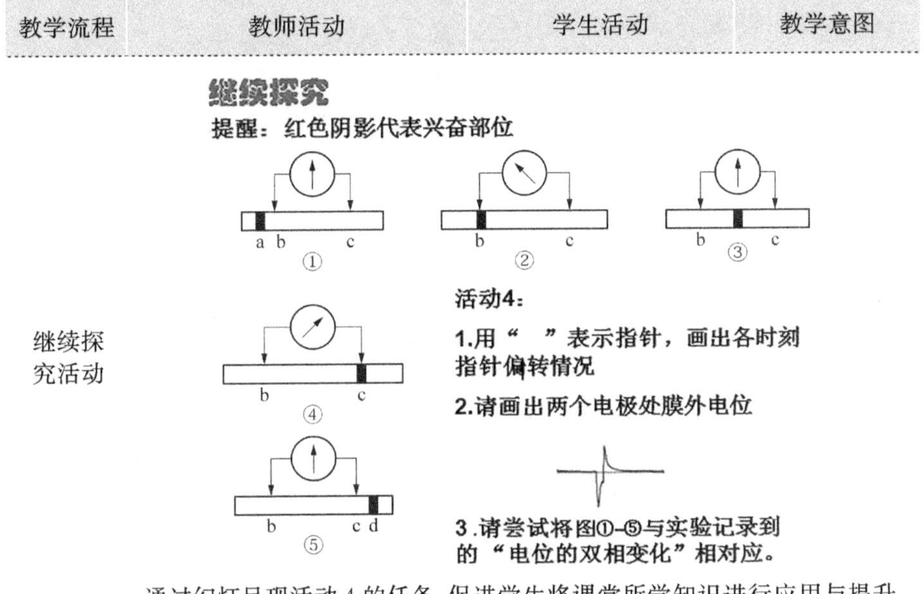 通过幻灯呈现活动4的任务，促进学生将课堂所学知识进行应用与提升。通过生生、师生评价活动结果，为下节课神经冲动的传导学习提供支架		

四、教学案例（片段）反思

本案例利用“蛙的反射”实验（微视频）创设教学情境，从学生关于神经系统及神经调节的前概念出发，及时提供学习新概念的脚手架，通过大量的实验探究活动和论证，帮助学生建构神经调节有关概念和以反射、动作电位为核心的概念体系。整个课时教学紧紧围绕蛙坐骨神经—腓肠肌标本这一学习材料，解释现象，设计方案，分组实验和预期结果，学习活动指向生物学核心素养，学习结果指向成就标准。教学设计以自主合作探究为主要学习策略，通过一系列学习任务来驱动教学进程，鼓励“做中学”。课前实验衔接课中，课中探究延伸课外，很好地解决了教学时间紧张的问题。基于事实进行科学思维，实验探究活动聚焦关键能力，在学习知识的同时也很好地促进了学科核心素养的发展。

五、实践导师点评

情境认知学习理论的核心观点是“人类知识在活动过程中发展”。本案例中“神经调节”概念的学习过程即是“知识的动态建构与组织过程”，概念体系的建构过程即是指向成就标准的自主合作探究过程。本案例紧紧围绕“情境脉络”和“实践”来设计教学活动，创设的问题情境为学习图谱的制定提供了清晰的“脉络”。基于大量的实验活动和结果对猜想进行论证，通过模型与建模、演绎与推理等研究方法和学科思维来建构概念及概念体系，让学生在探究学习的同时认识到科学的本质。

许晖
浙江省温州中学，浙江省特级教师，正高级教师

王君

概念模型教学法在“胚胎移植技术”一节中的应用

一、教师简介

王君

浙江省缙云中学高中生物学教师，以“不忘初心，静下心来教书，潜下心来育人”为教育主张，从教17年，获得浙江省名师工作室学科带头人、浙江省生物学竞赛优秀指导师、浙江省生涯教育优秀指导师，丽水市教学名师、丽水市学科带头人、丽水市德育能手，缙云县师德先进个人等荣誉称号。她还获省优质课评比二等奖，省优秀课例，省优秀教学空间等奖项；主持省、市级课题10余项，省优秀微课程4项，省精品课程1项，发表论文10余篇，参编教材、著作多部。

为更好组织以概念自主建构为核心的自主学习，从而发展学生的生物学核心素养，概念模型教学法应运而生。我以“胚胎移植技术”概念的教学为例，结合每个教学环节的设计与反思，深入剖析了概念模型教学在教学实践中如何有效地实施。

二、课堂教学思想

在新课标推行“内容聚焦大概念”基本理念的背景下，生物学教学更加侧重学生对生物学重要概念的深刻理解和应用。依据概念教学的相关理论，概念教学有关注前概念、注重活动设计和侧重自主探究的特点。前概念在学生建构新概念的认知过程中有重要作用，教师应基于学生对事物的原有认知进行教学设计，处理好前概念和新概念的关系。在概念教学中，所有教学活动都应有利于学生对生物学概念的建立、理解和应用，有助于发展学生的生物学素养。概念教学侧重学生的自主探究学习，引导学生通过对事实的抽象和概括，构建合理的概念体系。本案例以概念模型教学为主要教学策略，利用“娟姗牛的繁殖”创设问题情境，通过精心设计的一系列探究活动，帮助学生顺利建构概念，促进概念的理解和运用，聚焦关键能力的培养和学科核心素养的发展。本案例在实践研究中，以建构主义学习理论为指导，形成一种概念教学范式——概念模型教学法，具体流程见图1。

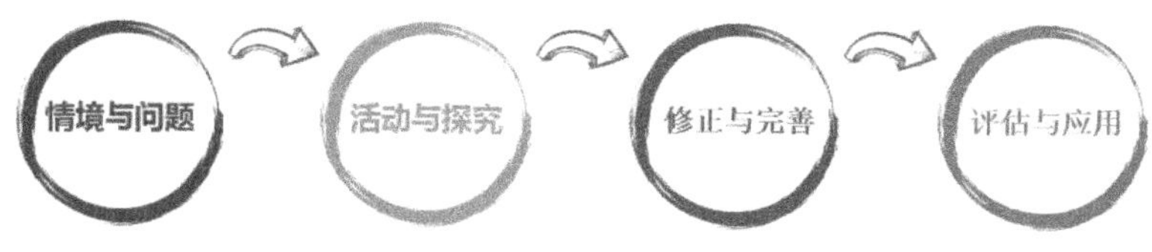

图1 概念模型教学实施流程图

三、教学案例

“胚胎移植技术”选自浙江科学技术出版社出版的高中生物学教材《生物学（选择性必修三）》第三章第四节，是细胞工程的重要组成部分，与我们的现实生活关系密切。高中生的认知能力较强，具备一定的材料收集、整理、分析能力和逻辑思维能力，对于生物学主题中与实际应用和社会热点问题相关的内容兴趣浓厚，乐于体验，敢于探究。本案例在课前、课中设置的学习活动中，主要以问题和任务驱动，围绕实例讨论与探究，将待解决的问题作为一个个“锚”，将教师传授知识的过程转变为学生建构概念的过程，使学生在自主、合作、探究的学习氛围中加深对概念的理解，发展科学探究素养。

(一) 情境与问题，暴露前概念，发现问题

利用社会热点“牛奶质量问题引发的现代种牛(娟姗牛)繁殖”创设情境，进而提出要探讨的学科问题“如何利用引入的娟姗牛快速繁殖”，并让学生说出他们理解的“胚胎移植”，简图展示交流并开展过程性评价。

在课前安排学生查阅资料，在已有相关概念的基础上初步形成胚胎移植的概念，了解该技术的形成和发展。在课中利用真实问题激发学生的学习兴趣，教学重点放在学生初步建构“胚胎移植”概念模型上(如图 2)，发现和梳理那些理解错误的前概念，以便在后面的学习中深入讨论。

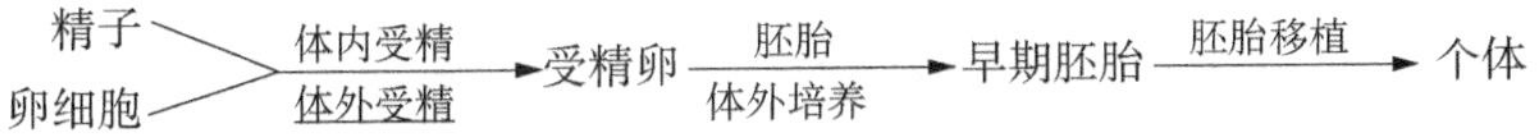

精子、卵细胞 —体内受精/体外受精→ 受精卵 —胚胎体外培养→ 早期胚胎 —胚胎移植→ 个体

图 2　“胚胎移植”概念模型简图

通过创设情境，把学习主题的核心知识转化为鲜活的真实问题。通过分析情境，把现实生活问题转变为学科问题。在讨论解决情境中问题的教学过程中逐渐揭示学生的前概念，学习活动聚焦前概念的呈现、运用和评估，为后面教学中修正前概念提供了线索和依据。

(二) 活动与探究，建构概念，解决问题

由学生初步建立的娟珊牛快速繁殖流程简图引领问题，引发活动。

活动 1　小组讨论：①供体母牛需要处理吗？②受体母牛一定是娟姗牛吗？受体母牛在生理上有什么要求？③什么时间进行胚胎移植，移植到哪里？④体内受精产生子代的基因型相同吗？与体外受精产生的子代有什么差异？⑤胚胎移植有器官移植免疫排斥吗？

活动 2　结合上述讨论成果，小组合作设计利用胚胎移植技术快速繁殖

娟姗牛的方案。小组长梳理讨论的结果，记录员绘制成流程图，观察员观察记录小组成员的整体表现，汇报员汇报小组的学习成果，最后进行小组间互评。

精心设计学习活动，引导学生自主建构概念。问题设置要符合学生的认知水平，学生在探究解决真实问题的过程中，深刻理解“超数排卵”“同期发情”等概念，用以突破教学重难点。呈现畜牧业期刊中“不同胎龄同期发情时间差以及移植位置不同的坐胎率（表）”，可引导学生基于事实和证据形成科学观念。

概念模型教学主要侧重于问题探究和概念建构。概念的形成是一个过程，这就需要有合适的教学活动。首先，对于概念细节的深入学习，可以以问题为基础，引导学生进行探究学习，提高学生收集信息解决实际问题的能力。合作学习是生物学核心素养提升的有效途径。学生在合作学习过程中，尝试用生物学术语阐明自己的观点，提升逻辑思维和语言表达能力。小组展示学习成果和小组互评等合作学习的方法，有助于加深学生对概念的理解。其次，概念模型教学的活动设计要具有整体性，指向学科核心素养。本环节的两个学习活动依据整体教学的理念而设计，引导学生深入讨论“胚胎移植”，通过归纳与概括、模型与建模等活动，有效发展学科思维。

（三）修正与完善，理解概念，揭示本质

播放剪辑过的“胚胎移植”视频，对学生建构的概念模型进行实证，引导学生修正构建的概念模型。学生修正完善后，讨论并展示修正的部分，如图3。最后提出如何解决同时多胎的问题。

利用真实的视频资料进行求证，学生在明确胚胎移植操作过程的同时，也很好地理解了“超数排卵”“同期发情”等概念。通过观看视频引发更深入的讨论，学生相互合作、补充，深入探讨“胚胎移植”，完善胚胎移植的概念模型。在学生构建模型的过程中，教师要注意进行建模的方法指导。

建构的概念是否正确，要用事实来检验，要用真实的图片或视频进行实证，这也是科学本质的教育。求证所依据的事实或证据，可以是教材中的“课外读”“小资料”，也可以是自己动手的小实验。概念建构的过程中，还要

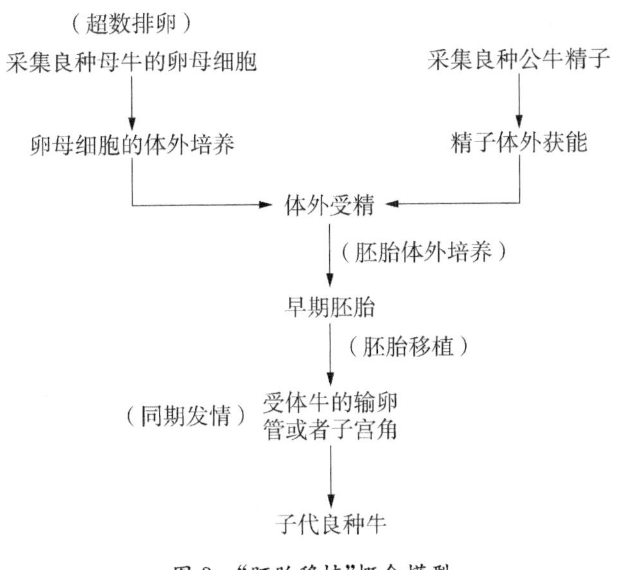

图 3　“胚胎移植”概念模型

关注概念体系的形成，关注上位概念以及课时教学涉及或关联的其他概念，即形成章节概念图。例如，在概念体系中“从胚胎来源到多只良种牛的获得”这一环节，既支撑了上位概念“胚胎工程”，又为后面“胚胎分割”概念的学习埋下伏笔。

（四）评估与应用，应用概念，迁移新情境

播放剪辑过的新闻视频“娟姗牛目前的繁殖情况”，提出问题：如果某女性因输卵管堵塞而不孕，你有哪些建议？胚胎移植技术还可能有哪些应用场景？引导学生了解娟姗牛繁殖的现状，明确胚胎移植真实操作的难点问题。新问题情境能激发学生的积极思考，评估学生运用新学概念解决问题的能力。

概念模型教学的活动任务设计要具有挑战性和目标指向性，体现思维进阶。纵观本案例中的学习活动设计，从情境引发的初步建构模型，到基于问题的自主建构模型，再到基于实证的修正完善模型，无不是从概念的形成和建构出发，利用前概念，依据事实或证据，通过归纳与概括，引领学生感悟、理解什么是“胚胎移植”。

四、教学案例(片段)反思

概念模型教学以“情境、问题、活动、评价”四位一体促进学生发展学科核心素养,是教学观、教材观、评价观的整体体现。

概念模型教学是学习方法的指导以及学生自主建构概念体系的过程。课堂教学以教师适时提出问题作为学习支架,从知识重现走向知识重演,结合展示交流等合作学习方式,关注学生在学习过程中的困难与问题,让学习者在特定情境中对学习材料的自主探究和发现,是真正意义上的学习过程。以我提出的概念模型教学法作为主要教学策略,这是本案例的一大亮点。

教师引导学生自主建构概念并应用概念,结合合作学习、探究学习等多种学习方式,体现了以学生为主体的教学观。根据学情,结合娟姗牛快速繁殖实例,合理处理收集到的资料,灵活运用教材,体现了“用教材教”的教材观。基于学情和教学目标的多种评价方式的综合运用体现了“教、学、评”一致性,如建构模型过程中的学生自评、小组互评、评价量表等贯穿于每一教学环节,有效激发了学生的学习积极性和主动性,提高了课堂评价的时效性,是本案例的另一亮点。

五、实践导师点评

新课标所列重要概念能够展现当代生物科学图景,是学科结构化知识的核心内容。本案例遵循新课标的要求,以建构主义学习理论为指导,积极探索概念教学的方法策略。可贵之处是,王君老师创建了一种概念教学模式:情境与问题、活动与探究、修正与完善、评估与应用。它采用科学教育的一般策略,学习概念以事实为支撑,以科学思维为途径,鼓励进行自主合作探究式学习,并将教学评价嵌入整个教学过程。概念教学重在理解和意义建构,概念模型教学法即是指向核心素养的有效教学的范式之一。

许晖

浙江省温州中学,浙江省特级教师,正高级教师

杨波

基于核心素养的“细胞核”教学设计

一、 教师简介

杨波

湖北恩施人，教育学硕士，一级教师，在浙江省缙云中学任教高中生物，市学科带头人，市教学能手。近几年发表在核心期刊的论文5篇，其中的两篇被《人大复印报刊》全文收录；主持过多个课题，曾获省教科研优秀成果一等奖等；多次获得省级生物竞赛优秀指导教师；课例“遗传信息的表达”获得省级优课；参与开发了多门省级优秀微课程；参与编写了《浙江省普通高中教学指导意见——生物学》《初高中生物衔接指导》等著作。

二、 课堂教学思想

基于新课程标准的核心素养要求设计了该课①。

生命观念(水平二)结构与功能观：能从分子与细胞水平认识生物体的

① 中华人民共和国教育部. 普通高中生物学课程标准(2017版)[M]. 北京. 人民教育出版社，2018.

结构与功能是相适应的，并能运用这些观念分析和解释简单情境中的生命现象。局部与整体观：从变形虫实验渗透此观念，单独的细胞核不能存活，单独的细胞质不能长期存活，部分离不开整体，整体居于主导地位，整体统率着部分，具有部分所不具备的功能。整体是由部分构成，离开了部分，整体就不复存在。

科学思维（水平二） 能够以特定的生物学事实（给出的 4 个资料）为基础形成简单的生物学概念，并用文字或图示的方式正确表达，进而用其解释相应的生命现象。

科学探究（水平二） 基于给定的条件，请学生设计探究伞藻实验方案，并预测和分析结果。

三、教学案例

（一）导课——用大概念导课

展示生活中常见的多种生物的图片（如小狗、大肠杆菌、盆栽、酵母菌），并提问："这些生物的结构单位是什么？这些生物的功能单位是什么？"

生："都是细胞。"

引出大概念："细胞是生物体的结构与功能的基本单位"。

师：展示立体细胞图片，提问"细胞的控制中心是什么呢"。

生："细胞核。"

目的：大概念像是指导性猜想，我们学习更多的内容时，需要对大概念进行细化和调整，不断地将天真的思维发展为更复杂的思维。让学生明白"细胞核"这节课是对"细胞是生物体的结构与功能的基本单位"这一大概念的深化。学习一节内容时不仅要让学生理解该章节的重要概念，更要让学生关注这些概念更上位的概念[①]。防止学生理解概念时"只见树木，不见森林"。

---

① 温·哈伦．以大概念理念进行科学教育[M]．韦钰，译．北京．科学普及出版社，2016：38—50．

(二) 课前预习反馈——巩固基础知识

实物投影出学生课前填写的学案,其他同学评价。

教师总结提升:可以借助结构与功能相适应的基本生命观念,在已知细胞核的功能情况下,分析支持这些功能的结构基础。

生:细胞核能成为细胞的控制中心是由于细胞核的结构基础即它储存有大量的遗传信息,并有其他结构来辅助细胞核完成控制活动。

目的:细胞核这节涉及的知识相对简单,学生基本可以通过自学掌握,通过课堂反馈巩固知识,明确结构功能相适应的生命观念。

(三) 系列科学实验探讨——形成生命观念,锻炼科学思维

借助学案给出 4 则探讨实验的资料,请学生推论。

探讨 1:科学家将棕色雄鼠体细胞的细胞核注入内部已经抽空的黑鼠卵细胞内,激活以后,移入白鼠的子宫,白鼠最后产下一只克隆鼠。这只克隆鼠的体色和性别是什么?

探讨 2:科学家用头发将蝾螈的受精卵横缢为有核和无核的两半,中间只有很少的细胞质相连。结果发现,有核的一半能分裂,无核的一半则停止分裂。而当有核的一半分裂到 16—32 个细胞时,如果这时一个细胞核被挤到了无核的一半,这一半也会开始分裂。最后两半都能发育成正常的胚胎,只是原来无核的一半发育得慢一些。据材料得出推论。

探讨 3:代谢越旺盛的细胞,蛋白质合成越旺盛,细胞核与质之间物质交换越频繁。请推测核孔数量、核仁大小与细胞代谢程度的关系?

探讨 4:如图 1 所示为用一根玻璃棒针将一个变形虫切成两半,有核的一半能继续生存,无核的一半死亡。如果将一个变形虫的核取出,无核部分能短期生存,但不能繁殖后代,单独的细胞核则无法生存如果在去核 3 天后,再植入 1 个细胞核,这个变形虫生活正常请据图 1①,回答:

① 刘恩山. 生物学必修 1[M]. 杭州:浙江科学技术出版社,2019:50.

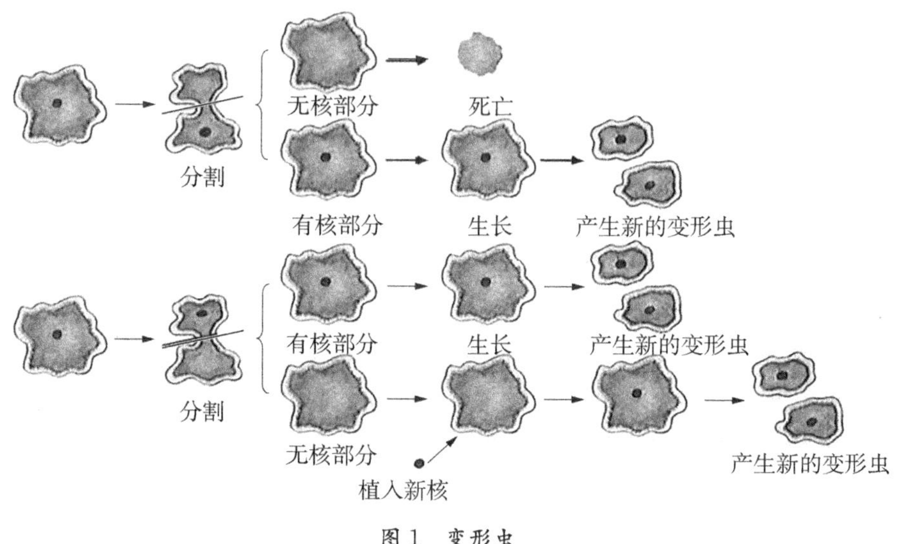

图1 变形虫

(1) 正常细胞中,核与质的关系是____________。

(2) 去核后的变形虫仍能生活一段时间的原因____________。

(3) 从上面的材料中你可以得出的结论是____________。

展示学生的答案,其他同学评价。

师:从变形虫实验你是怎么理解"局部与整体观念"的?

生:单独的细胞核不能存活,单独的细胞质不能长期存活,部分离不开整体,整体居于主导地位,整体统率着部分,具有部分所不具备的功能。整体是由部分构成,离开了部分,整体就不复存在。

师:细胞核能控制单个细胞的活动,细胞核在什么时候能控制整个个体呢?

生:克隆时就体现了细胞核控制个体。一般的体细胞不能体现出全能性,一是受其他细胞的制约,二是受细胞质的制约。

师:这就体现了局部有时也可以决定整体。

目的:利用探讨材料训练学生基于给定的事实利用科学的方法进行理性推论的能力,培养学生的科学思维能力,体悟科学实验的设计思路。利用探讨1、2、4渗透部分和整体相统一的生命观念。

(四) 设计并分析伞藻实验——提升科学探究能力

伞藻(见图 2)“帽”的形状是哪部分结构决定的呢？是由“柄”决定，还是由“足”决定呢？(注：帽割掉后，会再长出帽)请设计探究实验来证实。(写出你的实验思路并预测结果和结论)

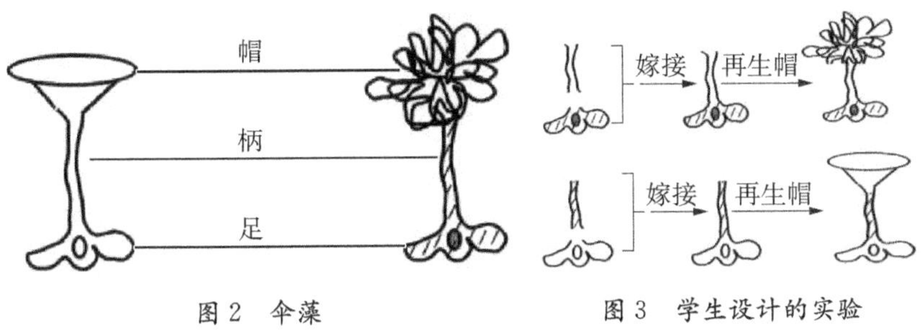

图 2　伞藻　　　　图 3　学生设计的实验

生：用图的形式展示实验思路并预测结果和结论。(多数学生能设计出如图 3 所示的实验)

师：为什么新长出的“帽”形状与“足”有关呢？请进一步设计实验验证你的想法。

生：设计出核移植实验，并预测结构和结论(见图 4)。

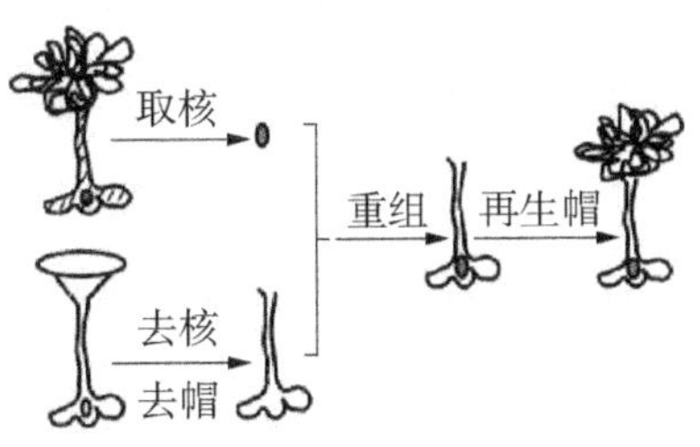

图 4　核移植实验设计及预测

目的：伞藻嫁接实验，教材上有相应实验的描述，让学生用图画和文字再描述一遍，促进学生对科学经典实验的理解，模仿实验的设计思路和分析方法。再增加问题请学生进一步设计核移植实验验证细胞核的功能，培养学生的科学探究能力。

(五) 课堂总结——知识结构化,明确生命观念

(1) 生:完善并展示思维导图(见图 5),总结细胞核的结构和功能,其他同学评价完善。

师:请注重概念间的联系。

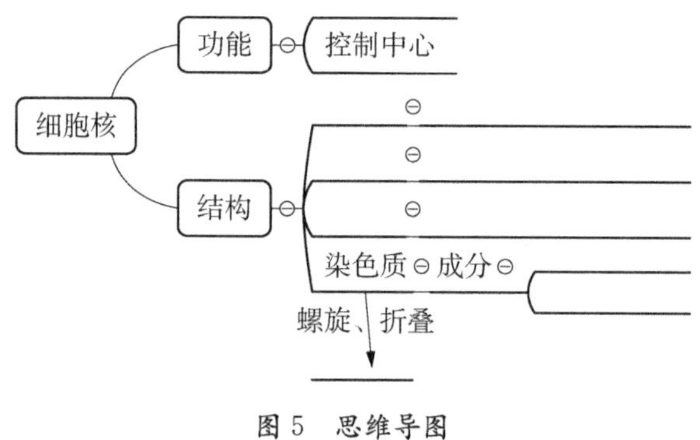

图 5 思维导图

目的:利用思维导图帮助整理概念,让知识结构化,网络化,利于知识的提取和深化。

(2) 师:如何理解细胞核是细胞生命系统的控制中心?试举例说明。

生:如探讨 1、2、4 以及伞藻核移植实验。

目的:检测和强化学生对课堂系列实验的理解。

(3) 师:如何理解生物体结构与功能相适应、部分与整体相统一的辩证观点?举例说明。

生:生物体结构与功能相适应:结构决定功能,功能能以不同方式反作用于结构。部分与整体相统一的辩证观点:整体居于主导地位,整体统率着部分,具有部分所不具备的功能;离开了整体,部分就不成其为部分。整体是由部分构成,离开了部分,整体就不复存在;部分的功能及其变化会影响整体的功能,关键部分的功能及其变化甚至对整体的功能起决定作用,如探讨 4、核移植实验。

目的:利用思维导图将细胞核相关知识结构化,以便知识的提取和迁移。学生谈这次课相关生命观念的想法,可检测和深化对生物体结构与功

能相适应、部分与整体相统一生命观念的理解。

四、 教学案例（片段）反思

该课基于生物学核心素养进行了大胆的教学尝试，利用多个学生活动充分调动学生的积极性，在活动中学生自主构建知识，锻炼能力，真正体现了学生的课堂主体地位。教学过程中借助学案和投屏、白板等现代信息技术，有效地实现即时的展示、交流和评价。教学过程中采用学生自我评价、小组评价和教师评价相结合的形式，通过连续性观察评价，确认学生的进步程度和达到的学业水平，用以诊断学生学习中存在的问题，促进学生的反思和发展。评价时关注学生的学习态度、自主学习的能力、合作学习的精神，引导学生改进学习方式、提高学习效率、不断超越自我、促进生物学核心素养的发展。该课着重培养了学生的生命观念、科学思维、科学探究三个维度的核心素养。

五、 实践导师点评

本堂课借助学案和投屏、白板等现代信息技术，有效地实现即时的展示、交流和评价。在教学设计上注重学生生物学科核心素养的培养：要求学生设计探究伞藻实验方案，并预测和分析结果，能有效培养学生科学探究素养；设计 4 的资料分析，能培养学生的科学思维素养；设计变形虫实验可以帮助学生养成局部与整体观。

方淳
浙江省杭州第十四中学，浙江省特级教师，正高级教师

叶冬梅

假说—演绎法在“伴性遗传”概念建构中的作用

一、教师简介

叶冬梅

松阳县第一中学，高中生物学高级教师，教龄21年，“绿谷双名工程”学员，曾获丽水市教坛新秀、省市生物竞赛优秀指导师、市优质课二等奖、丽水市第五批精品课程，松阳县学科带头人、松阳县教坛新秀、松阳县教育科研先进个人、松阳县教育局优秀共产党员。主持或参与多个市县课题，多篇论文在省市县评比中获奖。

二、课堂教学思想

“核心素养为宗旨”是新课程基本理念之一。无论学科核心素养是什么，都不是直接由教师教出来的，而是在问题情境中借助解决问题的实践培育起来的，是在个体与复杂现实情境的持续互动中逐渐发展的。学科知识本身不是核心素养，作为学科素养的载体，它不能直接转化为素养，而需通过学科活动（内容、实施、评价）来实现。组织以探究为特点的主动学习是落实核心素养的关键。本案例探索了基于情境、问题导向的启发式、探究式教学，通过创设情境、分析情境、合作探究，鼓励学生提出问题，引导学生发现学习，帮助学生在活动过程中逐步建构“伴性遗传”概念，领悟“假说—演绎法”。

三、教学案例（片段）

教学流程	教师活动	学生活动	设计意图
【课前准备】	呈现课时学习目标	阅读并明确学习目标	告知要学会什么，指向成就标准
【创设情境、引入课题】	1. 展示孔雀开屏图片 问：这是雌孔雀还是雄孔雀？ 2. 展示一对明星夫妻照片 辨认男女明星。 总结归纳：性染色体与性别的关系。 【板书】2.3 性染色体与伴性遗传	欣赏、辨认图片并思考回答	通过图片设疑激趣，并让学生明白性染色体与性别的关系
【探讨新课】 一、染色体组型	呈现图片：高倍显微镜下的人类染色体图 高倍显微镜下的人类染色体 图1　高倍显微镜下的人类染色体 学习任务一： 1. 你能准确区分哪个是正常男性的体细胞？哪个是正常女性的吗？ （提示：是不是感觉图像太杂乱无章了而无法区别呢？那么有没有办法使图像变得整齐有序一些呢？）	看图并辨认。 阅读书本第38、39页相关知识，分析并阐述染色体组型的确定步骤。 观察染色体组型图，比较两者的区别和联系，发现男女个体性染色体的差异	学生通过分析，自主获取知识。将性染色体和性别决定相关联，建立起联系，让学生通过建构和识别染色体组型并举例说明组型分析的意义，形成生命观念

续表

教学流程	教师活动	学生活动	设计意图
	2. 制作染色体组型图时,选择有丝分裂什么时期的染色体?为什么?如何确定步骤呢? 3. 举例说明染色体组型分析的应用和意义。 【板书】染色体组型 展示男女染色体组型图,指导学生观察。理解“常染色体”“性染色体”概念		
二、性染色体和性别决定 XY 型性别决定	学习任务二: 1. 雌性个体的一对性染色体是________的,用________表示。雄性个体的一对性染色体是________的,用________表示。据报道,现在女明星已有了身孕,如果是真的,她肚里的宝宝是男孩还是女孩?概率多少? 2. 尝试构建人的性别决定过程图解 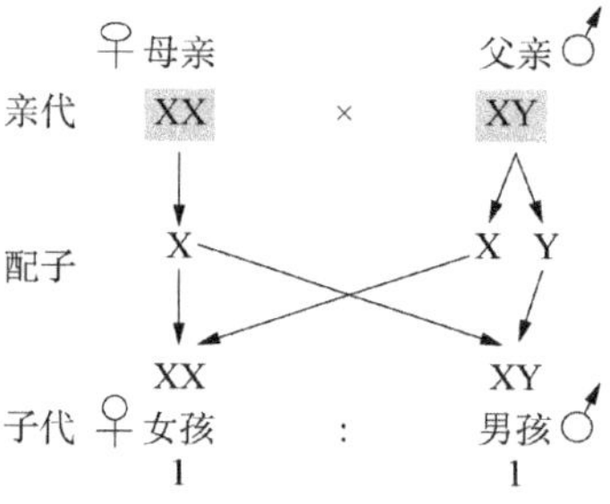 ♀母亲 父亲♂ 亲代 XX × XY 配子 X X Y 子代 XX ♀女孩 : XY 男孩♂ 1 1 图 2 人的性别决定过程图解 学生尝试根据图解分析,理论上人群中男女性别比例应该接近 1∶1,但最近的人口调查显示我国男女比例男性明显高于女性,这是为什么?那么生男生女关键取决于丈夫还是妻子?为什么?	利用所学的性染色体和减数分裂的知识讨论分析相关生活中的问题,得出:生男生女比例 1∶1,且决定于受精卵形成时参与受精的精子类型	在已有知识的基础上主动建构新知识,阐释性别平等的遗传学依据,认识到生男生女概率相等,破除封建迷信,增强他们的社会责任

续表

教学流程	教师活动	学生活动	设计意图
三、伴性遗传	检测活动：展示色盲检测卡让学生观察，并介绍人类红绿色盲的症状和道尔顿发现色盲的故事及我国男性色盲患者近7%，女性色盲患者近0.5%，组织学生讨论。 【板书】伴性遗传 第一个对伴性遗传进行实验研究的科学家是摩尔根。是豌豆成就了孟德尔，那么是什么成就了摩尔根呢？ 学习任务三： 1. 果蝇的特点：____________。 2. 小组探究活动：假如我是“摩尔根” 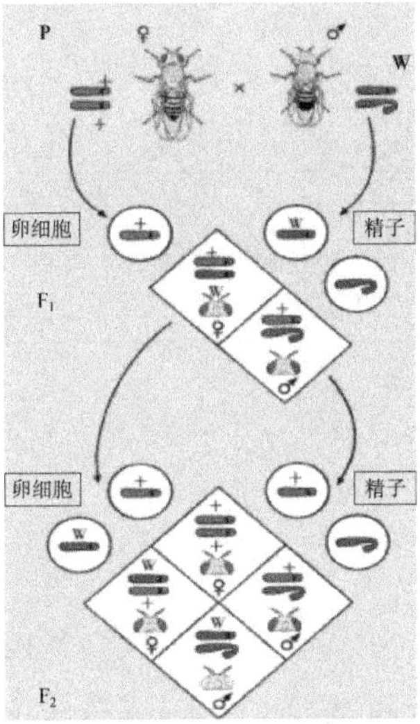 遗传图解 (1) 实验过程与现象 思考：① 该实验说明，红眼和白眼中，显性性状是________，红眼和白眼的遗传________（符合/不符合）基因的分离定律，证据是________。	检测自己的色觉，从故事中体会科学家的钻研精神。在观察中初步发现色盲遗传的特点：色盲基因的遗传与性别相关，并思考。 提出假说：控制白眼的基因(w)是隐性基因，位于X染色体上，而Y染色体上不含有它的等位基因。 注意并掌握书写格式。 讨论推导：F_1的基因型为X^+X^w、X^+Y，进行测交： $X^+X^w \times X^wY$ 或$X^+Y \times X^wX^w$ 领悟假说—演绎法在“伴性遗传”概念建构中的作用	通过活动激发学生的兴趣，对学生进行科学品质教育，提升学生的科学思维能力。让学生经过自己的观察而发现问题，显得更有意义，印象更深刻。并让学生通过合作探究自然地形成对伴性遗传的认识，建构出伴性遗传的概念。 采用发现式和探究式教学方法，侧重学生的观察、合作、探究、归纳等学习方法的指导，以提高学生知识、能力、情感等三维的生物科学素养。让学生再次更好地领悟假说——演绎法

续表

教学流程	教师活动	学生活动	设计意图
	② 讨论:F_2 中雌果蝇全为红眼,雄果蝇则为红眼∶白眼=1∶1,该如何解释? (2) 经过推理、想象提出假说 ____________________。 (强调伴性遗传时基因型的书写) (3) 请用遗传图解对实验现象进行解释。 (让一位学生到黑板上书写,其他学生写在导学案上。) (4) 请设计实验验证假说是否正确? (小组讨论,后分析。) (5) 进行实验验证 摩尔根等人亲自做了 $X^{+}X^{W}\times X^{W}Y$ 的实验,实验结果如下: 红眼 红眼 白眼 白眼 雌 雄 雌 雄 126 132 120 115 从而证明了________________。 3. 总结并概述伴性遗传概念		

四、教学案例(片段)反思

本案例贴近生活实际,创设的问题情境既能激趣,又能设疑。通过分析情境,引出课时教学的核心问题:性别决定与染色体有何关系?性染色体上基因的传递有何规律?后续学习活动即紧紧围绕这两个核心问题,通过问题导向的一系列任务的设计,引导学生合作探究,建构"伴性遗传"概念。本案例利用摩尔根的果蝇伴性遗传杂交实验,把学习内容转变为具体的学习材料,把科学史料改造成学生合作探究学习的过程。让学生像科学家一样思考,运用假说—演绎法研究解决问题,感悟科学方法,发展学科思维。

五、实践导师点评

“假说—演绎法”是生物科学研究的常用方法，出现较晚，独特之处是它能解决不完全归纳法等许多传统方法所不能解决之问题。本案例基于情境，把科学史料改造成学习材料，通过一系列问题设计，引导学生运用假说—演绎法解决问题，建构概念。本案例的不足之处是，对知识点的教学关注较多，探究学习活动缺乏整体教学设计。评价任务设计能关注现实生活，但新问题情境尚不够复杂。

许晖
浙江省温州中学，浙江省特级教师，正高级教师

叶云祥

基于论证式教学策略的生物科学史教学案例

一、教师简介

叶云祥

2019 年 9 月—2020 年 8 月云和中学任教高中生物，2020 年 9 月至今任云和县教育发展中心主任兼高中生物教研员；教龄 28 年；浙江省万名好党员、浙江省优秀教师、丽水市高中生物教学名师、丽水市优秀教育工作者。主持或执笔 10 多个省市课题，20 多篇论文在省市获奖或发表、2 个课程获省精品课程；3 次评为浙江省高中生物竞赛优秀辅导教师；连续 12 次获云和县教学质量奖。参加丽水市"双名工程"以来，对教育教学理论、新课程理念的理解更深入了，同时也获得一些研究成果，如省级课题立项 1 项，市级课题获奖 1 项，论文在省级刊物发表 2 篇等。

二、课堂教学思想

生命科学是一门实验科学，培养学生科学思维和科学研究方法是高中生物教师的责任和使命。论证式教学作为新时期科学教育的重点，可以帮助学生提高批判性思维和辩驳能力，而科学史就是论证式教学的经典媒介和素材。论证式教学策略核心就是将科学论证过程和思想方法引入到平时教学中，让学生在材料分析中得出观点，在质疑和辩驳中探究问题、解决问题，经历类似科学家探究和论证的实践活动，旨在实现学生知识与能力的双向发展、在合作探究及分析解决问题中落实生物学学科核心素养。

“图尔敏模型”是目前论证式教学中研究者最常用的模型，本文参考该模型来进行论证式教学。

该模型包括资料、主张、根据、支援、限制条件、反驳六个要素（如图 1）。资料、主张和根据是论证模型的核心成分，是图尔敏模型的基本模式，可组成一个简单的论证，在图 1 中以虚线框突出显示。在基本模式上增加扩展要素支援、限制条件、反驳，就形成了涵括六要素的完整模式。

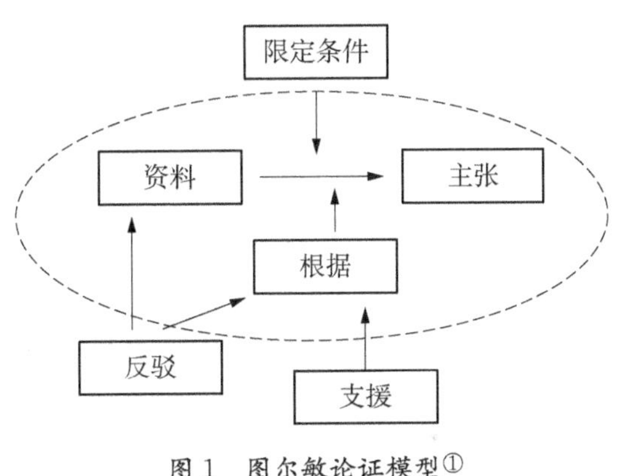

图 1　图尔敏论证模型①

三、教学案例（片段）

（一）教学分析

“光合作用的探究历程”是浙科版必修一《分子与细胞》第三章第五节《光合作用》的内容。光反应和碳反应的发现和研究过程是科学家们经历了长期的努力，做了大量科学实验提出来的，充分体现科学家创造性思维、批判性思维，蕴含丰富的辩证和实证思想，它是培养科学精神、科学思维和理

---

① Osborne J, Erduran S, Simon S. Enhancing the quality of argumentation in school science [J]. Journal of research in science teaching, 2004,41(10):994 - 1020.

解科学研究方法的很好素材，既为后面要学习的实验打下基础，也为理解光合作用的原理和构建光合作用过程的模型奠基。

学生初中学习过有关光合作用、呼吸作用的基础知识，也具备一定的相关生活经验，在前面几节也学习了酶、ATP、细胞呼吸、叶绿体的结构与功能等背景知识。同时，也刚学习过细胞学说的建立史、酶的发现史等科学史，对科学家的科学探究过程和研究方法有了一定的认知。也已具备一定的获取信息和处理信息的能力，以及分析问题、解决问题的能力，所以我认为实施论证式教学时机已经成熟。

（二）教学目标

在完成本模块的学习后，学生应该能够达成以下目标：

通过对叶绿体结构、光合作用原理的学习，能初步形成结构与功能相适应的观点；通过建立"光反应"与"碳反应"的联系，初步形成物质与能量观。（生命观念）

通过科学史揭示光合作用的历程，在发现问题—提出主张—寻找论据—质疑辩驳—完善主张的科学家角色中培养学生科学思维。（科学思维）

通过对理解科学家实验探究思路以及科学实验方法，培养学生科学探究的能力。（科学探究）

通过对光合作用解决实际生产、生活问题的学习，认识到生命科学的社会价值，关心科学技术与社会生活关系，逐步养成保护环境的习惯和意识。（社会责任）

（三）教学重难点

教学重点：科学研究的基本方法，光反应与碳反应模型的构建。

教学难点：进入科学家角色，对光合作用发现过程几个经典实验的分析和实验设计思想和方法的领会。

（四）设计思路

1. 光反应和碳(暗)反应是如何被发现的?

1）创设情境阶段

图片展示:绿叶海天牛——一种奇葩又聪明的海洋生物。提问:绿叶海天牛为什么呈现绿色？光合作用只有在光照下才能进行吗？

2）分析资料—提出主张—修正主张阶段

材料1:普利斯特、英格豪斯实验

1771年,英国科学家普利斯特利证实:植物可以净化因蜡烛燃烧或动物呼吸而变得“污浊”的空气;1779年,英格豪斯发现:绿色植物只有在光照条件下才能净化空气。

学生小组合作,分析资料、提出主张:光照是进行光合作用的必要条件。

材料2:布莱克曼、瓦伯格实验

20世纪初,英国的布莱克曼、德国的瓦伯格等人在研究光强、温度和CO_2浓度对光合作用影响时发现,在弱光下增加光强能提高光合速率,但当光强增加到一定值时,再增加光强则不再提高光合速率。这时要提高温度或CO_2浓度才能提高光合速率。根据光化学原理,光化学反应不受温度影响,而一般化学反应与温度相关。

在教师的引导下,学生通过小组讨论,提出疑问:光合作用可能存在不需要光的阶段。

3）寻找论据—质疑辩驳—完善主张阶段

材料3:布莱克曼、瓦伯格实验

布莱克曼和瓦伯格接着用藻类进行连续光照和闪光照射(中间隔一定暗期),发现在光能量相同的前提下,闪光照射的光合效率远比连续光照时高,且光暗交替处理的频率越高、产物越多。

引导学生思考:照射相同时间,为什么闪光组比连续光照组的产量高出许多？这说明了什么？

学生分析材料,讨论后发现:相同时间内,闪光的黑暗期仍能进行光合作用,意味着光合作用虽然需要光但也有不需要光的阶段,即光反应阶段和暗反应阶段。而光暗交替处理的频率越高，光合效率越高、产物越多，说明没有光照支持时，光合作用不需要光的阶段不能维持太长的时间。因此，暗反应需要光反应提供某种物质或者能量支持。

2. 光反应和碳反应之间的物质、能量关系

1）创设情境阶段

教师提问：光合作用中光反应和暗反应存在着何种物质或能量的联系呢？

2）分析资料—提出主张—修正主张阶段

材料 4：1937 年英国剑桥大学的希尔发现叶绿体悬浮液中加入适当电子受体（如草酸铁），在无 CO_2 的条件下给予光照，发现水分解并有 O_2 放出。

引导学生思考：叶绿体释放的 O_2 和 CO_2 有无直接关系？

学生分析资料、提出主张：无直接关系，存在着某种氢受体即能放出 O_2。

材料 5：许多物质如 2，4－二氯酚靛酚、苯醌、$NADP^+$、NAD^+ 等都能作为希尔反应的电子受体，但在高等植物体内，天然存在的受体只有 $NADP^+$。

1954 年美国科学家阿尔农用离体的叶绿体做实验，在不供给二氧化碳条件下，向叶绿体悬液中加入 ADP、Pi 和 $NADP^+$，在给予一定光照时发现反应体系中会有 ATP、NADPH 和 O_2 产生。

得出结论：该体系最终产生了 ATP、NADPH。

3）寻找论据—质疑辩驳—完善主张阶段

学生提出疑问：产生的 ATP、NADPH 有什么作用？

材料 6：阿尔农继续用离体叶绿体做实验，撤去光照，供给 NADPH、ATP 和 CO_2，ATP 和 NADPH 被消耗，并产生有机物。

得出结论：光反应为碳反应提供了 ATP 和 NADPH。

3. 碳反应中的碳同化路径

1）创设情境阶段

教师提出问题：植物光合作用时是如何吸收 CO_2 转化为有机物的呢？

2）分析资料—提出主张—修正主张阶段

材料 7：卡尔文团队用 ^{14}C 标记了 CO_2，反应 30 秒后，发现产生了 C_3、

C_4、C_5、C_6、C_7 等一系列具有放射性的物质。将光照时间逐渐缩短至几分之一秒时发现，90%的放射性出现在一种三碳化合物（C_3）中。在 5 秒钟的光照后，卡尔文同时检测到了含有放射性的五碳化合物（C_5）和六碳糖（C_6）。

学生讨论分析：通过分析放射性出现的位置，学生推测出碳同化过程中存在着相对复杂的物质转化。将时间缩短以后，放射性首先出现在了 C_3 中，随后出现在 C_5 和 C_6 当中。学生分析碳同化的路径：$CO_2 \rightarrow C_3 \rightarrow C_5 + C_6$。

3）寻找论据—质疑辩驳—完善主张阶段

提出疑问：上述出现的 C_5 和 C_6 转移到哪里呢？

材料 8：当降低 CO_2 浓度或不供应 CO_2 时，C_3 的浓度迅速下降，而 C_5 的浓度迅速提高；当降低光强或撤走光源时，C_3 增加，而 C_5 和葡萄糖同步减少。

提出问题：当二氧化碳浓度或光照强度改变时，C_3、C_5 和葡萄糖的含量随之改变，说明这些物质之间存在什么关系呢？

学生分析资料，通过质疑和辩驳发现：当降低 CO_2 浓度或停止 CO_2 供应时，C_3 浓度下降、C_5 的浓度升高，说明 CO_2 可能与 C_5 反应生成了 C_3；降低光强或撤走光源时，C_3 增加，C_5 和葡萄糖降低，说明 C_3 在光照条件下能够生成 C_5 和葡萄糖。学生完善主张：$C_5 + CO_2 \rightarrow 2C_3$；$2C_3 \rightarrow C_5 + (CH_2O)$。

4. 构建光反应和碳反应模型，得出结论

（1）课堂活动：合作探究，构建出光合作用过程模型。

（2）活动目的：①根据卡尔文等科学家揭示光合作用的科学历程和结果，推测大致过程；②以小组为单位合作探究，每小组确定一位中心发言人，构建反应过程模型。

（3）关键：循环。

（4）物质卡片：H_2O、O_2、氢、NADPH、ATP、C_3、C_5、C_6、CH_2O

四、教学案例（片段）反思

本节课主要通过相关科学史和教师引导学生提出疑问，重点在于学生的自主、探究、合作学习,让学生通过领略科学家的探究精神和质疑精神,在润物无声的学习中体会科学探究的一般过程。整堂课要给学生足够自主探讨的空间,目标不在于得出标准答案,而在于体会修正主张、提出疑问、得出结论的过程。让学生学会在真实情境中发现问题和提出问题,并在分析、解决问题中落实生物学核心素养。但本案例引导学生质疑的问题和资料有点多,还需要更简略些;构建光反应、碳反应模型需要时间,同时也是难点,所以课堂时间比较紧张,需进一步优化课堂环节。比如学生初中已经接触过的一些实验和资料可以精简些,这样才能真正让学生进入科学探究过程,达到预期目标。

五、 实践导师点评

普通高中生物学课程标准认为:学习生物科学史能使学生沿着科学家探索生物世界的道路,理解科学的本质和科学研究的思路和方法,学习科学家献身科学的精神,这对提高学生的生物学学科核心素养是很有意义的。本节课以相关科学史为情景引导学生提出疑问,通过学生自主学习、探究、合作,重现科学家科学探究的历程,有效培养学生科学探究、科学思维等核心素养。本节课以情景—任务—活动为主线,做到了"教—学—评"一体化,是合理利用科学史进行课堂教学,培养学生核心素养的一个很好的案例。

方淳

浙江省杭州第十四中学,浙江省特级教师,正高级教师

周作亚

基于“建模法”教学的教学设计

一、教师简介

周作亚

浙江景宁人，中学高级教师，在浙江省景宁中学任教高中生物学科，教龄23年。获丽水市学科带头人、景宁县教学名师等荣誉。近几年有多个教学设计、课题获奖，其中“细胞分裂”“神经调节”教学设计分别获县市一等奖，课题“建模法在高中生物课堂中的应用”在市级立项；多次获得省、市级生物竞赛优秀指导教师。

二、课堂教学思想

参加“绿谷双名工程”以来，聆听了多位专家教授的讲座，特别是方淳、虞伟根、胡锋吉三位师傅手把手的指导，让我的生物课堂教学理念有了新的转变，我将“建模法”引入课堂，基于“建模法教学的概念进行教学设计，”有利于将抽象的概念具体化、形象化，并促进思维的发展，更重要的是能帮助学生在应用知识分析、解决问题的过程中形成策略性知识，为终身学习奠定基础。

下面我以“DNA 通过复制传递遗传信息”为例进行阐述。

本节课采用“质疑—思辨—展评”教学模式，教学设计思路是将“DNA半保留复制的观察——来自染色体的证据”这一课前准备的实验活动引入课堂，引导建模——质疑；课堂中的建模活动则巧妙地将DNA复制可视化、直观化——思辨；展示评价通过师生互评，生生互评，课后反思等逐步完善模型——展评。在质疑中提出模型，在思辨中分析模型，在展评中完善模型，整个过程运用模型与建模、演绎与推理的科学思维，尝试建构DNA半保留复制的重要概念，形成结构与功能观、整体与系统观等生命观念。

三、教学案例（片段）

（一）学习内容分析

本节课是浙科版“遗传与进化”模块的第3章第3节的内容，在认识DNA双螺旋结构和基因位于染色体上的基础上，进一步学习DNA通过半保留复制以保持遗传信息的稳定传递。从细胞水平上通过探究DNA复制的方式，可以帮助学生理解生命是运动的、有规律的，进而形成结构与功能相适应、物种遗传的稳定性的生命观念。通过建构DNA复制的物理模型，可以帮助学生掌握建模的科学方法，进而形成模型与建模、演绎与推理的科学思维。同时，DNA复制与有丝分裂、减数分裂以及基因突变、基因重组、生物进化等内容有密切联系。

（二）学情分析

从学生的认知水平出发，通过之前的学习，学生已经掌握DNA双螺旋结构、基因位于染色体上、有丝分裂等基础知识，具有初步的科学探究能力，也领悟假说演绎的基本思路与方法，这都将有助于本课时概念的建构。另一方面，DNA是肉眼看不到的抽象内容，学生不易理解，利用模型建构的活动，通过观察染色体将DNA复制可视化、直观化，加深对DNA复制的理解。

(三) 学习目标

运用归纳比较的科学方法，从结构与功能观总结出 DNA 复制的条件和过程。（生命观念、科学思维）

通过对 DNA 复制方式的假设、演绎推理、模型建构、检验与完善，掌握模型建构的科学方法，准确阐述 DNA 半保留复制的概念。（生命观念、科学思维、科学探究）

分析 DNA 复制过程中染色体与 DNA 的关系，基于已有的知识作出 DNA 复制方式的假设，设计符合逻辑的模型解释，并用科学准确的语言描述实验结果。（科学探究）

基于 DNA 复制的相关知识解释生产生活中的相关现象，关注 DNA 复制的应用与拓展。（科学思维、社会责任）

(四) 评价目标

(1) 在学习“DNA 的半保留复制”过程中，能基于生物学事实和证据，运用模型与建模、演绎与推理、创新和批判性思维，评估 DNA 复制的不同方式，并阐明其内涵。需要具备科学思维和科学探究素养的三级水平。

(2) 在学习完“DNA 的复制”后，能应用结构与功能观、物质与能量观等对 DNA 复制进行合理分析判断。需要具备生命观念素养的三级水平。

(3) 在学习完“DNA 的复制”后，基于 DNA 复制的相关知识解释生产生活中的相关现象，并参与遗传学问题的讨论。需要具备社会责任的二级水平。

(五) 教学方法与策略

情境探究教学法：学生在教师设计的真实情境中合作探究，通过形式多样的课堂评价激励发展科学探究素养。

模型建构法：利用染色体与 DNA 的关系建构 DNA 复制模型，帮助学生克服对微观结构认识的困难，清除学习障碍。

（六）教学流程图

创设情境→探究方式→构建模型→模型应用→小结拓展

（七）教学过程

1. 创设论证情境，引出核心问题

情境 兴趣小组的同学在探究 DNA 通过复制传递遗传信息的过程中，进行了色差染色体实验，播放其过程和结果的录像，在 18 h、37.5 h 左右分别观察到了如图 1 所示的结果。

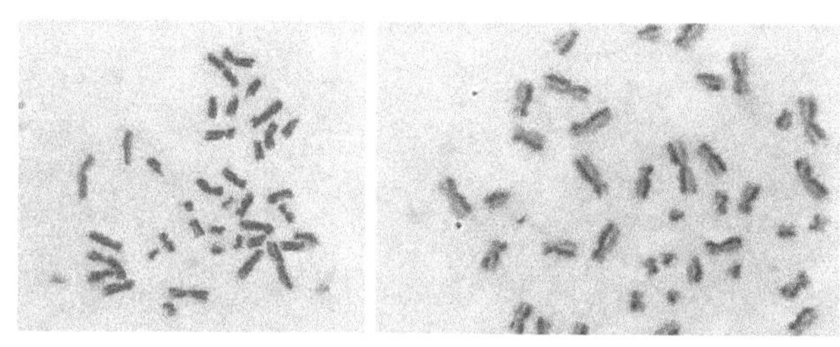

图 1 分别为 18 h、37.5 h 左右观察的染色体

提出问题

（1）仔细观察，在这一实验结果中你看到了什么？处于什么时期？

（2）染色体由什么组成？两张图片中观察到染色体的颜色一样吗？

（3）图中的每一条染色体含有几个 DNA 分子？原先有几个 DNA 分子？

分享交流

学生独立思考后回答：

（1）分别观察到第一个细胞周期和第二个细胞周期中期的染色体。

（2）染色体主要是由 DNA 和蛋白质组成的。37.5h 左右即第二个细胞周期每一条染色体的两条单体出现了色差，其中一条单体是深色，一条单体是浅色的。

（3）间期，每一条染色体只含有 1 个 DNA 分子，没有姐妹染色单体，而

图片中的染色体出现了姐妹染色单体。说明 DNA 发生了复制，新 DNA 的合成就是产生两个跟亲代 DNA 完全相同的新 DNA 分子的过程，称为 DNA 复制。

设计意图：通过生动有趣的学习情境激发学生的学习兴趣，引出本堂课的核心问题：DNA 是如何复制将遗传信息传递给下一代？

2. 演绎推理：建构 DNA 复制模型

情境　呈现兴趣小组的“色差染色体”实验结果。

提出问题　结合以上实验结果，请你大胆猜测一下，DNA 复制可能有哪些方式？

分享交流　DNA 复制可能存在着半保留复制、全保留复制和分散复制三种复制方式。

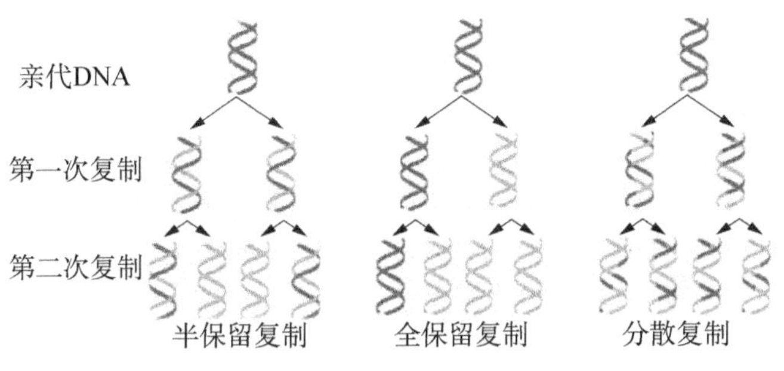

图 2　DNA 复制的三种可能方式

在科学的发展过程中，假说是必须要经过实践检验，并证明是正确后，才能上升为科学理论的。

活动 1　兴趣小组将洋葱根尖分生组织放在含有 5 -溴尿嘧啶脱氧核苷(BrdU)的培养液中培养 2 个细胞周期，请你运用模型建构的科学思维方法，画出第一、二个细胞周期的中期染色体和 DNA 的情况，用阴影表示深色染色体。

要求：A 组推理假设一(半保留复制)的结果，B 组推理假设二(全保留复制)的结果。

信息提示　5 -溴嘧啶脱氧核糖核苷是一种核苷酸的类似物，简称

BrdU。Brdu 在结构上与胸腺嘧啶脱氧核苷类似，能够代替后者与腺嘌呤配对，掺入到新合成的一条 DNA 链中。如图 3 所示，含有 Brdu 的脱氧核苷酸链着色很浅，不含有 Brdu 的脱氧核苷酸链着色很深。于是，由不同的 DNA 分子组成的染色体经染色后将呈现出不同的颜色。

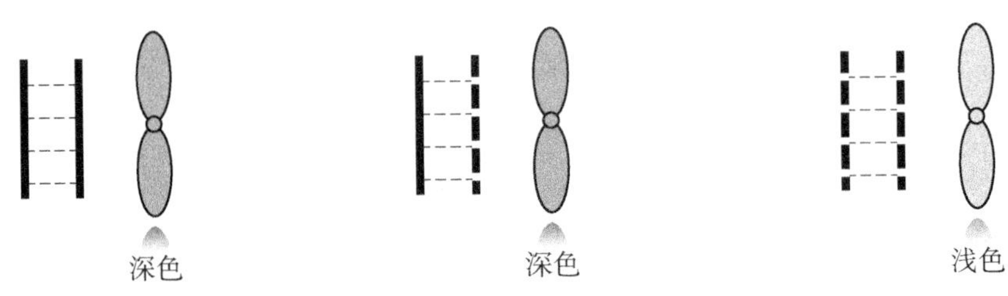

注：▬ 表示不含有Brdu（深） ---- 表示含有Brdu（浅）。

图 3　Brdu 的原理

分享交流　学生小组合作，建构 DNA 和染色体复制的模型，进行分享与交流，进行小组自评和互评。

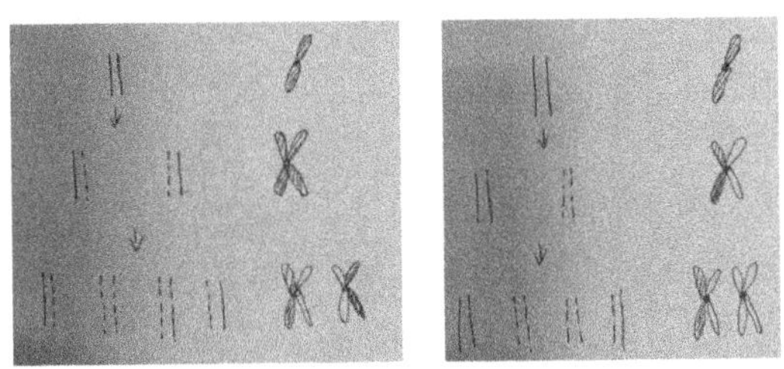

图 4　学生建构 DNA 和染色体复制的模型（左：半保留复制，右：全保留复制）

提出问题　同学们可以看到，哪种假设与我们兴趣小组观察到的结果更加符合呢？

设计意图：把“提出问题→作出假设→演绎推理→实验验证”的假说演绎这一科学思维方法应用到 DNA 复制的探究过程中，既深刻掌握 DNA 半保留复制的方式，又学会了科学探究的方法。建模活动中将染色体复制与 DNA 复制巧妙联系，将 DNA 复制过程可视化，感受到建构模型的魅力。

3. 归纳总结：DNA 复制的过程和条件

情境　我们解释了洋葱根尖分生组织在第二个细胞周期时，1 条染色体的2条单体出现了色差的现象。那么，色差染色体的现象是如何发生的？DNA复制的具体过程又是如何进行的呢？

活动2　请同学们带着以下问题，阅读课本P66—67和图5，小组合作，思考并回答问题：

(1) DNA复制的过程包括哪几个阶段？

(2) 各个阶段中分别需要哪些条件？

(3) 细胞为DNA复制的过程提供了哪些物质基础？

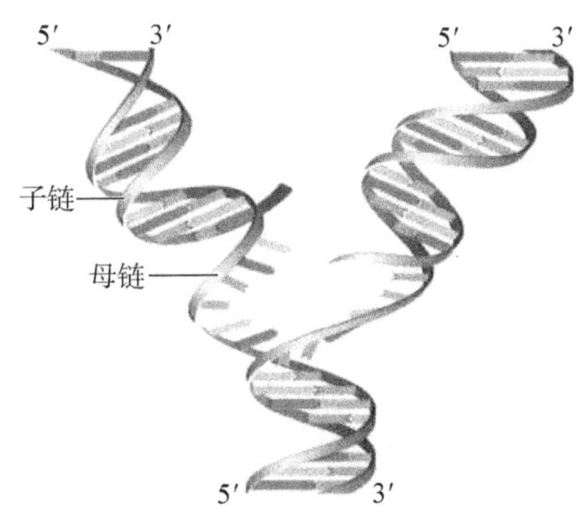

图5　DNA复制的过程

评价　考查学生从结构与功能观对DNA复制过程和条件的理解。

设计意图：进一步加深对DNA复制的理解，引导学生应用归纳与概括的方法，培养学生的观察能力、合作探究能力。

4. 模型应用

DNA复制是遗传物质从亲代向子代传递的基础，DNA通过半保留复制的方式，可以保证遗传信息从亲代向子代传递的准确性和稳定性，从而真正实现了遗传信息控制生物性状，并代代相传。

提出问题　我们在细胞水平上，将DNA复制可视化，证明DNA是半保留复制的。若要在分子水平上证明DNA半保留复制，可以采取什么方法？

分享交流　同位素标记法和密度梯度离心法，请课后运用模型建构的方法进一步分析以下活动。

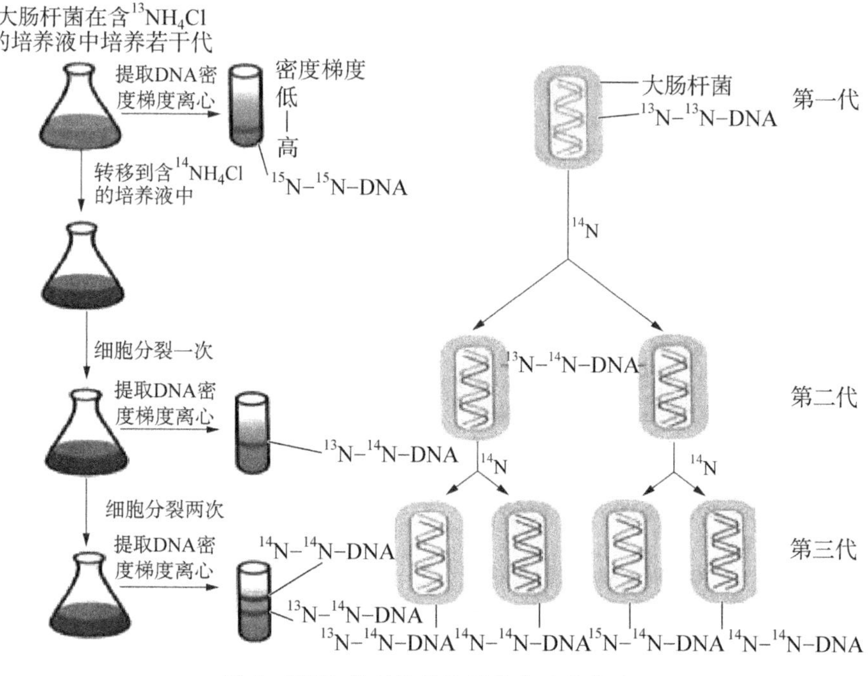

图 6　DNA 复制过程的同位素示踪实验

设计意图:将科学家做过的实验转变成学生的模型探究活动,深刻理解半保留复制方式的同时,进一步感受模型魅力,并应用在将来的学习和生活中。

5. 社会责任:DNA 复制的拓展与应用

教学评价　下面是关于 DNA 复制的几个热点话题,请同学们课后从中选择一个感兴趣的话题,查阅资料,交流讨论。

呈现资料　我们发现了恐龙 DNA,距离恐龙复活还远吗?用 DNA 复制的方法,可以复制动物吗?DNA 如何应用于法医鉴定?什么是基因测序技术?

评价说明　考查学生应用模型解决现实问题的能力,还能考查学生关注生物技术在生产生活中的应用等社会责任。需具备科学思维的三、四级水平和社会责任的二级水平。

四、教学案例（片段）反思

本节课借助真实的实验论证情境，引发学生的认知冲突，学生围绕“DNA 如何复制传递遗传信息?”开展合作学习，提出合理的、可能的猜想，运用模型建构开展演绎推理，分享自己的想法，从而巧妙地将抽象、微观的 DNA 复制与建模法教学相结合，有助于学生深入理解“概述 DNA 分子通过半保留方式进行复制”这一重要概念，也让学生领悟科学家研究的思路和方法，培养学生运用证据认识事物的思维和能力，体现了建模法教学的教育价值，但是关于模型中染色体与 DNA 的关系学生还是比较模糊，后续还需要进一步探讨。

活动中建构的模型，课后经学生进行评价、修改和完善，做如下说明。

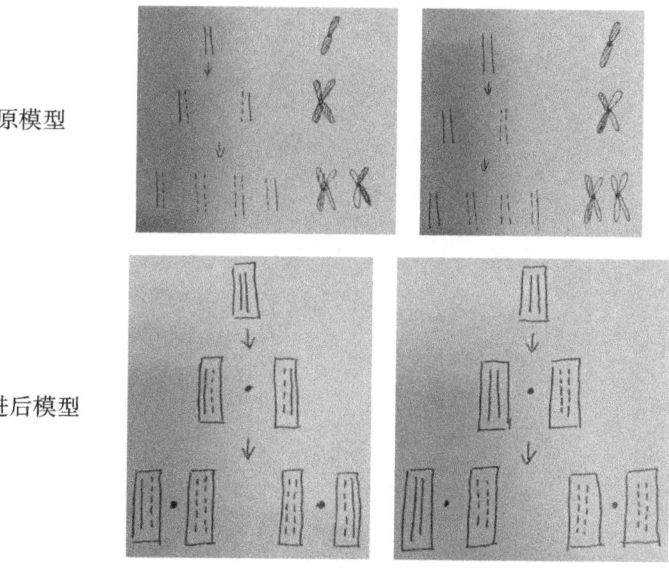

图 7　学生构建的模型及改进后的模型

通过对两个模型的对比，可以发现改进后的模型能更直观、更简洁地展示染色体复制与 DNA 复制的关系，并能将有丝分裂、减数分裂以及基因突变、基因重组等重要知识相互整合，在将来的学习和生活中有更多的应用价值。

五、实践导师点评

模型与建模的教学,有利于将抽象的概念具体化、形象化,引导学生顺利构建概念,并促进科学思维的发展。本堂课通过“创设情境→探究方式→构建模型→模型应用→小结拓展”的教学流程,不但能帮助学生构建概念掌握知识,更重要的是能有效养成科学思维、科学探究、社会责任等核心素养。

方淳
浙江省杭州第十四中学,浙江省特级教师,正高级教师

范祖库

“等体积法与空间距离问题”课堂教学案例

一、教师简介

范祖库

浙江庆元人，高级教师，任教于浙江省庆元中学，数学学科，教龄20年，曾获得丽水市学科带头人，庆元县优秀教育工作者，庆元中学“担当有为”优秀干部等荣誉称号，主持的课题“微课在转化高中数学学困生的探索与实践”获丽水市二等奖。

二、课堂教学思想

在新课程改革下，我秉承新课程理念，课堂教学以学生为主体，以学生的身心发展素质为基础，以科学的学习规律为依据，以发展思维、提高学习能力为主线，以素质充分发展为目标，遵循相应的教学原则，让学生在积极主动的学习活动中，建立合理的知识结构，获得科学高效的学习方法，形成较强的学习能力，养成良好的思维品质，身心素质和谐发展。倡导以“主动、探究、合作”为主要特征的学习方式，学生变被动学习为主动学习，变一味地接受学习为接受学习与发现学习并举，倡导“立足过程，促进发展”的发展性多元化教与学的评价。

三、教学案例(片段)

空间距离是刻画空间中的点、线、面相对位置数量关系的一个重要的量,也是立体几何部分重要的研究问题。纵观历年高考,主要以求解点到平面、直线到平面、平面到平面的距离为核心,空间距离的求解一般将其转化为计算线段长,问题难点主要集中在以下几个方面:一是如何处理图形特点与相关概念的关联,即理解问题条件;二是如何对空间元素的距离进行转化,尤其是线面距离、面面距离等。本教学案例主要从大家最熟悉、最简单的几何体——正方体入手,步步为营,深入浅出,让学生在潜移默化中掌握立体几何常见的距离的求解和转化方法,熟练掌握等体积法,为最终解决线面角提供一个新思路。

(一)开门见山,提出问题

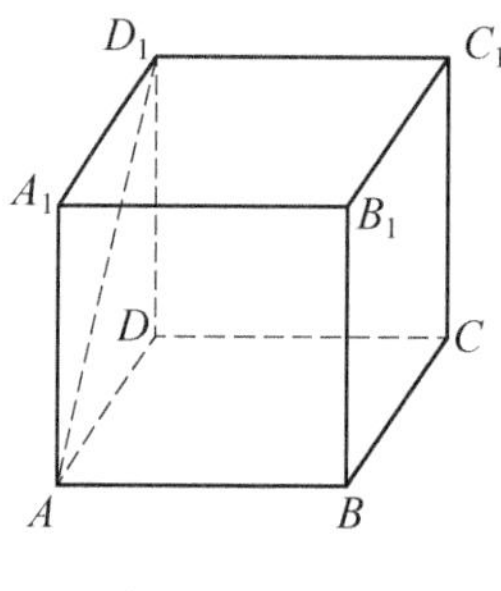

图1 问题1图

问题1:如图1所示,已知正方体 $ABCD-A_1B_1C_1D_1$ 的棱长为2,求点 C 到平面 A_1AD_1 的距离。

师生活动:先引入点到平面的距离的概念,根据定义,需要找出平面 A_1AD_1 的垂线,让学生思考有没有直接存在的垂线,这对于学生来说不是难事。从而引出今天的课题:求点到平面的距离。

设计意图:空间距离是刻画空间中的点、线、面相对位置数量关系的一个重要的量,也是立体几何部分重要的研究问题。本案例开门见山,通过学生熟悉的简单几何体——正方体,引入点到平面的距离的概念,根据已有知识,学生容易得到答案。

(二) 转化思路,层层递进

问题 2:如图 2 所示,已知正方体 $ABCD-A_1B_1C_1D_1$ 的棱长为 2,求点 A_1 到平面 AD_1C 的距离。

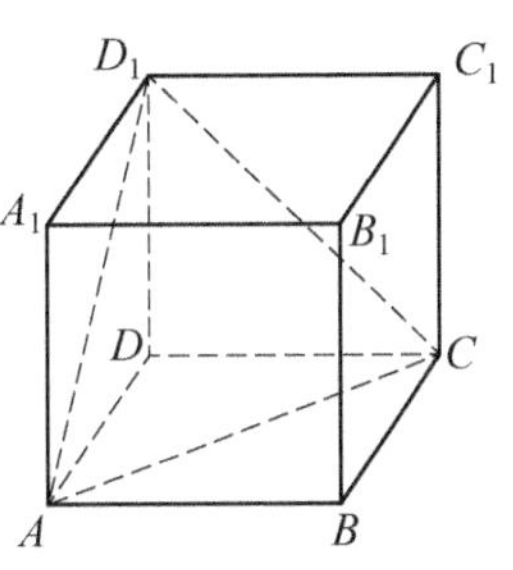

图 2 问题 2 图

师生活动:先让学生思考有没有直接存在的垂线,再让学生尝试过点 A_1 作平面 AD_1C 的垂线,在尝试失败后,引导学生回顾三角形的等面积法,并从三角形的等面积法过渡到三棱锥等体积法,利用三棱锥的特性:可以换底的角度,实现求三棱锥的高即求点到平面的距离,思维从二维到三维的过渡,让学生更易于接受。

设计意图:问题 1 可以直接找出点到平面的距离,这个问题无法根据定义很好地作出平面的垂线,这个时候引入等体积法顺理成章。同时,为了不让思维跨度大,引导学生先回顾初中熟悉的三角形的等面积法求点到直线的距离,再过渡到空间几何,是否同样有类似的解决方法,选择从二维到三维的过渡,降低学习的难度。

问题 3:如图 3 所示,已知正方体 $ABCD-A_1B_1C_1D_1$ 的棱长为 2,求点 C_1 到平面 AD_1C 的距离。

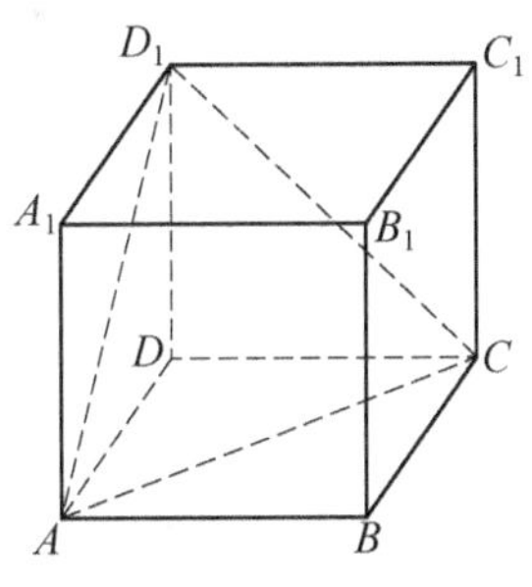

图 3 问题 3 图

追问:问题 2 和问题 3 答案一样,你知道为什么吗?

师生活动:学生独立思考、相互交流后,师生共同得出两个问题答案一致,教师再发问:为何两个问题答案一样?然后让学生思考其中的原因,提示学生连接 A_1C_1 来思考问题,找到突破口。

设计意图:问题 3 求解方式跟问题 2 一致,还是等体积法,答案也一致,通过追问,让学生思考其中的原因,从而为引出下一问做铺垫。

(三)自主探究,深化认识

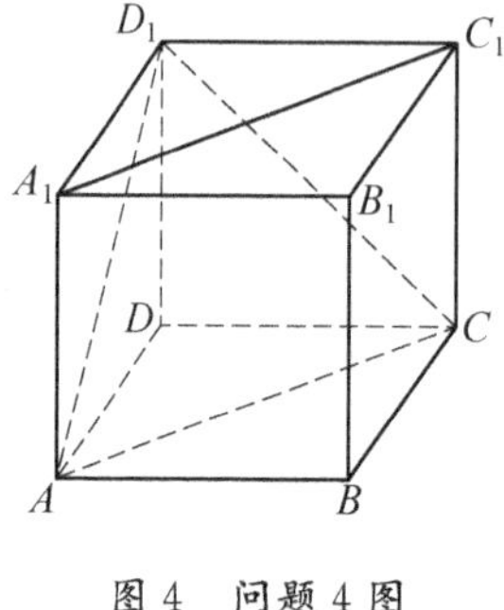

图4　问题4图

问题4:如图4所示,已知正方体 $ABCD-A_1B_1C_1D_1$ 的棱长为2,求直线 A_1C_1 到平面 AD_1C 的距离。

师生活动:结合前面的问题2和问题3,发现点 A_1 和点 C_1 到平面 AD_1C 的距离相等,引导学生研究直线 A_1C_1 与平面 AD_1C 的关系,得出当直线与平面平行时,直线上的任意一点到平面的距离相等,从而引入直线到平面的距离的概念。

设计意图:通过问题2和问题3及追问,学生探究两个问题的答案一致,从而顺利引出问题4,引导学生研究线面关系,主要是为引入直线到平面的距离的概念作铺垫,这也体现了转化的思想。

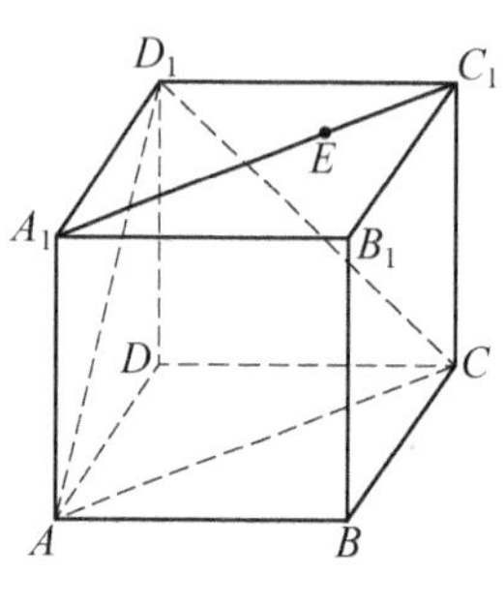

图5　问题5图

问题5:已知正方体 $ABCD-A_1B_1C_1D_1$ 的棱长为2,若点 E 是直线 A_1C_1 上任意一点,求点 E 到平面 AD_1C 的距离。

师生活动:本问是一个动态几何问题,引导学生结合问题4,利用直线 A_1C_1 与平面 AD_1C 的平行关系解决问题。

设计意图:问题5是对问题4的深化,将静态问题过渡到动态几何问题,还是通过转化思想,回归到问题2的解决办法。通过适当的引导,学生还是可以顺利解决问题的。

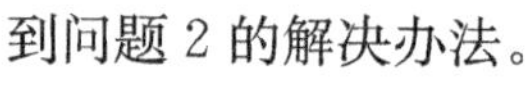

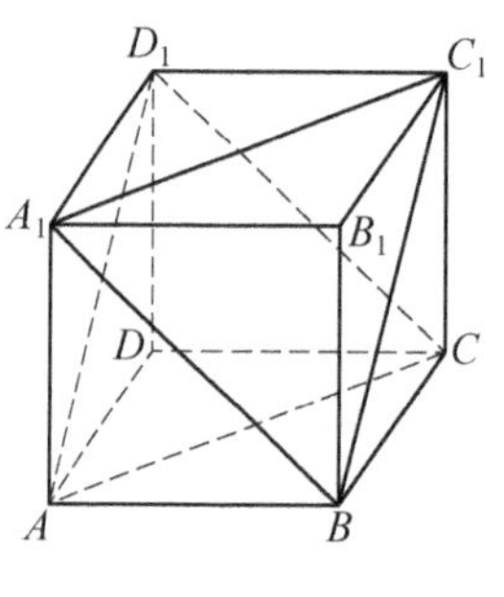

图6　问题6图

问题6:已知正方体 $ABCD-A_1B_1C_1D_1$ 的棱长为2,求平面 A_1BC_1 与平面 AD_1C 间的距离。

师生活动:首先引导学生学习课本上平面到平面的距离的概念,指出平面到平面的距离是基于两个平面相互平行的基础上,接着引导学生探究平面 A_1BC_1 与平面 AD_1C 的关系。从平面到平面的距离的定义出发,问题转化为点到平面的距离。探究

取平面 A_1BC_1 所在三角形 A_1BC_1 的任意一个顶点到平面 AD_1C 的距离，利用等体积法求解，实现平面到平面的距离的求解。

设计意图：首先通过问题引入平面到平面的距离的概念，从概念可知，2个平面平行时，其中一个平面内的任意一点到另一个平面的距离都相等，从而将问题顺利转化为点到平面的距离问题。

(四) 思维升华，回归本质

问题7：已知正方体 $ABCD-A_1B_1C_1D_1$ 的棱长为2，求直线 D_1A_1 与平面 AD_1C 所成角的正弦值。

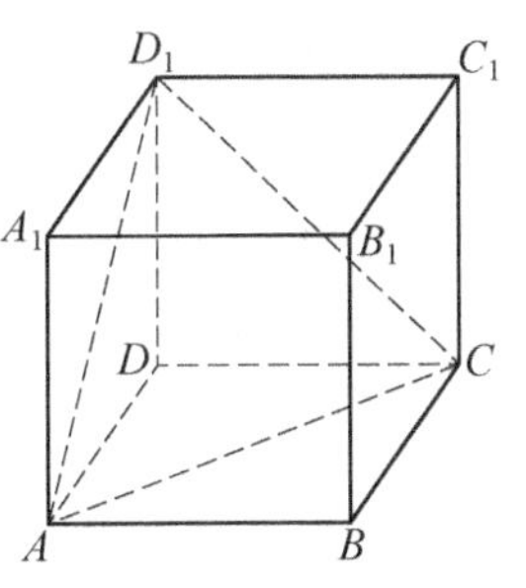

图7 问题7图

师生活动：先从直线与平面所成的角的定义出发，引导学生能不能直接作出点 A_1 到平面 AD_1C 的垂线，这样问题其实就回归到问题2，在这个基础上，师生共同探讨得出求线面角的关键就是求出平面外的点到平面的距离，避免了直接作平面的垂线。

设计意图：求直线与平面所成的角，关键是作出平面外的点到平面的垂线，但是很多时候不具备相关条件，其实质就是求点到平面的距离。结合前面的问题，最终转化为等体积法的运用。

问题8：已知正方体 $ABCD-A_1B_1C_1D_1$ 的棱长为2，求直线 D_1B_1 与平面 AD_1C 所成角的正弦值。

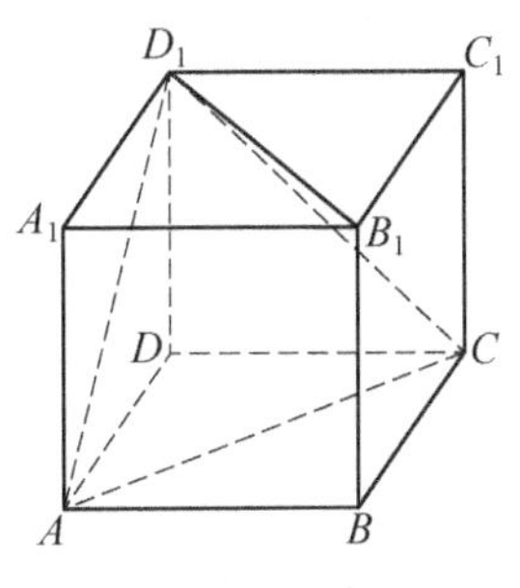

图8 问题8图

师生活动：根据问题7的思路，先让学生思考能否利用等体积法求出点 B_1 到平面 AD_1C 的距离，接着分组探究，四组研究由 B_1、A、D_1、C 构成的几何体有何特征，从特殊几何体角度求解点 B_1 到平面 AD_1C 的距离，引导另外4组从等体积的角度研究将点转移，利用平面的斜线上的不同点到平面的距离的倍数关系，将点转移到 B_1D_1 的中点 O，再结合前面的知识，得出点 B_1 到平面 AD_1C 的距离。

设计意图：这个问题利用问题 7 的方式，转化为点 B_1 到平面 AD_1C 的距离，但是用等体积法不容易，其实，B_1、A、D_1、C 刚好构成一个正四面体，可以引导学生利用相关结论得出点 B_1 到平面 AD_1C 的距离，也可以通过转化思想，取 B_1D_1 的中点 O，转化为点 O 到平面 AD_1C 的距离，再利用线面平行，转化为问题 2，从而实现求线面角的另一种方法。

（五）结束语

随着新课改的不断深入，以学生为主体的课堂越来越得到重视，本案例通过一个题组 8 个问题，层层递进，环环相扣，让学生从最简单的点面距入手（直接能看出来），通过问题 2，引入等体积法，再通过不同的设问，在设问中引入相关距离的概念，最终归结为同一个解题方法：等体积法。通过小组学习探究，提升了学生的学科素养。

四、教学案例（片段）反思

戴维·铂金斯提出“我们需要以一种‘未来智慧’的新视角来看待教育，在教育中既关注已知，也关注未知”。教师往往通过问题情境引导学生进行“再发现”和“再创造”。因此，教师只有科学、合理地设置问题，才能够有效地引导学生探究，主动构建新知；学生经历了发现、分析、解决问题的过程，才能从中汲取数学核心素养的养分。空间距离问题属于三维问题，对于学生而言较为抽象，等体积法是将其转化为方程问题，其中隐含着重要的数学思想。开展方法探究需要重视反思方法本质，关注方法的指导思想，尤其是转化思想，是求解空间距离问题的关键，也是空间距离问题思路构建的内在原理。在本案例中，当过点作面的垂线不好找时，可否不作垂线，可用什么方法，给予学生更多的时间思考，从二维空间的两点距离，点线距引导，降低学生思维难度。

五、实践导师点评

本案例以问题为载体，任务解决为驱动进行精心设计，通过化归与转化的方法，有效降低学生思维难度，拾级而上，引发学生思考，滋养学生的核心素养。著名数学家波利亚说过：“好问题如同某种蘑菇，有些相似，它们大都成堆地生长。找到一个以后，你应当在周围再找找，很可能在附近就有几个。”范老师深谙这一点，带领学生一起采蘑菇，总共采了 8 个蘑菇，收获巨大。当然在课堂实践中，有些蘑菇让学生自己发现或者老师只是示意了一下蘑菇的大致位置，这样学生找蘑菇的本领会更强一些。

叶琪飞

宁波市鄞州高级中学，浙江省特级教师，正高级教师

潘光勇

精准预设，提升素养

——以直线和圆的位置关系教学设计为例

一、 教师简介

潘光勇

毕业于温州师范学院，已有22年教龄，为青田中学骨干教师。曾参加丽水市高中数学骨干教师培训，参加丽水市“绿谷名师、名校长工程”培训。认真学习，吸收专家的讲座精华，结合自身的教学实践经验，在课堂中进行实践反思与总结。多年来，我以教科研为抓手，以课题为引领，在高中数学课堂教学、新课程教学改革等工作中刻苦钻研，奋发努力，勇于实践，并在实践中不断地思考着、探索着全新的理念。加强自身的理论学习，更新自己的教育观念，积极参加各级各类的教育科研，努力使自己成为一名研究型教师。一分耕耘，一分收获。通过多年的努力，获得以下的各种荣誉：丽水市教坛新秀、丽水市教科研先进个人、丽水市学科带头人、青田县优秀教师等；多篇论文获市级一、二类，有2篇论文在数学杂志上发表。

二、课堂教学思想

认真钻研人教A版教材和配套的教学参考用书，结合课程标准，立足教材，认真分析教材内容，领会教材意图，充分挖掘教材资源，创造性地使用教材，并根据教材的特点及学生的实际情况设计教案。课堂上，我努力将所学的新课程理念应用到课堂教学与教学实践中，积极利用网络资源，运用PPT课件，采用多种教学方法，从学生的最近发展区出发，精心设计各种教学活动，由易到难，力求用活教材，增加课堂教学的吸引力，注意调动学生学习的积极性和创造性思维，增强学生学习的兴趣和学习主动性。多层次多角度地设计问题，给学生留出了合适的空间，学生借助已有的经验学习，利于突破难点，达成教学目标。积极巧妙运用各种教学评价，以积极肯定地语气告诉学生，他们的想法是多么的出色，以起到评价的激励和促进作用。积极引导学生在课堂上乐于探究、会探究，提升学生的学习状态和质疑水平。总之，教无定法，我以更好地提升课堂教学效率为目标，践行自身的教学理念，力求自己的数学课堂教学让学生喜欢，努力形成自己独具风格的教学模式，更好地体现素质教育的要求，提高教学质量。

三、教学案例（片段）

以“直线与圆的位置关系教学设计”为例。

（一）整体设计思路（教学设计的思路与学习价值分析）

通过回顾初中所学的直线与圆的位置关系及判断方法，并结合实际问题抽象出本节的主要内容——利用方程研究直线与圆的位置关系，得出“几何法”和“代数法”的结论；通过解答教材的引例，体会分析直线与圆的几何特征在解决平面解析几何问题过程中的简化作用。通过各种问题的变式，引导学生理解方程中参数的几何意义，体会利用临界条件并借助图像处理直线与圆位置关系的便捷性。

(二)素养教学目标设计(指向学生素养发展的目标设计)

1. 总体目标

能从实际问题中抽象出研究直线与圆的位置关系的数学问题,能够得到在平面直角坐标系中利用方程去判断两者位置关系的结论;掌握直线与圆的三种位置关系;熟练掌握判断位置关系的两种方法;能够解决一些简单的与直线与圆位置关系相关的问题。

2. 能力目标

能通过分析方程中参数的几何意义,得到直线和圆的变化特征,并通过考察直线与圆相切时的情况,推理出直线与圆相交、相离时方程中参数所满足的条件,从而体会数形结合思想以及从特殊到一般的数学思维过程,并进一步建立用代数方法解决几何问题的意识。

(1) 通过本节课的学习,让学生经历操作、观察、探索、总结直线与圆位置关系的判断方法的过程,从而培养学生观察、比较、概括的逻辑思维能力;

(2) 通过本节课的学习,要让学生经历如下过程:将几何问题代数化,用代数的语言描述几何要素及其关系,进而将几何问题转化为代数问题,处理代数问题,分析代数结果的几何含义,最终解决几何问题,要帮助学生不断地体会"数形结合""转化"和"由特殊到一般"的数学思想方法。

3. 素养目标

激发学生的求知欲和学习兴趣,培养学生积极探索、发现新知识、总结规律的能力,解题时养成归纳总结的良好习惯。

(三)教学内容分析(教学内容及内容结构分析,重点难点分析)

"直线与圆的位置关系"是人教版 A 数学选择性必修一第二章平面解析几何初步——第三节圆的方程这一内容中的第三小节,蕴含着丰富的数学思想。首先,直线与圆的位置这一几何特征,是通过点的坐标和直线、圆的方程来研究,体现了数形结合的思想方法。这在学习直线的方程、圆的方程时,学生已经接触过,结合本节课内容,可以进一步加强对数形结合思想方法的理解,发挥从"数"和"形"两个方面共同分析解决问题的优势。其次,从本节课的知识形成的研究过程来看，由“几何问题(位置关系)”到“代数问题(坐标、方程、点到直线的距离公式、联立方程组等)”，再到“几何问题(分析代数结果的几何含义)”，充分体现了由“形”到“数”，再由“数”到“形”的转化过程，是转化思想的具体应用。再有，通过具体例子判断直线与圆的位置关系，来归纳总结判断直线与圆的位置关系的方法，充分体现了由特殊到一般的思想方法。为后面的圆与圆的位置关系的教学起到承上启下的作用，也在今后对直线与圆锥曲线位置关系的学习中起到一种方法上的引领作用。

教学重点：借助直线与圆的方程、坐标法来判断直线与圆的位置关系。

教学难点：在通过方程判断直线与圆的位置关系的过程中，对方程中的参数所代表的几何意义进行分析。

(四) 学情分析(学生现状与需求分析)

在学习了点与圆的位置关系后，学生已经具备了借助方程研究几何对象之间的位置关系的初步知识，且直线与圆的位置关系是初中已经学过的知识，学生在关注位置关系时并不感到陌生。教师需要在此基础上引导学生意识到：相对于初中所学，高中对直线与圆位置关系的再学习的本质区别，是在坐标系的背景下用代数的方法去研究位置关系。因此教师要注重让学生在这个过程建立坐标法的思想，此外，学生在此过程中遇到的计算问题，以及学生对点到直线距离公式的运用是否熟练也是需要注意的几个方面。

(五) 教与学的过程设计(课堂教与学的每个步骤的情境任务及其意图分析)

1. 步骤1：问题引入

展示情境：一艘轮船以东偏北 60° 的方向行驶，预计若干小时后恰好到达 A 岛。B 岛位于 A 岛正南侧 1.5 km，以岛 B 为中心半径为 1 km 的圆形区域内分布着暗礁，若轮船不改变行驶方向，它是否有触礁的危险？

问题1：从平面几何的角度，上述情境反映了哪两个几何对象之间的位置关系？

问题2：我们初中就学过直线和圆的位置关系，直线与圆存在哪些位置关系呢？我们可以通过哪些方法来判断它们的位置关系呢？

这一章都是围绕着平面直角坐标系，利用方程来研究几何对象的特征和几何对象之间的位置关系的，我们可以借助直线和圆的方程来研究一下两者之间的位置关系。

设计意图：

(1) 数学问题产生的途径是来源于生活的，上述实际问题可以抽象成数学中平面几何中几何对象之间的关系。而引入的问题恰好是学生无法利用初中所学知识，通过肉眼观察或画图得到精确结论的情境。此问题是为下一步利用坐标法研究直线与圆的位置关系所作的铺垫。

(2) 回顾初中学过的知识，引导学生意识到，高中对直线和圆的位置关系的再研究实际上只是改变了研究方法，借助坐标法去研究几何问题中的位置关系。相比初中所学，利用坐标法研究位置关系更精确。

2. 步骤2：新知讲解

问题：假定直线和圆的方程已经给定，根据刚才的讨论，我们如何借助方程去判断直线和圆的位置关系呢？

直线：$Ax+By+C=0(A^2+B^2\neq 0)$

圆：$(x-x_0)^2+(y-y_0)^2=r^2(r>0)$

几何法（考察圆心到直线的距离 d 与半径 r 的大小关系）	代数法（联立方程组，关注方程组解的个数）	直线与圆的位置关系
$d<r$	2个解（2个公共点）	相交
$d=r$	1个解（1个公共点）	相切
$d>r$	无解（无公共点）	相离

设计意图：在解决具体的判断直线与圆位置关系的问题之前，先引导学生归纳出方法，为下面进行的学习和计算确定方向。

3. 步骤3：结论应用

大家对于利用方程去研究直线与圆的位置关系已经有了一定的认识，

那么我们就可以利用得到的结论解决刚才的实际问题。

问题 1：如何建系？

由学生回答，教师给予评价。

一种方法是通过方程组解的个数去判断的，代数特征更明显，我们可以称之为代数法；另一种方法是通过注重几何结构的分析与利用，我们称之为几何法。

问题 2：大家更喜欢哪种方法呢？

几何法：充分分析几何特征，以减少代数运算。

设计意图：

(1) 体会从实际问题中抽象出数学问题的过程。

(2) 在判断直线和圆的位置关系时，不同的方法所带来的计算量是不同的，引起学生对于方法选择上的注意。

4. 步骤 4：深化练习

例 1. 已知圆 C：$(x-2)^2+y^2=1$

(1) 判断圆 C 与直线 $3x-4y-2=0$ 的位置关系；

(2) 判断圆 C 与直线 $3x-4y+a=0$ 的位置关系；

(3) m 为何值时，圆 C 与直线 $mx-y+1=0$ 有公共点；

(4) 求过点 $P(0,0)$ 且与圆 C 相切的直线方程。

设计意图：

(2) (3)通过两类不同的直线与圆的位置关系的判断，引导学生得出分析几何特征以简化代数运算的结论。

(4) 通过问题的设计，不但可以巩固所学知识，还可以让学生真正体会由“几何问题(位置关系)”到“代数问题(坐标、方程、点到直线的距离公式、联立方程组等)”，再到“几何问题(分析代数结果的几何含义)”，充分体现了由“形”到“数”，再由“数”到“形”的转化过程，是转化思想的具体应用。

5. 步骤 5：课堂小结

问题 1：通过这节课的学习，在研究直线与圆的相关问题时，你认为该如何进行，有无具体的研究路径与方法？

给定直线和圆的方程后用几何法或代数法判断二者的位置关系。

问题 2:初中也学习了直线和圆的位置关系,我们今天是利用方程去判断二者的位置关系,你认为高中利用方程去判断位置关系相对于初中的方法有什么差异?

借助平面直角坐标系,利用坐标和曲线方程解决几何问题,实现了从定性分析向定量分析的转化。

问题 3:在判断直线和圆的位置关系的时候,大家更喜欢用哪种方法?

几何法:充分研究几何关系,简化运算;

设计意图:使学生体会坐标法在研究几何问题中的便捷性和精确性。

四、 教学案例(片段)反思

大部分学生在进行深化练习(2)时,仍然采取联立直线和圆的方程,考察得到的一元二次方程判别式的情况去判断直线与圆的位置关系。学生认为通过几何法考察直线与圆的位置关系时,由于点到直线的距离公式中含有绝对值运算,需要分类讨论,因此转而采取代数法。

分类讨论的本质原因,是由于参数与直线的纵截距有关,影响直线的平移运动,并不是计算中的绝对值所引起的。学生没有理解此原因,实际上是对从代数结构中分析几何对象的几何特征这一过程认识还不到位。在今后的教学中,教师在引导学生解决相关问题时,仍然要有意识地让学生分析代数结构所反映的几何特征,让学生体会到这一过程为后续解决相关问题带来便捷。

五、 实践导师点评

本节课的教学设计是以实际问题为引例为出发点,引导学生从问题中抽象出数学问题,体现了平面解析几何的应用价值,同时也培养了学生的数学素养。问题的引入和问题的提出较自然,并通过研究直线与圆的位置关系,解决课堂之初提出的实际问题,学生能够从体验成功解决问题的喜悦。

在课堂教学进行的过程中，引导学生思考初中和高中研究直线与圆位置关系的区别，从中体现解析几何的本质——利用代数解决几何问题。这一教学过程，体现了本节课设置的问题解决也显得自然平顺，使学生理解平面解析几何问题中代数和几何的相互转化的重要性。因此在深化练习中，教师有意识地设计了两类动直线，引导学生注意参数所代表的几何意义，可以起到简化计算的作用。

张维忠
浙江师范大学，博士生导师，大学教授

王柳娟

跨界融合做数学，多彩课堂提素养
——以“椭圆的定义及其标准方程”教学为例

一、教师简介

王柳娟

浙江云和人，高级讲师，云和县中等职业技术学校副校长。国家二级心理咨询师，浙江省中小学心理健康教育A证教师，丽水市优秀教师，丽水市教学名师，丽水市高中数学学科带头人，云和县家庭教育讲师团成员。主持完成省、市立项课题20余项，获省政府教学成果二等奖1项，省优秀科研成果二等奖1项、三等奖1项，市优秀教育教学成果一、二等奖3项，出版教材2部，开发拓展课程5门，论文在国家、省、市级发表获奖40余篇。通过“绿谷双名工程”培养，促进了其行动导向的理论与实践融合发展，其间，获省教学成果奖1项，发表论文3篇。

二、课堂教学思想

“椭圆的定义及其标准方程”是圆锥曲线主题单元起始课，具有承上启下、统领整章的重要地位和作用，研究椭圆的方法和思路为后续双曲线、抛物线的学习奠定基础。本节课的设计理念是：基于课程标准和学生核心素养的发展，让学生经历从"数学研究对象"的获得，到"研究数学对象"，再到"对象数学研究"的完整过程。从"文专融合"的视角去探索新的"做中学"，构建"任务驱动、文专融合、双元育人"的"学习单元"教学模式(见图1)。发展数学抽象、逻辑推理、数学建模、数学运算等核心素养。

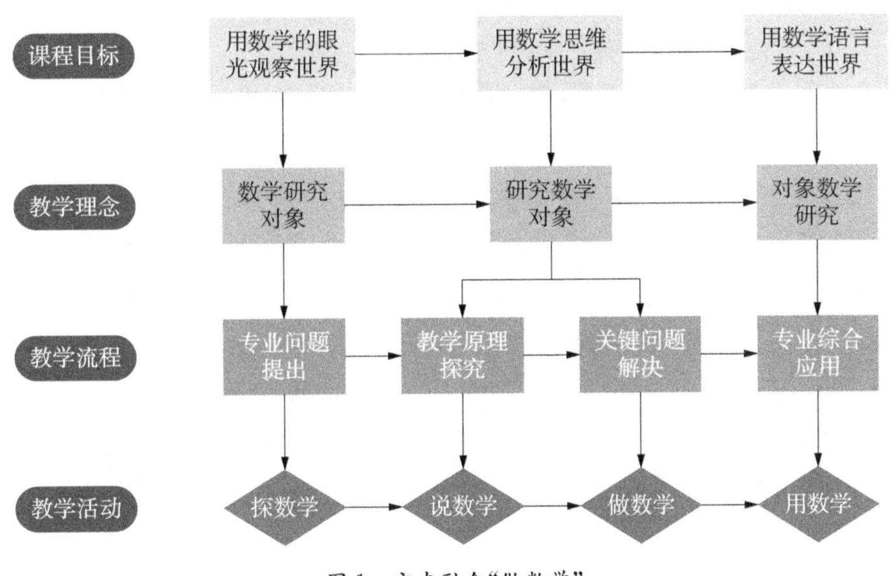

图1　文专融合"做数学"

三、教学案例(片段)

(一) 课堂实施

坚持问题导向，任务驱动，从解决"数控编程与加工技术"学科中椭圆轮廓类型的轴类零件加工关键点入手，带着任务探究椭圆定义及其标准方程，以解决零件加工中的关键问题，激发学生学习兴趣和内驱力。

本节课，通过任务驱动，在对椭圆的探、说、做、用过程中，思维逐步深入，促进深度学习。

1. 专业出发,情境驱动"探"椭圆

以数控专业学生在数控车床加工"椭圆轮廓类型的轴类零件"过程中遇到的问题为背景(视频),"两名学生在完成同一个数控加工任务时,发现因某一段程序输入语句出现差错,导致得到两个形状完全不同的零件"(一个椭圆轮廓型,另一个呈双曲线轮廓型),引出"什么是椭圆轮廓类型轴类零件加工的关键"这一探究主题和任务,激发内驱力。

2. 搭建支架,类比探究"说"椭圆

立足学生的最近发展区,类比圆的定义和标准方程的研究方法,借助数学实验和 GGB 软件抽象出椭圆的定义,推导椭圆标准方程,通过合作交流分析方程的本质特点,并结合判断进行概念辨析。在此基础上,采用学生说题的形式对椭圆的标准方程知识点再次强化,为之后解决专业问题奠定基础。同时,希望在椭圆定义及其标准方程的研究基础上,通过回顾和总结,形成如下的圆锥曲线学习和研究的大思路、大框架(见图 2)①。

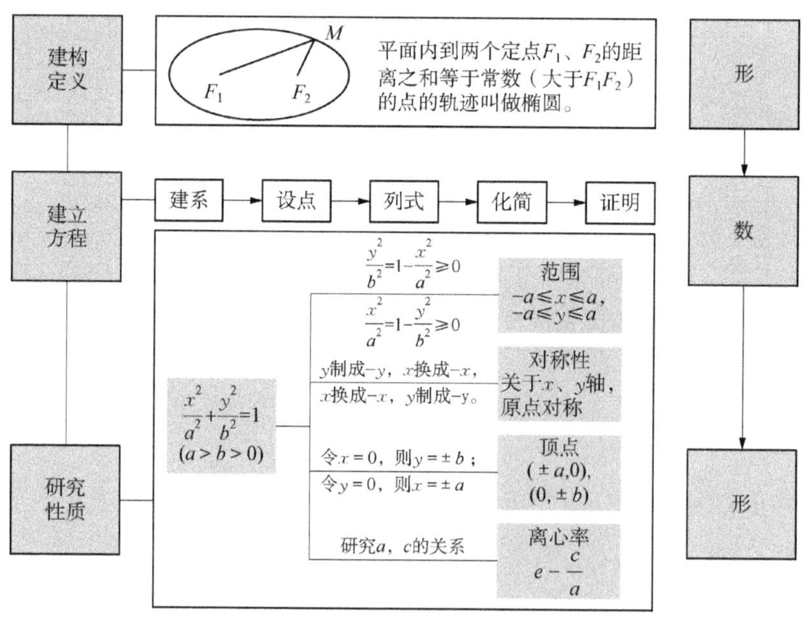

图 2 圆锥曲线学习框架

① 曾荣.单元教学的整体设计与课时实施——以"圆锥曲线"单元教学为例[J].数学通报,2021,60(03):33—37.

3. 质疑辨析，文专融合“做”椭圆

通过对比分析“两名同学因输入程序有出入而导致完成的工件形状完全不同”的原因（见图 3），将程序语句翻译成数学语言，得到的方程分别为：$\frac{y^2}{100}+\frac{x^2}{256}=1$ 和 $\frac{y^2}{16}-\frac{x^2}{256}=1$，从而验证椭圆轮廓类型的轴类零件加工的关键程序语句为椭圆的标准方程。但同时要考虑实际问题的限制条件，程序所对应的是 x 轴上方的半个椭圆，而工件的主体则是由半个椭圆绕中心轴旋转而成的椭球，由平面解析几何向空间立体几何的延伸和拓展，实现教材重构。

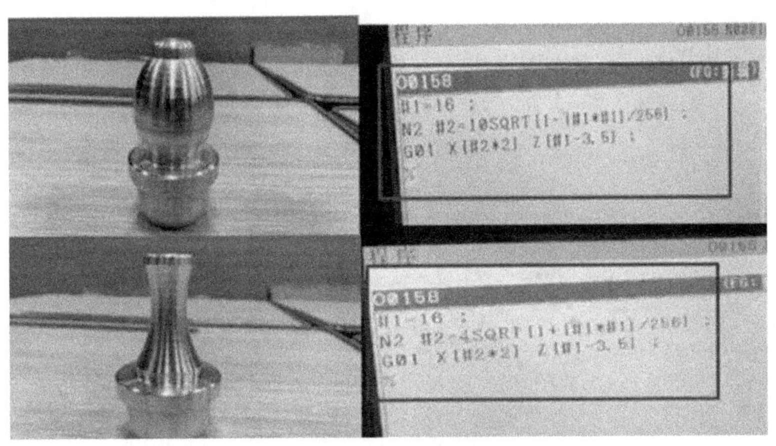

图 3　数控加工零件及相应程序语句

4. 形成闭环，回归专业“用”椭圆

最后环节数学教师和专业课教师一起回归专业，文专融合，共同解决以下专业问题：

（1）根据工件图纸求椭圆标准方程；

（2）拓展：一个没有图纸的“残缺破损的工件”如何复原？在数控车床上加工如图所示的零件，编程原点设置在右端面与中心轴线的交点上，但图纸被墨汁污染了，无法进行编程，你能通过测量零件完成编程任务吗？（见图 4）

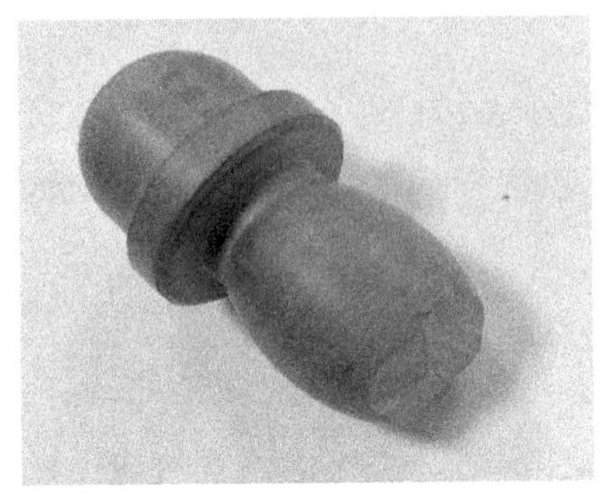

图 4　破损工件

此环节由专业教师指导学生进行图纸识别、用游标卡尺进行工件测量等获得有效数据，数学教师引导学生把专业问题转化为数学问题，建立数学模型、求解方程。从图纸到实物，通过递进式实际问题解决，提升运用数学知识解决数控专业问题的综合能力，从专业问题出发，回归专业问题解决，形成教学闭环。

（二）设计思路

1. 文专融合，相辅相成促学生发展

（1）开发资源，教学内容深融合。重构教材体系，挖掘教学资源，结合数控加工的项目任务，融合必需的数学知识，开发基于学生专业发展的数学活页式教材，打破文专壁垒，实现数学与数控专业知识融合，跨学科突破。数控专业课着力解决“是什么”“怎么做”的问题；数学解决“为什么”的问题。

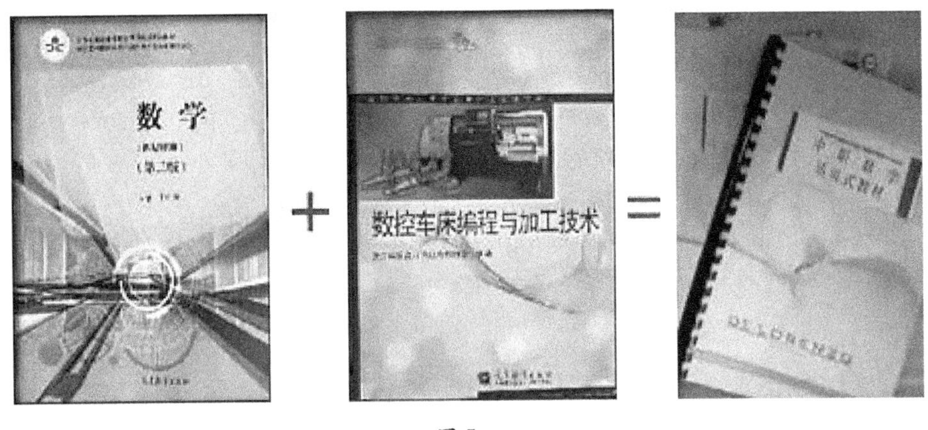

图 5

（2）打破界限，教学环境更开放。打破传统教学模式，突破封闭的教学空间，通过智慧教室、理实一体化教室等多场景开展教学，理实一体，方式上采用线上线下混合式教学，打破课堂内外、学科内外、学校内外的界限。

(3) 联手育人，打好教学组合拳。数学课和专业课教师同堂教学，双元育人，充分发挥专业特长和教育智慧，共同解决专业课中的数学问题，实践—理论—实践，形成教学闭环的同时，辐射拓展延伸到整个主题单元，提升学生专业核心素养。

(4) 动手实践，教学活动显张力。立足真问题"做数学"，通过学生动手做数学实验研究椭圆，通过图纸分析、零件测量等活动，获取数学信息，解决实际问题，文专融合，学做合一。"做数学"让抽象的数学知识变得形象直观，内隐的数学思维变得可视化，枯燥的技能训练变得有趣、有意义，为数学关键能力的培养提供了必要的现实情境或数学情境、科学情境，提升数学抽象、数学建模等核心素养。

2. 课程思政，无痕融入促品质提升

(1) 发现数学之美。在教学过程中，引导学生善于发现椭圆及其标准方程的和谐对称之美，彰显数学严密逻辑的理性表达之美，凸显数控零件加工的精益求精之美，展现规范操作中匠心独具之美.

(2) 追求科学精神。在问题解决中发现工件程序和纯数学理论的出入，大胆质疑，崇尚真知，建立问题意识，形成批判思维。在质疑辨析、类比探究、追根溯源中培养科学精神。

(3) 弘扬工匠精神。在解决"什么是椭圆轮廓类型轴类零件加工的关键"问题中，通过观察、对比、分析，学生发现仅一个符号、一个数据，就能让完成的工件形状完全不同，可谓失之毫厘，谬以千里，充分感受到精细、专注等品质的重要性，培育工匠精神。

(4) 激发爱国热情。课堂的最后环节，升华专业激情，激发爱国热情，积极推进课程思政。大国工匠乃国之重器，鼓励学生志存高远，朝着成为专业技能扎实、文化基础厚实、意志品质坚实、精益求精、敢于创新的大国工匠远大目标而不懈努力。

四、教学案例（片段）反思

本节课教学过程始终围绕专业问题的解决主线展开，专业教师和数学

教师同堂教学,同频共振,文专融合,协同发展,落实“学为中心”,通过“做数学”,实现四大“转变”:

1.“要我学”向“我要学”转变

学生在专业问题的解决中体会到学习的个人意义和价值,生发内驱动力,数控专业班学生上课抬头率由原来的40%提高到95%,形成了抬头学数学、动手做数学、主动用数学、善于说数学的良好氛围,学会用数学的眼光观察世界。

2.“坐中学”向“做中学”转变

通过数学实验、零件测量、图纸识别、合作探究等活动,改变了被动听课的习惯,在专业任务驱动下,学习真实发生,“做中学、学中做”,提升了学生发现和提出问题、分析和解决问题的能力,真问题、真学习、真思考,数学综合运用能力及学科核心素养得到发展,学会用数学的思维分析世界。

3.“我听说”向“听我说”转变

通过学生研题、说题、编题,促进学生深度思考,充分暴露学生思维过程,实现“听课”到“说课”“解题”到“说题”的转变,提升思维品质,同时推进数学交流表达技能的形成和发展,学会用数学的语言表达世界。

4.“单一性”向“多元性”转变

跨学科思维界限,改变了单科独进的“纯数学”教学,形成了“数学+”课程体系。以专业问题的解决为导向,融合解析几何与立体几何知识,开发活页式教材,开展主题单元教学,实现教材重构。多角度凸显数学的教学价值,除了知识与技能,更关注思想与素养,学会用多元的视角关注课堂。

五、实践导师点评

王柳娟老师的教学研究,立足当前中职数学教学实际,以发展学生的核心素养为着眼点,以“跨界融合做数学”为整体目标,具有较强的理论价值与现实意义。

从让学生经历“数学研究对象”的获得,到“研究数学对象”,再到“对象数学研究”的过程研究入手,构建了“任务驱动、文专融合、双元育人”的“学习单元”教学模式，探讨了落实“学为中心”的四个“转变”策略，提出了形成“数学+”课程体系的新思路。

案例研究方法科学，为中职数学教学提供了一个很好的范式，具有引领作用、借鉴意义和推广价值。

朱恒元
浙江省义乌中学，浙江省特级教师，正高级教师

潜松水

创造丰富而有意义的课堂生活

一、教师简介

潜松水

浙江省缙云中学高中物理教师。丽水市首届“十佳”青年教师、丽水市高中物理学科教学带头人、丽水市中小学师德楷模、丽水市教坛新秀、丽水市教学工作先进个人、丽水市物理竞赛优秀指导师，缙云县首届独峰名师、缙云县优秀共产党员、缙云县优秀班主任。2013 年入选“浙派名师”培养对象。

二、课堂教学思想

追求教学的价值指向与培养目标统一，通过与学生一起创造丰富而有意义的课堂生活，实现“立德树人”的育人目标。尝试在学生原有的认知和教学目标之间，精心设计一条最有利于学生“行走”的路径。教学须有目标导向，不可“散步”，亦不可“奔跑”。“行走”的节奏，有“路径”意识，也有沿途风景激发的“生成”，不刻意“捷径”，也欢喜“岔路”的意外。从学情出发，在课堂教学中着力于创设各种恰当情境，促进学生认知“转化”。知识的转化，可以是内化、迁移，核心是“链接”。当学生的某个行为或者观念得到巩固或提升，意味着是在强化“链接”；学习新的观念或知识时，意味着形成新的“链接”。有“链接”就是在“转化”，在学习。知识和能力及价值观是通过在具体的解决问题场景中实现“链接”的外在结果。

三、教学案例（片段）

（一）巧设情境，快速辨析易混概念

李政道说过：“学习物理的首要问题是要弄清物理学中的基本概念。”学好物理概念是学好物理的基础，因为物理概念教学的效果如何，直接关系到学生所建立的物理知识结构的稳固程度，进而影响到学生整体知识网络的构建与拓展。

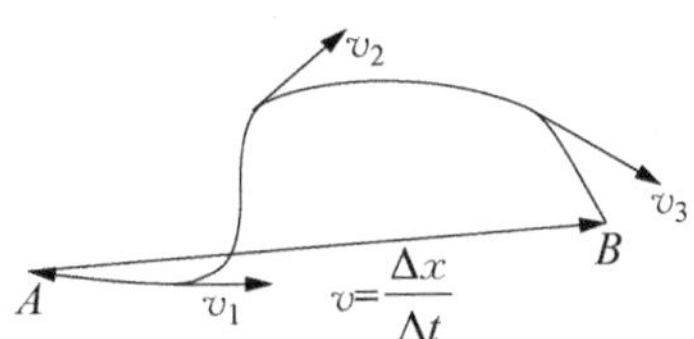

图 1　曲线运动中的平均速度、位移和运动方向

我在具体物理概念教学中，注重让学生把概念的定义（式）作为思维的起点和依据，结合学生的认知困难创设合适的问题情境，帮助学生快速辨析易混概念，收到比较好的教学效果。如“平均速度、位移、运动方向”三概念学生易混，我采用如下解决办法：$\bar{v}=\frac{\Delta x}{\Delta t}$，通过公式说明平均速度对应一段位移，其方向就是位移方向。$v=\frac{\Delta x}{\Delta t}$ 当 $\Delta t\rightarrow 0$ 表示瞬时速度对应时刻和位置，其方向就是运动方向。并辅之以板画，曲线运动时，从图中标出三者方向，如图 1 所示。这样讲解学生还是很难理解。这时教师可以创设这样的学习活动情境：在伸手不见五指的夜晚，汽车在盘山公路上行驶，请同学们在纸上画出汽车的路径，并标出各点处汽车其灯光的照射方向。通过标示

活动,学生就明白灯光照射方向是瞬时速度方向,也就是运动方向。实现了情境与知识的链接。

(二) 妙用情境,拉近物理和生活距离

新课程改革理念之一是“让生活走进物理,让物理走进社会”,课堂教学中要充分唤醒学生原有的生活经验,丰富课堂教学资源,促进学生认知转化。下面举几个实际的教学案例。

1. 妙用校牌,体验绳子作用力

“绳子、轻杆、滑轮”是高中力学的经典理想模型,在实际教学中要注意让学生利用身边的资源,体验各种受力问题。只有学生自己亲身体验了,才能深刻理解教师讲解的技巧和方法。下面我以实例说明。

例 1:水平横梁的一端 A 插在墙壁内,另一端装有一小滑轮 B,一轻绳的一端 C 固定于墙壁上,另一端跨过滑轮后悬挂一质量为 $m=10\ \text{kg}$ 的重物,$\angle CBA=30^\circ$,如图甲所示,则滑轮受到绳子作用力为:

A. 50N　　B. $50\sqrt{3}$N　　C. 100N　　D. $100\sqrt{3}$N

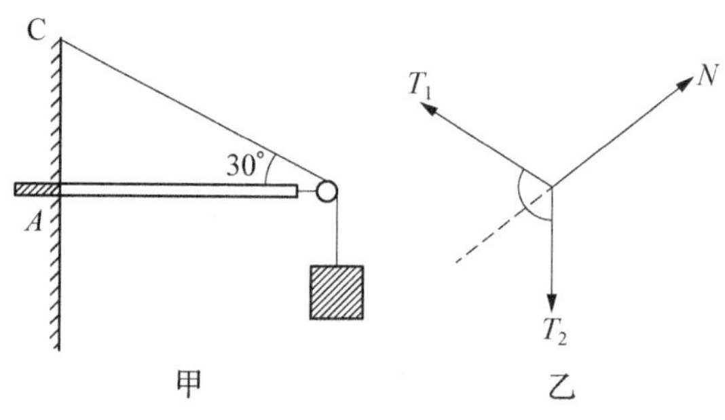

图 2　例 1 题图

理论讲解过程:选谁为研究对象?取与滑轮接触的一小段绳子为研究对象,它受三个力作用,滑轮给绳的弹力 N 和两个拉力 T_1、T_2,如图乙所示。如何求 N?(生:利用受力平衡。)因 B 端装滑轮,不计摩擦,因此绳子张力处处相等,$T_1=T_2=T$,且等于重力。根据平衡条件,N 方向一定在 T_1 与 T_2 夹角的平分线上,且大小等于 T。再利用力的作用是相互的,$N'=mg$。

点拨：①轻绳中各点张力相等是解决问题的关键。②此题中绳子质量不计，不可伸长的绳子，因此绳子上各点沿绳方向上的分速度都相等，绳子上的张力也处处相等，此种绳子为理想绳子。

我在讲解过程中，发现学生对绳子往下拉却对滑轮有不在绳子方向上的作用力不理解。所以我特意创设情境让学生体验：每位同学都戴有校牌，脖子相当于滑轮，一手拉住绳子一端不动，另一手使劲拉另一端，体验绳子对脖子的作用力。

2. 受力分析，别脱离生活经验

例 2：一个重为 20N 的物体置于光滑的水平面上，当用一个 $F=5\mathrm{N}$ 的力竖直向上拉该物体时，如图 3 所示。物体受到的合外力为________。

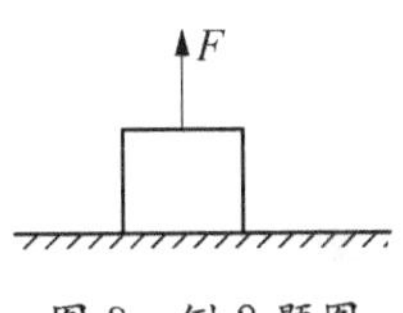

图 3　例 2 题图

该题 80%以上的高一新生都会错成 $F_{合}=15\mathrm{N}$。其原因没有去想具体的情境。如受力分析时，反思一下此时的运动状态，错误就可以避免了。创设生活情境：你去提，能把物体提起来吗？

例 3：关于滑动摩擦力，下列说法正确吗？

登山运动员脚登峭壁手抓绳索向上攀岩受到向上的滑动摩擦力

这道例题，学生常会判断错误，他们认为从受力平衡角度，重力一定向下，故摩擦力一定向上，所以正确。没有去细究滑动摩擦力与静摩擦力的产生成因，导致错误。针对这点，可创设生活情境：让学生想象爬绳或爬树，能向上滑吗？学生一想就能明白自己所犯的错误了。

3. 创设合适台阶，引导学生思维

例 4：如图甲所示，AB 两物块在力 F 作用下紧贴着竖直墙壁处于静止状态。请画出 A 的受力示意图。

教学过程中，发现学生错误主要集中在两处。一是学生认为 A 受到 F 的作用。二是认为墙壁对 A 有弹力作用。针对第一个错误教师创设如图乙所示的情境：把杯子(A)放在二楼地板，在一楼给天花板(B)一个力 F，问 F 对杯子有作用吗？学生一看这情境就明白了，弹力发生在直接接触的物体间，“不会隔山打牛”。

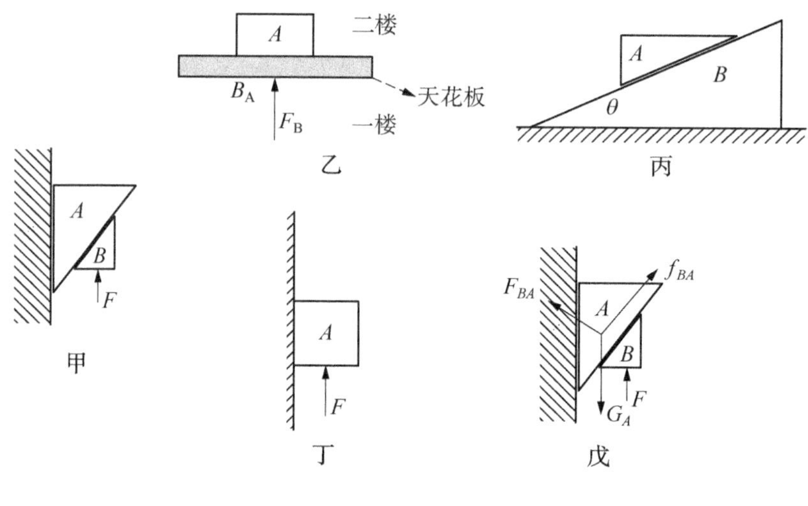

图4　例4题图

针对第二个易错点,教师追问学生:“有接触一定有弹力吗?怎么判断?”学生回答:“假设法,假如把墙撤走,A 将下滑!”教师即时追问:“一定会下滑吗”教师创设如图丙,情境:A 可以静止在 B 上。

此时学生原有思维被打乱了,引起重新思考:现在不能确定 A 对墙是否有挤压,怎么办?教师创设如图丁情境:A 在 F 的作用下处于静止,问墙对 A 有弹力吗?如有还能平衡吗?学生顿悟。教师追问:“没有墙壁对 A 没有弹力,那墙壁对 A 还有摩擦力作用吗?”到此学生很自然理解,最终 A 只受如图戊三个力作用。

例5:如图5-1所示,当杯子突然向右(或向左)做加速运动时,气泡在杯子内将向何方运动?

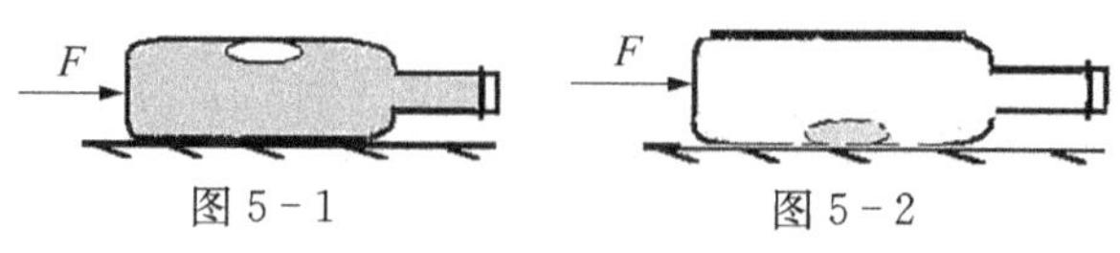

图5　例5题图

学生错误原因：思维聚焦在气泡上，杯子突然向右启动，气泡具有惯性，将相对水向左运动。可以创设如图 5－2 情境：设想一个水球放在空杯子里，杯子突然向右启动，杯中空气将向哪个方向运动？

学生理解之后，可增加一个强化训练题：设想一辆特制的密闭车厢中装满密度为 2 g/cm^3 的某种无害液体，带有氧气瓶及呼吸面具的乘客头朝下"站立"于车的天花板上。当车行驶过程中突然紧急刹车时，乘客将向哪个方向倾倒？

4. 理论推导，辅之情境记忆

例 6：某位同学在做验证牛顿第二定律实验时在正确操作后通过测量，作出 $a-F$ 图线，如图 6－2 中的实线所示。试分析：图线上部弯曲的原因？

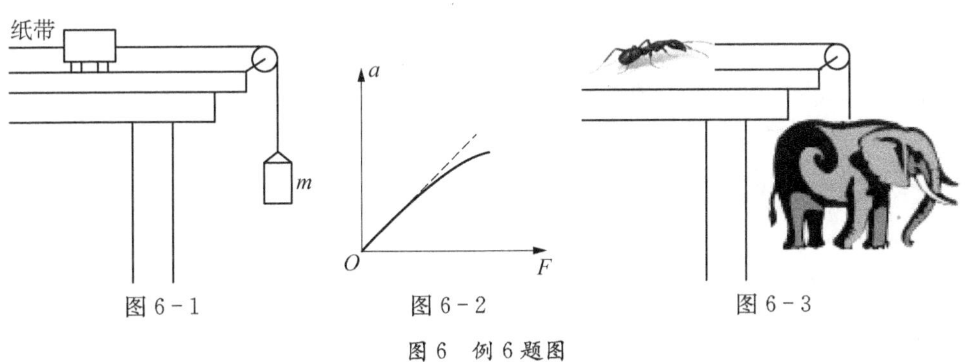

图 6　例 6 题图

利用连接体的处理方法进行理论推导，学生可以理解，也能接受，但不直观，容易遗忘。这时可以创设如图 6－3 生活情境：悬挂一只大象去拉一只小蚂蚁，加速度会是多少？学生一想极限的思想即可心领神会了。

（三）"远离"生活，突出物理的本质

例 7：（2011 浙江理综 14 题）如图 7 所示，甲、乙两人在冰面上"拔河"。两人中间位置处有一分界线，约定先使对方过分界线者为赢。若绳子质量不计，冰面可看成光滑，则下列说法正确的是（　　）。

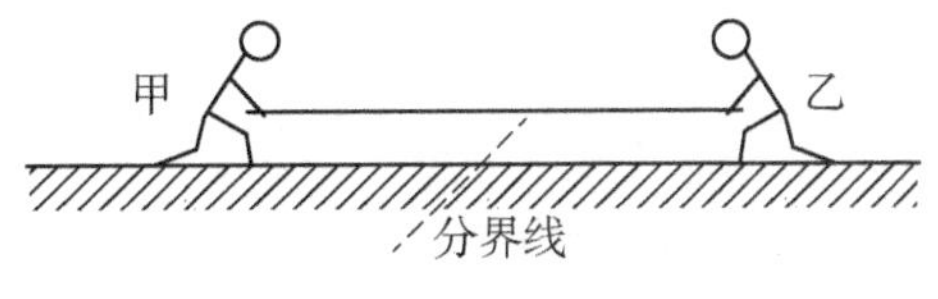

图 7　例 7 题图

A. 甲对绳的拉力与绳对甲的拉力是一对平衡力

B. 甲对绳的拉力与乙对绳的拉力是作用力与反作用力

C. 若甲的质量比乙大，则甲能赢得“拔河”比赛的胜利

D. 若已对绳的速度比甲快，则已能赢得“拔河”比赛的胜利

有时候学生的生活经验会对物理问题的理解产生错误的干扰，这时教师们就要引导学生“远离”生活，突出物理本质。如上题中考生错误率非常高，主要原因就是混淆了日常生活中拔河比赛是在地面，而本题是在忽略摩擦的冰面上。

如在“牛顿第三定律”教学中，首先可以让学生举例说明力的作用的相互性，再让学生思考：在太空中拔河会出现什么现象？在太空中掰腕子会出现什么现象？在太空中击掌会出现什么现象？远离了“生活”，给学生以强烈的思维冲击。最后再让学生观看在太空中的拔河、掰腕子、击掌视频，突显出力的相互作用的物理本质。

四、教学案例（片段）反思

参加“绿谷双名工程”，特别是在理论导师任清褒和实践导师梁旭两位导师刻意训练之下，我感觉找到了自己之前比较满意的一些教学案例背后所隐含的教育教学理论。我也坚信从认知科学的角度研究和提升自己教育教学水平的方向是一条恰当的路径。

“具身认知”理论认为，当身体动作与概念表达的意思一致的时候，我们的理解力就会提高。其底层逻辑是大脑中存在“镜像神经元”，这类神经元会像照镜子一样把我们看到的动作反映过来，就跟自己在做动作一样。（看别人打哈欠，自己也跟着打哈欠就是这道理。）如果我们自己有过相同的动作经历，看到对方的动作时，大脑镜像神经元立马就重放了当初的相关体验，无须逻辑推理，我们瞬间就懂了。

概念具有极强的情境依赖性。在实际教学中我重视情境的创设，可以是一个场景、一个活动、一个案例、一种味道、一种触觉、一种经历……总之可以调动大脑思考的各种感官信息。一旦第二次感知到，就会触发或联想

开始的那种记忆。从而帮助学生实现从未知到已知的转化形成新的物理观念。具体的情境同时也提升了“长时记忆中存储或者提取相关信息的效能”,让每个学生发生“深度学习”。

五、实践导师点评

松水老师是一个认真学习和思考的人,对他提炼内容的重点和关键的能力有深刻印象;松水老师并不是“迁移”别人教学思想的人,他的教学实践经历支撑他经历“链接”“内化”。经过多次接触,我感受到他的育人理念与党的教育方针是高度一致的——将教学的价值指向与培养目标统一,从而实现“立德树人”的育人目标;他的教学思想是具体和灵动的——与学生一起创造丰富而有意义的课堂生活;他的教学路径是明确和清晰的——尝试在学生原有的认知和教学目标之间,精心设计一条最有利于学生“行走”的路径;他的教学实践是积极和踏实的——从学情出发,在课堂教学中着力创设各种恰当情境,促进学生认知“转化”。如果还有期待的话,我希望松水在素养培养的课堂中,能够通过自己的实践,展示体现自己教育教学思想的典型课例,完善并支撑自己的教育教学思想。

梁旭
浙江省教育厅教研室,省特级教师,正高级教师

饶军民

灵动的“生本位”课堂

一、教师简介

饶军民

江西南城人，现担任浙江省青田县中学物理教研组组长，从事高中物理教学23年，先后荣获丽水市教学名师、丽水市物理学科带头人、丽水市教坛新秀、丽水市物理竞赛优秀指导师、青田县学科带头人、青田县优秀教师等荣誉。先后在省、市级刊物上发表论文4篇，省、市级论文评比获奖数十篇，省、市级课题研究项目获奖多个，浙江省精品课程1个，参编《指向学科核心素养的教学设计　物理》(浙江教育出版社出版)、《教学设计与指导　必修二》(华东师范大学出版社出版)两部教学论著。

二、课堂教学思想

我的教学理念与主张为：秉承“让学生发生持久的深度学习”教学理念，主张构建灵动的“生本位”课堂。在“持久的深度学习”理念指导下的生本位物理课堂，应该包含有“实验、经历、点拨、合作、领悟”等五个要素。在日常教学中，我将问题链教学模式实施策略分为三种：抽丝剥茧递进式问题链教学、以点及面辐射式问题链教学和“纲举目张”引导式问题链教学。

三、教学案例(片段)

以重力势能和弹性势能的教学为例。

(一) 任务1:探究重力势能及相关因素

情境:展示图片,分别为高山上的巨大悬石,和演员举起石头。

教师可以设置以下问题,帮助学生进行归纳:

(1) 高山上的悬石和演员举起的石头等具有什么能量?

(2) 你从悬石下面经过,会害怕吗?如果悬石在山脚的路边,你会害怕吗?

(3) 影片中有一个镜头是演员举起石头砸人,如果你是导演,会选什么材料做石头?

(4) 从前面的讨论,你能归纳出重力势能可能与哪些因素有关吗?什么关系?

(5) 如何通过研究证明我们的猜想呢?可从哪个角度入手?

【参考案例】探究重力势能的影响因素有哪些?

师:请同学观看老师旅游时拍的一张悬石照片和观看电影时截下来的一张截图。图片中,高山上的悬石和被举高的石头具有什么能量?

生:重力势能。

师:老师旅游时从距离山脚80 m的一巨大悬石下经过,你能体会老师当时的心情吗?

生:害怕。

师:教室里有一个悬挂的铅球,你敢从下面走过去吗?

生:害怕,怕掉下来让人受伤。

师:如果悬石是在路边还会害怕吗?

生:不会。

师:影片中有一个镜头是演员举起石头砸人,如果你是导演,会选什么材料做石头(泡沫、铁、石头)?

生：会选择泡沫。

师：从前面的讨论，你能归纳出重力势能可能与哪些因素有关吗？什么关系？

生：重量、高度，可能成正比。

师：如何通过研究证明我们的猜想呢？可从哪个角度入手？

生：功是能量变化的量度，从重力做功角度研究。

教学建议：学生对于重力势能的相关因素在初中已经知道，此处通过问题讨论帮助学生回忆并巩固该内容。对问题 1、问题 2 可模拟从铅球下面通过加以体会，为了逼真，可以在钢丝外面包裹一层用旧的绳子。对于问题 3、4、5 应给学生留有思考分析的时间，可以在分组讨论后请学生表达观点，交流讨论，教师适当点拨和说明。

设计意图：通过两个实例，猜想重力势能可能的影响因素。学生通过分析和小组讨论得出重力势能的释放和重力做功之间存在定量关系，从而得出探究重力势能表达式的研究方向。

（二）任务 2：探究重力做功和重力势能表达式

情境：如图 1 所示，A 位置时小球与参考平面间的高度为 h_1，B 位置时小球与参考平面间的高度为 h_2，B 位置为 A 位置的正下方，BC 处于同一水平高度。

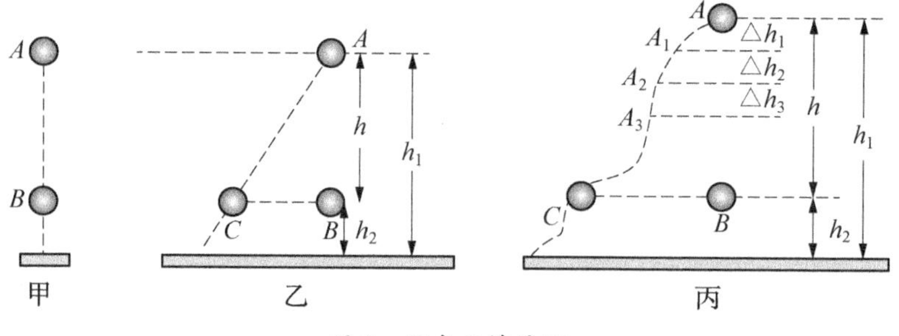

图 1　任务 2 情境图

通过以下问题，引导学生认识重力做功特点。

(1) 如图 1 中甲所示，探究小球竖直下落过程重力所做的功，需要知道哪些物理量？

(2) 如图 1 中甲所示，从 A 到 B 过程，重力做了多少功？考虑空气阻力会影响到重力做功的值吗？

(3) 如图 1 中乙、丙所示，从 A 到 C，再从 C 到 B 过程，重力做了多少功？如何计算？

考虑接触面光滑或粗糙，对重力做功的求解有影响吗？

(4) 如图 1 中甲、乙、丙三种情况，重力做功有什么特点？这一表达式是否具有普遍性？

(5) 清晰表述表达式中的各项内容，mgh_1、mgh_2 与我们猜想的重力势能是否相符？能否作为重力势能的表达式？

【参考案例】探究重力做功的特点？

师：如果我们要探究重力对一物体所做的功，需要知道哪些物理量？

生：需要知道物体的重力大小和在重力方向上通过的位移。

师：如果要求解一确定小球竖直下落过程中重力做功需要设定哪些物理量？

生：根据求功方法，我们要设定小球的重力为 mg，设定小球从距离地面初始高度为 h_1 的 A 位置到距离地面高度为 h_2 的 B 位置。

师：小球从 A 位置到 B 位置过程，重力所做的功？

生：$W=mg(h_1-h_2)$

师：考虑空气阻力，对物体重力做功的求解有影响吗？

生：重力和位移都没有受到影响，重力做功不变。

师：表达式只适用图甲中的情况吗？请小组讨论并分享。

生 1：我们是依据图甲情景推导得到的，只适用图甲情景。

生 2：我们没有探究过图乙、图丙，怎么就能确定不适用它们！

师：我们来探究图乙、图丙，假设小球从 A 经斜面或曲面到 C，再从 C 平动到 A 正下方的 B 位置，AB 两位置和甲图一样高，这个过程中重力做了多少功？

生 1：乙图涉及了两个过程，根据有夹角情形求解重力做功为 $W=$

$mg(h_1-h_2)$,显然从 C 到 B 重力不做功;对于曲面,结合图甲和乙,$W=mg(h_1-h_2)$。

生 2:将整个路径分成许多很短的间隔似乎可以看成是斜面。

生 3:采用“微元思想”,可得重力所做功的表达式:$W=mg(h_1-h_2)$

师:考虑接触面光滑或者粗糙,对物体重力做功的求解有影响吗?

生:物体重力和位移都没有受到影响,重力做功不变。

师:从三种情形下得到的表达式中能看出重力做功具有哪些特点吗?

生 1:由上式得出重力做功的大小与物体的质量有关。

生 2:还与物体下落的路径有关。

生 3:重力做功与物体的质量和下落的高度差有关,与路径无关。

师:请表述一下 mgh_1 和 mgh_2 的含义。

生:小球在 A 位置和 B 位置处重力与高度的乘积。

师:你觉得 mgh_1 和 mgh_2 能否反映小球在两个位置的重力势能?

生:我觉得可以,因为 mgh 和我们猜想的重力势能相关因素相符。

师:我们把 mgh 定义为重力势能,定义式为 $E_P=mgh$。对上面重力做功的表达式又有了新的认识,即重力所做的功等于物体重力势能的变化量。

教学建议:如何研究重力做功的特点,从理论上探究三种情况下小球由 A 到 B 过程中重力所做的功。

对问题 1、2,可以采用让学生独立思考并回答的方式;对问题 3、4,特别是丙中物体沿任意曲面路径向下运动情况,学生会感到困难,要让学生进行小组讨论,相互启发,必要时教师进行引导启发;对问题 5,在学生思考的基础上小组讨论,再交流,教师根据需要进行引导补充。

(三) 任务 3:重力势能的特点

情境:展示图片,分别为擦玻璃的同学、静止悬挂在天花板的吊扇、层高约为 3 m 的高楼。

通过以下问题,引导学生认识重力势能的相对性和系统性。

(1) 三楼有一位同学在窗台上擦窗户。为防意外,经老师提醒后从窗台跳下,她会受伤吗?为什么?

(2) 设楼层高为 3 m、窗台高 1 m，该同学质量为 50 kg，站在室外的教师和室内的同学认为该同学初、末状态的重力势能分别多大？重力势能的变化量分别多大？

(3) 6 楼的房间内有一吊扇，其重力势能是否一定是正值？

(4) 设楼层高为 3 m，以一楼地面为参考平面，处于 19 楼的工人不小心将一质量为 12 g 的铁钉从阳台围栏的栏杆处掉落，栏杆高为 1 m，则掉落前铁钉的重力势能约为多少？这一过程重力势能的变化量约为多大？

(5) 如果以 19 楼楼面为参考平面，铁钉的重力势能和掉落过程的变化量又各为多少？

总结：重力势能的大小与所选择的参考平面有关。参考平面的选取是任意的，为了研究方便，我们一般选取地面为参考平面。重力势能具有正、负，符号表示该物体的高度在参考平面上方还是下方，物体重力势能为负值时，其势能比在参考平面处小。

教学建议：问题 1、2 可直接让学生思考后回答；问题 3、4、5 可让学生思考、计算后，小组讨论，有困惑问题再提出。

设计意图：通过小组讨论和演算方式，能让学生对重力势能特点有更加清晰的认知，形成正确的物理观念。如知道参考平面选择可视研究问题的方便而灵活确定，在不特别指明的情况下，通常选择的是地面。通过辨析区分矢量与标量的正负符号含义。通过高楼物体重力势能的计算，认识高空抛物的危险性。

(四) 任务 4：弹性势能及相关因素

情境：展示图片，分别为内有拧紧橡皮筋的圆桶、撑竿跳、射箭和卷紧的发条。

可设置以下问题，引导学生认识弹性势能及其相关因素。

(1) 圆桶(内有拧紧橡皮筋)、撑杆、拉开的弓和卷紧的发条，有什么共同点？是否具有弹性势能？理由是什么？

(2) 通过用手指压缩不同的弹簧，猜想弹性势能与什么因素有关？

(3) 如果要研究弹性势能大小还可以通过做功来研究吗？

总结：势能包括弹性势能和重力势能。发生形变的弹性物体具有弹性势能，其大小可以从它能对外物做功的多少来进行研究。对于同样的弹簧，形变量越大弹性势能也越大；形变相同但不同劲度系数的弹簧，劲度系数越大，弹性势能越大。

教学建议：问题可让学生独立思考后回答，若回答不够清晰，教师可让学生阅读相关素材，小组讨论后再回答。

设计意图：弹性势能是高中需要建立的新概念，用内有拧紧的橡皮筋的圆桶的“自动滚动”，激发学生的兴趣。通过观察现象，分析各种现象中的能量转化，认识弹性势能的存在，通过用手指压缩不同的弹簧，从而体悟弹性势能相关因素，形成正确的物质观念和能量观念。

四、教学案例（片段）反思

课堂教学设计需要走近学生，从学生本位出发，这就要求教师完成自我的稚化，时刻提醒自己只是学生学习过程中的引导者、旁观者。问题的设计和引导既要考虑到教学目标的达成、素养的落实，又要切实考虑学生的学习思维路径。从物理观念角度、科学思维角度，设计安排学生常见的物理现象，如擦玻璃、高空抛物、悬挂的重物等，让学生从自我期望的角度提出问题，探究问题，甚至解决问题，进行科学推理和模型构建和初步形成重力势能的能量观念。通过小组讨论和进一步提出问题，通过微元思想处理并“化曲为直”计算曲线情况下重力做功特点，认识更深层次有关重力势能的规律，得出重力势能的表达式及其规律，落实科学思维中从特殊到一般的科学论证和质疑创新素养。

五、实践导师点评

“让每个学生发生持久的深度学习”的关键是教学设计，而教学设计的高立意和可行性需要教师着力素养培养，立足学生视角，精心设计学生学习活动。只有通过学生的学习活动，素养培养的立意才能转化为学生素养的提升。问题情境和学生活动不仅需要有素养目标的指引，更需要基于学生视角的推演和论证。这里的学生是真实的人，他们不仅可以从物理课中学到知识，也可以从其他科目中学到与课堂教学相关的知识；知识不仅能从学校学，也能够从生活中的方方面面学。学生不仅拥有知识，他们也是会观察、会思维，想在学习过程中展示自己思维成果、会借鉴别人思维方法不断成长的人。军民的教学设计抓住了"好课的关键"——"走近学生　以生为本"，这样就容易把握学生的学习路径，再与问题情境和问题设计相结合，引发学生的学习发生和持久深入，这是军民教学"灵动"的基础和保证。

梁旭
浙江省教育厅教研室，浙江省特级教师，正高级教师

王潜龙

带电粒子在电场中的运动

一、教师简介

王潜龙

松阳一中教师,任教高中物理学科。因为新课改,2017—2020年兼任了3年选考班通用技术的教学。从1998年8月浙江师范大学毕业到松阳一中任教至今,有24年教龄,18年班主任工作经历。曾获评为松阳县先进教育工作者、优秀教师、优秀班主任,多篇课题、论文市级获奖,多次在市级的业务能力竞赛中获奖。

二、课堂教学思想

基于问题的教学是课堂教学中较为有效的一种教学方式。以问题为引领,促使学生不断思考,锤炼学生的思维。同时,学生也可以在同伴的回答中借鉴和自我评价,优化和调整自己的学习状态。问题式教学的课堂气氛相对比较活跃,教师即时生成的东西也会比较多,但基于问题的教学在问题的设置上需要注意:一是问题的精准性,要符合学生现有的水平基础,不然容易“冷场”；二是要从落实核心素养目标出发设置问题；三是要从规范学生解决问题和良好思维习惯的角度设置问题；四是需要从完善学生知识结构的角度设置问题，尽量多一些联系与区别、总结与提升；五是物理问题要情境化，以提高学生实际问题建模的能力。本节内容我就是按上面的原则通过设置多个问题或问题链的形式引导学生思考，逐步推进教学进程，落实教学目标。

三、教学案例（片段）

本节内容为人教版高中物理必修三（2019 年版）第十章“静电场中的能量”的第五节，跟前一版的教材比，主要有如下的变化：增加了具有一定科技背景的实例，如在“问题”栏的医用电子直线加速器，课后习题“质子疗法”；示波器的内容变为“拓展学习”，少了“思考与讨论”；原来的例题移到本章的第三节，换成了多级直线加速的例题，难度增加了不少。同时，本节内容又为高考中的高频考点，绝大多数的题目都有实际背景。为了提高课堂的教学效果，在教学中，我设置了问题链的形式，比较好地完成了教学任务，取得了不错的教学效果。

（一）课题的引入

利用教材开头“问题”：医用电子直线加速器例子，下载一个相关的视频，并提出了两个问题：

问题 1：电子在加速器中是受到什么力的作用而加速的？

问题 2：你能否把视频中的粒子加速的实际情景转化为我们熟悉的物理模型吗？

评析：问题的文字表达，学生很难有实际的生活感受。视频的引入更能激起学生探索的欲望。同时所提的两个问题强化了力和运动的动力学关系，并提出了粒子在电场加速的建模要求。

（二）活动探究

1. 探究活动 1：带电粒子在电场中的加速

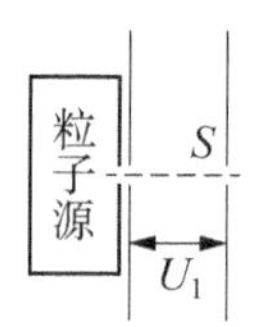

图 1　情境 1 图示

设置情境 1：质量为 m 电荷量为 q 的带电粒子，经过电压 $U1$ 加速，如图 1 所示。

问题 3：带电粒子离开电场的速度 V0 是多少？（要求学生用两种方法求解）

评析：学生动笔推导，教师课堂巡视，实际上，学生很容易想到动力学和动能定理两种方法，学生的个别错误，教师在巡视过程中就能及时解决，但对学生的书写问题有必要采用学生的手稿投屏进行强调。

问题 4：若两极板间不是匀强电场，该用何种方法求解？为什么？

评析：问题 4 的提出，实际上对上述两种方法的再审视，明确了方法是适用条件，并得出了：粒子加速后的速度只与加速电压有关的结论。

问题 5：如果带电粒子所获得的速度不够可以怎么办？

评析：通过这个问题，引出粒子的多级加速问题。当然学生会提出很多的问题，比如增加两板间的电压等，学生的思维得到了发散。

2. 探究活动 2：带电粒子在电场中的多级加速

设置情境 2：如图 2 甲所示，某装置由多个横截面积相同的金属圆筒依次排列，其中心轴线在同一直线上，圆筒的长度依照一定的规律依次增加。序号为奇数的圆筒和交变电源的一个极相连，序号为偶数的圆筒和该电源的另一个极相连。交变电源两极间电势差的变化规律如图 2 乙所示。在 $t=0$ 时，奇数圆筒相对偶数圆筒的电势差为正值，此时位于和偶数圆筒相连的金属圆板（序号为 0）中央的一个电子，在圆板和圆筒 1 之间的电场中由静止开始加速，沿中心轴线冲进圆筒 1。

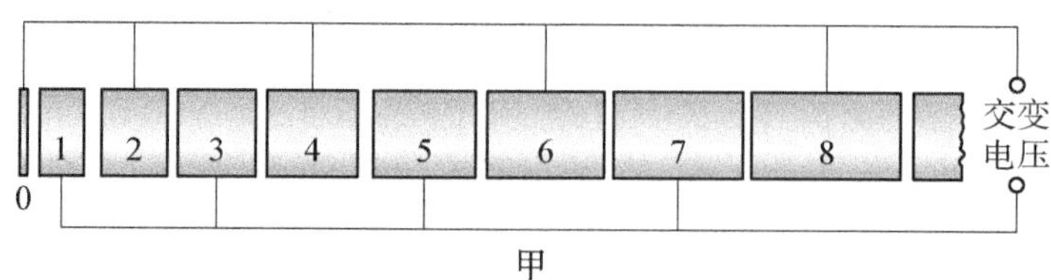

甲

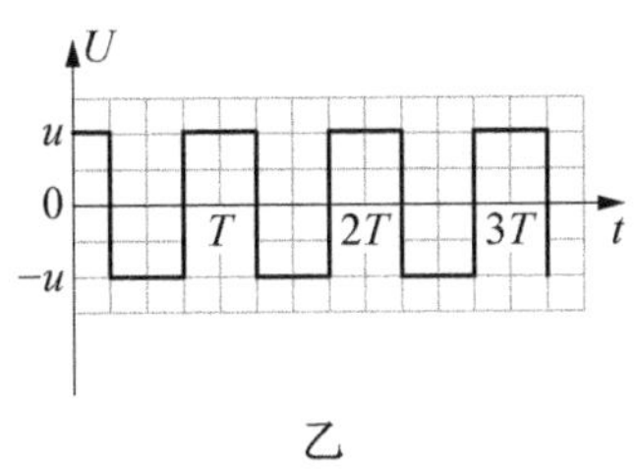

乙

图 2　情境 2 图示

为使电子运动到圆筒与圆筒之间各个间隙中都能恰好使静电力的方向跟运动方向相同而不断加速，圆筒长度的设计必须遵照一定的规律。若已知电子的质量为 m、电子电荷量为 e、电压的绝对值为 u，周期为 T，电子通过圆筒间隙的时间可以忽略不计，则金属圆筒的长度和它的序号之间有什么定量关系？第 n 个金属圆筒的长度应该是多少？①

我在这个探究活动中设置了一组问题链：

(1) 由于靠电压不断升高毕竟有限，你还有其他办法吗？(引导学生提出多级加速的思路)

(2) 你能设计一个多级加速器吗？请试着画出结构示意图。(学生会画出多个极板)

(3) 请设计的同学说说，电子在哪一段过程得到加速？各极板的正负极应该如何设计？(学生会发现设计中的缺陷，并可能陷入困境，老师点拨思考电源问题)

(4) 为了能够不断得到加速，我们可以如何设计电源和极板的正负极？(可以设计交变的电源)

(5) 这个电源的变化周期应该是怎样的？(发现如果板距一定，周期不恒定，老师指出这样的变化过于复杂，不利于实际应用)

(6) 为了能采用周期变化恒定的电压，应该如何修正方案？(启发学生，电子板间加速得到的速度与板距无关，只与电压有关，若电压一定，板距可以很小，加速的时间可以很短，甚至可以忽略，从而引导学生关注电子通过

① 彭前程，秦建云. 普通高中教科书物理必修三[M]. 北京：人民教育出版社，2019.

板的厚度的时间,而非板间距过程)

(7) 电子通过板的厚度的过程做什么运动?为什么?(解释由于静电感应最终形成等势体,从而形成匀速运动,则可以依靠厚度大小控制时间吻合电压变化周期)

(8) 这些板的厚度均匀吗?应该有怎样的规律?(引导学生思考每次加速后速度变化的规律,确定每段运动过程的时间,计算每段匀速过程的距离)

(9) 实心板太费材料,可否做成空心,为什么?(对应教材上的示意图,最终得到圆筒的构造)

(10) 这样的设计真的能使电子速度得到无限提高吗?(多级设计势必占地面积大,而且忽略的加速时间会逐渐累积导致偏差)

因为这个内容还是有一定难度的,虽然题目对一些细节交代得比较清楚,但学生还是一下子难以接受,所以本环节中让学生以前、后两桌四人为活动小组进行互助学习思考,并对所需要计算部分完成推演。教师随机请小组代表回答问题,并通过投屏展示推演过程和结果。

评析:本活动环节学生在合作学习中的获得比教师板演讲解的效果要好,同时对交变电流在电子的加速作用为选择性必修二的回旋加速器的学习打下了基础。

3. 探究活动3:带电粒子在匀强电场的偏转

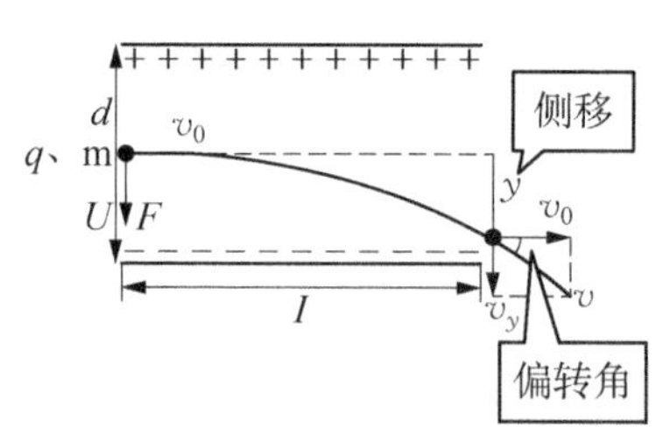

图3 情境3图示

设置情境3:质量为 m,电荷量为 q 的带电粒子以垂直于电场方向的初速度 v_0,进入偏转电压为 U_2,间距为 d,板长为 L 的电场,如图3所示。

本环节主要解决粒子在电场中垂直于板面方向偏移的距离和离开电场时的偏转角度问题。我在教学中设置了这样几个问题:

问题6:粒子的受力情况如何?速度和加速度如何变化?

问题 7：这样的运动使你想起什么运动？相似在哪里？这样的运动我们该用什么方法研究呢？

评析：问题 6 中的“如何研究”是想进一步强化运动和力的关系，学生对问题 7 平抛运动是非常熟悉的，很容易就能写出不同方向上的运动规律，也是对问题 6 中方法的进一步确认，也是对推导偏转距离和偏转角度方法的确认。同时教师须在黑板上板演平抛运动的偏转距离和偏转角度的推导方法，要引导学生回答出两种运动：①加速度不同，说出粒子在匀强电场中加速度的计算方法；②运动时间的决定权，在电场中运动粒子有可能离开了电场，也有可能打到了极板上。要从两个方向上的运动规律来确认运动的时间。

问题 8：试根据类平抛运动的知识，推导偏移量 y 和偏转角 θ，并研究粒子离开电场时的速度的反向延长线交于水平位移的这个点具有什么特点，如何证明？如图 4 所示。

评析：学生推演，教师课堂巡视指导，对学生的板演结果进行投屏指导。能够有效地突破本节内容的重、难点。

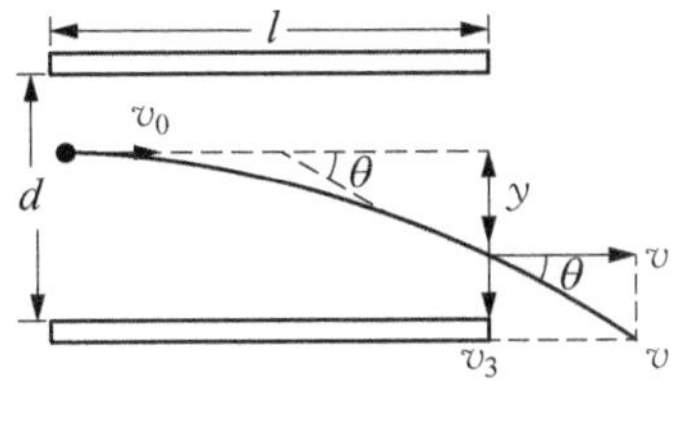

图 4　问题 8 所示

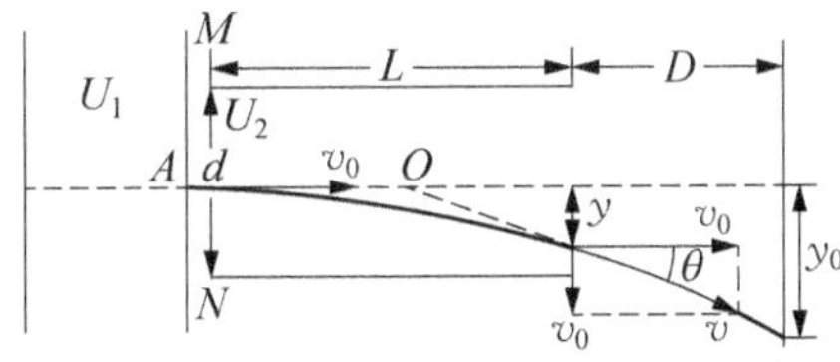

图 5　情境 4 图示

问题 9：粒子进入偏转电场的速度是怎么来的？引出探究活动 4。

4. 探究活动 4：带电粒子在匀强电场加速和偏转一体

设置情境 4：如图 5 所示，让氕、氘、氚的原子核的混合物由初速为零，经过同一加速电场后进入同一偏转电场里偏转，最后打在荧光屏上。

问题 10：它们是否会分为三股？

评析：以实际粒子运动情境为背景，更能激起学生解决问题的欲望。粒子实际经历了两个运动过程,通过“速度”物理量进行前后联系。引导学生在加速电场得出 $qU_1=\frac{1}{2}mv_0$①,在偏转电场中 $y=\frac{qU_2L^2}{2mv_0^2d}$② $\tan\theta=\frac{qU_2L}{mm_0^2d}$③,由①②得到 $y=\frac{U_2L^2}{4dU_1}$,由①③得到 $\tan\theta=\frac{U_2L}{2dU_1}$。更重要的是,对前面学到的两知识点来一次综合应用,对学生的知识建构还是有着很大的好处的。

5. 探究活动5:应用示波管的原理

示波器核心部分就是示波管,示波管的构造由电子枪、偏转电极和荧光屏组成如图6所示。可以用来观察电信号随时间变化的电子仪器。其实质是粒子在电场的加速和偏转。

其中YY′的偏转电极为竖直方向,XX′的偏转电极为水平方向,即粒子经过YY′或XX′电场时只在竖直或水平方向有偏转,两者的偏转不会相互影响。根据 $y=\frac{U_2L^2}{4dU_1}$,电压值不一样,偏转的距离也不一样。(偏转距离与偏转电压成正比)

问题11:请前后两桌同学通过讨论确定:①YY′和XX′都不加电压时;②YY′加不变电压XX′不加电压时;③YY′不加电压,XX′加不变电压;④YY′加上如图7的电压,XX′不加电压;⑤YY′加上如图7的电压,XX′加不变电压,五种情况下粒子所在的位置,并现场用示波器让学生亲自验证粒子的真实位置。

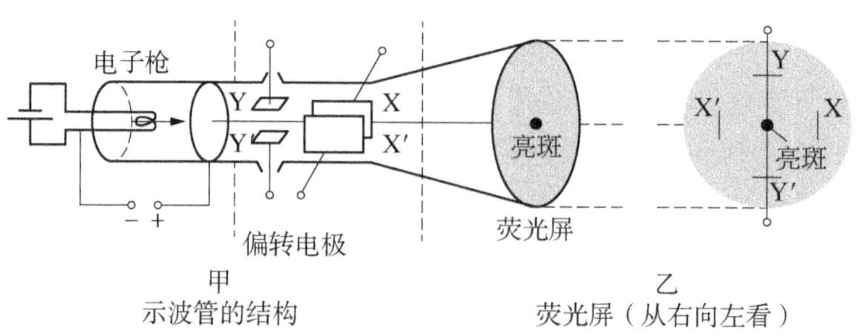

图6 示破管

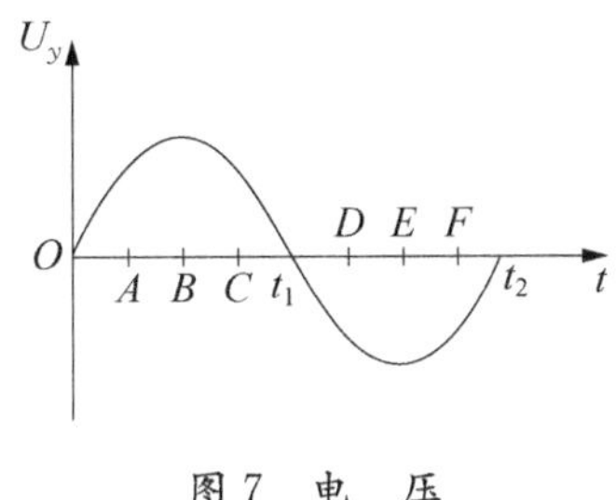

图7　电　压

评析：在这个环节前的学习更多的是偏向理论的研究，而示波管是一个实际的例子，学生亲身感知实验验证过程，是学生习得的一个升华。

问题 12：分析带电粒子离开偏转电场后的受力情况及运动情况，打到荧光屏的点与荧光屏中心的距离 y_0 如何计算？能够得出 y_0 与 U_2 的关系吗？如图 5 所示。

评析：学生利用图 5 建立 y 与 θ 的数学函数关系，但速度方向的反向延长线交于水平位移的中点认知非常重要，这也是平抛运动二级结论的一个重要应用，会使问题的解决变得更简单。

(三) 课堂小结

带电粒子在匀强电场中的运动：

加速：$qU_1=\frac{1}{2}mv_0$

偏转：偏转距离 $y=\frac{qU_2L^2}{2mv_0^2d}$　偏转角度 $\tan\theta=\frac{qU_2L}{mm_0^2d}$

加速偏转一体：偏转距离 $y=\frac{U_2L^2}{4dU_1}$　偏转角度 $\tan\theta=\frac{U_2L}{2dU_1}$

应用：示波管

带电粒子在交变电场中运动的三种情况：粒子做单向直线运动、粒子做往返运动、粒子做偏转运动。

评析：课堂小结是对本节课的重点知识、概念、规律、方法的整理和串联，更是学生完善知识结构的重要一步，在本课结束时我又提出了带电粒子在交变电场中运动存在的情形,为学生完善知识结构的同时又打开了一扇门。

四、教学案例(片段)反思

问题的导向教学需要教师最大限度地了解学生学习的现状,结合教学内容,设置符合学生实际的问题或问题链。本节内容主要涉及了粒子怎么运动和为什么这么运动以及真实情境中的粒子运动分析,最后导出运动学的物理量。教学中有针对性地设置这方面的问题、问题链。在教学中也起到了比较好的效果,受到了听课老师的好评。感觉确实参加了"绿谷双名工程"学习后,自己的理论水平和教学的实践能力都有了长足的进步。

本节内容涉及的公式比较多,且有较多的学生活动,结论和规律需要让学生先进行推演,在时间的控制上略显不足。电场所涉及的具体的实际问题学生相对也比较陌生,对学生的建模也有一定的难度,从教学内容落实的角度讲还需要课后进行反复训练和领悟。

五、实践导师点评

该教学设计中的问题设计环环相扣、层层推高,将一思维量很大的教学内容,通过几个教学任务和问题链的设计,安排得紧凑而有条理。教学设计很好地体现了以基于问题的教学这一主题。

我赞同文中提出的问题设计的五条原则,我也在该教学设计中,注意到了这些原则的体现。譬如探究活动1中引导学生用不同的方法求解末速度,并对比这些方法的优缺点,这就体现了培养学生良好解题思维的作用。又譬如探究活动2中问题链的设计,引导学生自主设计多级加速器,对比传统的知识讲解,很好地落实了核心素养培养的要求。

季倬
浙江省永康市第一中学,浙江省特级老师,副高级教师

刘益琴

小程序，大思维
——算法与程序设计的综合应用

一、教师简介

刘益琴

高级教师，现任浙江省丽水中学技术组教研组长，高中信息技术教师，已有21年教龄，荣获全国优质课一等奖，荣获部级“一师一优课”，荣获丽水市首届“教学名家”称号，荣获全市高中业务水平考试一等奖，参与开发省级精品微课程，主持开发多个市级精品课程，多次辅导学生创作电脑作品获得省市级一、二等奖，曾参与省教育厅组织的“百人千场”送教下乡活动并开设公开课。

二、课堂教学思想

本案例遵从课标提出的“学主教从，以学定教”教学路径。以智力游戏幻方为教学情境，以计算机自动生成幻方为问题需求，驱动知识的学习与应用、技能的提升，促进计算思维能力的发展，落实学科核心素养的培养。在教学过程中体现深度学习理念，挖掘知识学习深度，拓展知识应用广度，追求思维的深入与发散,使学生获得更高水平的思维能力。注重学习方法的指导、知识应用的引导,鼓励协作学习,促进学习过程中的交流、互助,提高协作学习能力。同时注重学生在互动过程中即时获得学习反馈,及时进行过程性评价,以评价促学习,提高课堂教学的有效性。

三、教学案例(片段)

(一)片段1:情境引入

师:同学们,我们来玩一个游戏。请根据导学案给出的"基于罗伯特法的生成奇数阶幻方规则",试着在表格中填写出3阶幻方,成功的同学,挑战5阶幻方。

(学生完成游戏。)

师:同学们研究幻方时专注的神情是最美的,现在请某位同学在黑板上分享一下成果。

图1 学生写的3阶幻方

(某生边板书边讲解3阶幻方的生成过程,板书如图1所示。)

师:谢谢!生成幻方的方法有好几种,今天我们用的是罗伯特法,又被称为楼梯法。基本上同学很快就填出了3阶幻方,也有几位同学写出了5阶幻方。如果需要生成7阶、9阶甚至更高阶的幻方,我们需要更多的时间投入。有没有什么办法,可以既快又省力地生成不同规模的幻方呢?

生:计算机那么强,可以让它来生成幻方!

(二)片段2:抽象建模

师:刚才王同学通过应用规则在黑板上写出了一个3阶幻方,如何通过运行程序,让计算机根据用户输入的奇数 n 来自动生成 n 阶幻方呢?先来解决数据的存储问题，我们在矩阵里填写数字，计算机内部则表现为给变量存入数字，今天我们用一维数组实现存储。请思考，你会用什么方式将这个幻方矩阵里的数字存入到一维数组 a 中呢?

(某学生板书，将黑板上的幻方矩阵数字依次填入到数组 a，如图 2 所示。)

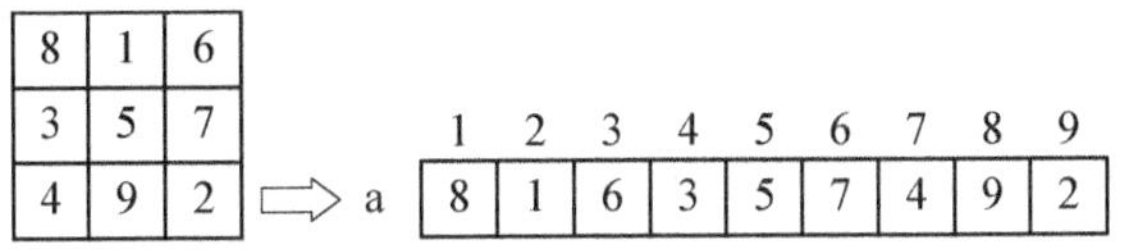

图 2　一维数组存储幻方数据

师：你是按什么顺序将这个幻方矩阵中的数字对应到一维数组元素?比如对于 n 阶幻方中第 i 行第 j 列里的数字，应该存到哪个数组元素?

生：将矩阵按从上往下逐行的方式对应到一维数组，第 i 行第 j 列对应到第(i—1) * n+j 个数组元素。

师：谢谢这位同学！他用了以行优先的方式、每行从左往右的次序把矩阵中各位置对应到一维数组元素，并且写出了映射式，除了用这种逐行的方式来存储数据，还有其他方式吗?

生：既然他可以按逐行的方式，那我就按逐列的方式吧。

师：对！可以按列优先的方式、每列从上往下的次序来对应，请同学们在课后写出这种方式的映射式，在生活中观察是否还有更多方式的应用。本节课我们约定按黑板上这种以行优先的方式来存储数据到一维数组。

师：我们已经知道生成幻方的规则，如何让计算机用这些规则来生成幻方? 请注意，在计算机的世界里，一切事情都是通过计算来完成。请在导学案里将规则表示为计算的式子，又称为计算模型。

(学生以同伴互助的方式一起将规则的应用表示为可计算的表达式。)

(某生板书答案，并讲出他的思路。)

师：很好！表示为这样的计算模型后，我们就可以让计算机来计算，它比我们要计算得更快更准。可是，该让计算机具体按什么步骤完成这些计算呢?

(三)片段3:算法设计

师:现在我们要指挥计算机按一定的步骤完成幻方的生成过程,称为算法设计。请根据已知的幻方生成规则和前面设计好的计算模型,完善导学案中的流程图,表示出计算机该做的具体步骤。

(学生通过纸笔方式完善流程图,如图3所示。)

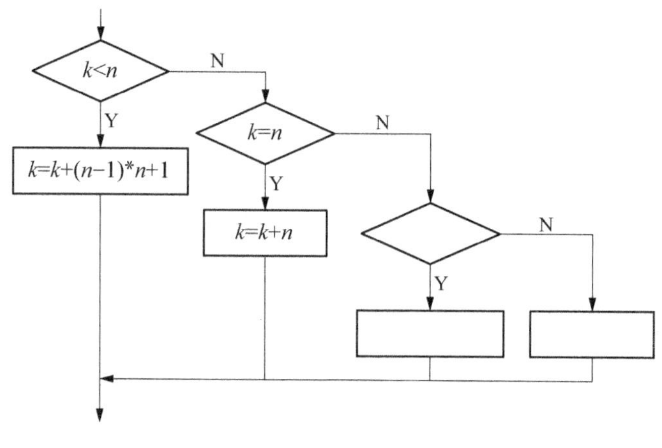

图3 流程图

(教师将某生的流程展示到屏幕,该生讲解每个分支对应到相应的规则。)

师:对!判断某个位置 k 是否在矩阵的最右边列,用可计算的方式表示,就是判断 $k \bmod n$ 是否等于0,从这里我们再次体验到在计算机的世界里,一切皆计算。

(四)片段4:程序实现

师:我们已经用"计算"的方式设计好了生成幻方的算法并以流程图的方式表示,可计算机"看不懂"这个流程图,它执行不了这些步骤,我们得用计算机能"懂"的语言来表示算法,下面用我们熟悉的编程语言,告诉计算机它做些什么。

(学生完善并调试代码,让计算机自动生成幻方,如图4。)

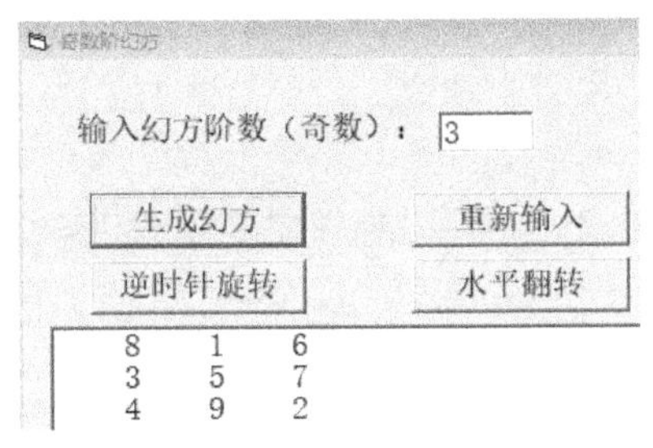

图 4　程序运行界面

（教师观察学生实践情况，调动实践成功的学生帮助存在困难的学生。）

师：可以将幻方旋转或翻转后得到相同阶数更多的幻方，请思考，如何用已学过的知识来实现？

（学生以小组为单位合作完成，并展示多种实现思路。）

（五）片段 5：迁移应用

师：对于旋转和翻转，我们在什么软件里用到过？

生：在 photoshop 里。

师：是的，我们用 photoshop 处理图像时会用到旋转、翻转操作，下面我们来模拟图像处理中的旋转或翻转功能。请打开“模拟图像处理. vbp”，让我们高三 1 班的“31”旋转起来。

（学生以小组为单位合作完成，结果如图 5 所示）

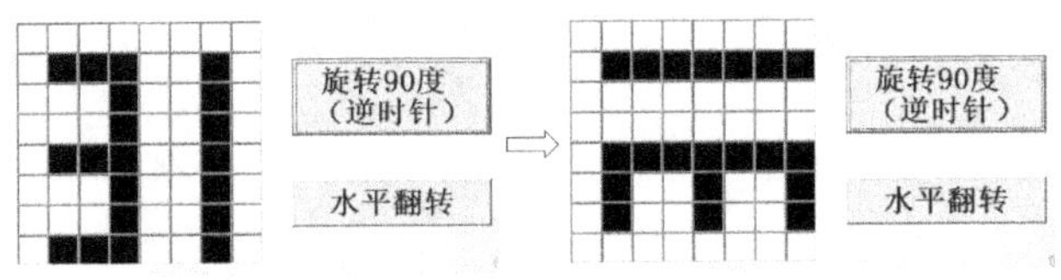

图 5　模拟图像旋转

师：关于旋转和翻转，在其他哪些软件里还有类似的操作？

生：Excel 里选中可以将行粘贴为列，将列粘贴为行。

师：非常好！这种粘贴方式叫“转置”，它的实现也用到本节知识。

四、教学案例(片段)反思

片段1以智力游戏作为情境,能激发学生参与学习的兴趣;片段2通过设问、学生板书和回答等互动,引导学生逐步将物理世界中人们解决问题时的思维表示为可计算的方式,体验运用计算机科学领域的思想方法来解决实际问题;片段3让学生体验到用计算机解决问题时需要设计好精确步骤,对算法有更深入地理解;片段4考验了学生对编程语言基本知识的掌握情况和调试程序的能力,通过挑战旋转或翻转,将思维推向深入,也为下一环节做好铺垫。在实践过程中强调互助协作地学习,是为了促进自主学习能力的发展;片段5实现了知识的迁移应用,以可视化的方式模拟图像处理效果,冲破学生比较熟悉的认知(用程序解决数学类问题),跨界到多媒体软件、电子表格软件。

五、实践导师点评

从本案例可以看出,自参加"绿谷双名工程"以来,刘老师对新课改理念的理解逐步深入,并能自然地落实在教学实践中。

学生是学习活动中的主体。刘老师在教学实践中以学生为主体的价值追求,依据学生特点来"私人订制"教学内容和方式,在师生共同的"合奏"中将课堂向前推进。

学科核心素养是学科育人价值的集中体现。本案例着眼于学生学科核心素养的培养,进行计算思维养成教育的实践尝试。刘老师基于程序设计的计算思维训练,提出"将人的思维表示为计算机可执行的方式",并在更高层面引导到其他领域的问题求解,很好地落实了计算思维的养成教育,实现了润物细无声的核心素养培养。

吴建锋

浙江省柯桥中学,浙江省特级教师,正高级教师

占强运

枚举算法及其程序实现

一、教师简介

占强运

浙江松阳人，松阳县第一中学教务处主任，北京邮电大学软件工程硕士，浙江省导读先进工作者，丽水市信息技术学科带头人、丽水市教学工作先进个人，“信息技术学科过程性评价研究”课题获丽水市二等奖，多篇论文在《中国信息技术教育》和《中小学信息技术教育》杂志上发表。

二、课堂教学思想

为发展学生的计算思维，教学中通过现实生活问题、信息问题的引入，引导学生基于真实情境开展任务的分解、解决方案的分析、算法设计及程序实现，以提升学生形式化、模型化、自动化的能力。同时，基于深度学习理论，引导学生借助前期基本问题的求解方法合作探索复杂度更高的问题求解，帮助学生通过知识的联系与结构化，完成知识的迁移应用。为提升学生的数字化学习与创新能力，在合作探索环节，引导学生借助学习辅助平台开展自主合作探究。为增强学生信息社会责任，在解决问题基础上，通过问题串引导学生思考信息活动中的信息安全问题。

三、教学案例(片段)

(一) 情境导入(5 分钟)

通过生活中的电脑端登录 QQ 软件,引入情境。

老师通过展示事先写好的小程序,提示 QQ 登录密码为一个小于 10 的整数,请学生上来破解;接着展示第二个小程序,提示密码为小于 100 的整数,请学生破解;通过校园中找寝室门钥匙的生活例子引出本节课内容——枚举算法的程序实现。(让学生参与生活中的实际问题,体会枚举算法的基本思想,有效调动学生主动探究学习的积极性。)

(二) 回顾枚举算法的思想,提出探究任务(15 分钟)

1. 回顾枚举算法思想

逐一罗列问题所有可能的解,并加以验证。若是问题的真正解,予以采纳;否则就抛弃它。

注意点:一一列举,逐个判断,要求既不遗漏、也不重复。

关键点:①确定范围:列举该问题所有可能的解;②验证条件:检验每个可能解是不是问题的真正解。

2. 提出问题

1) 探究任务 1:编写涂抹数字推算代码

一张单据上有一个 5 位数的编号,如图 1 所示,其百位数和十位数处已经模糊不清,但是知道这个 5 位数是 23 的倍数。现要设计一个算法,找出所有满足这些条件的 5 位数,并统计这些 5 位数的个数。

NO: 25■■6

图 1 单据上的数字 1

学生：分析思考问题，并尝试用数学方法解决问题，随即发现这是一件困难的事情。

教师：我们是否可以用枚举算法来解决。

分析确定范围：这个 5 位正整数 n 中的百位和十位数有 00、01、02、…、97、98、99 共 100 种可能，从而得出全部可能解：25 006、25 016、25 026、…、25 986、25 996。即 n 的确定范围为 25 006—25 996。

确定验证条件：这个数是 37 或 67 的倍数。

使用枚举算法解决问题时，必须逐一给出所有可能解并对它们逐一进行检验，既不应遗漏任何一个可能解，也不应重复地产生和检验可能解。因而将每个可能解 n 逐一进行判断是否是一个真正解，即 n 是否能被 23 整除。若 n 是真正解，则输出 n 的值，并在计数器 c 中加上 1，表示找到了一个真正解。

2）探究任务 2：编写涂抹数字推算代码

一张单据上有一个 5 位数的编号，如图 2 所示，其千位数和十位数处模糊不清，但是知道这个 5 位数是 23 的倍数。现要设计一个算法，找出所有满足这些条件的 5 位数，并统计这些 5 位数的个数。

图 2　单据上的数字 2

同样是被覆盖的数字，跟上一个任务有什么区别？

学生：思考并回答。

教师：上一题被覆盖的两个数字连在一起，只要一重循环枚举 00 到 99 共 100 种可能就行了。但是本题的两个数字是分开的，需要分别枚举千位和十位上的数字，所以要用到双重循环。我们可以分别用 i 和 j 来表示两个被覆盖的数字，i 从 0 到 9，j 从 0 到 9，双重循环逐一检验每一个可能的解。

设计理念：相同的问题背景，不同的解题思路，从枚举一个变量到枚举两个变量，从一重循环到二重循环，逐步增大问题难度，让学生体会枚举算法在不同维度的应用，实现思维的跃升。

(三) 任务引领、合作探究(10 分钟)

布置探究任务：编程判断某个信息点(200 个像素)是否被填涂。

教师引导学生自主阅读教材，并思考以下问题：

(1) 如何表示某个像素点的颜色？

(2) 如何存储 200 个像素点的颜色信息？

(3) 如何判断某个像素点的黑边颜色？

(4) 如何统计黑色像素点的数量？

(5) 如何判断该信息点是否被填涂？

(6) 能否使用模块化编程思想把该功能设计成函数？

设计理念：通过项目学习，体验真实情境中程序产品的孕育与产生，理解计算机解决问题的工作模式。从一个像素颜色的判定，升级到完整判定某信息点有没被填涂的问题上来，进一步理解枚举算法的特征，体验用简单算法解决复杂问题的成就感，同时培养学生合作互助意识和人际沟通能力。

(四) 思维拓展(5 分钟)

1. 提出问题

(1) 使用银行卡在 POS 机上取款时，为什么系统要限制输入密码的次数？

(2) QQ 个人密码如何设置才比较安全？

教师活动：引导学生了解枚举算法在破解密码方面的使用原理。阐明信息技术可能带来的不安全因素，要求学生增强信息社会责任感，自觉遵守网络道德与法规。

2. 播放“密码破解”视频，让学生加深枚举算法的学习

设计理念：将课堂知识提升到实际生活中，让学生了解信息技术可能带来的不安全因素，让学生自觉树立保护好个人密码的良好习惯，增强信息安全意识。

(五) 归纳总结、布置课后练习(3 分钟)

1. 通过演示文稿总结

(1) 探讨枚举算法的程序实现:

确定范围:列举该问题所有可能的解(循环语句)。

验证条件:检验每个可能解是不是问题的真正解(条件语句)。

(2) 程序实现的过程中总结出的经验:善于发现问题、深入分析问题、积极解决问题;从不同角度分析问题可以得到不同效率的算法。

学生活动:回忆课堂学习过程,提高对枚举算法的认识,并将所学知识应用到解决实际问题中去。

2. 布置课后练习:省编作业本练习巩固

设计理念:通过知识总结,帮助学生将知识系统化,便于学生理解记忆。通过知识的延伸,促使学生将知识内化,并进行能力迁移,进一步提高学生解决问题的能力。通过作业本练习巩固,使学生体验枚举算法在解决现实生活问题中的作用及意义。

(六) 自我评价(2 分钟)

让学生打开学习辅助系统中的课堂自我评价栏目进行自评。

学生活动:自评

教师活动:展示学生自评结果。

设计理念:通过评价,引导学生自我反思,加深对所学知识的认识与理解。

四、 教学案例(片段)反思

“枚举算法及其程序实现”是浙教版《算法与程序设计》第四章第一节内容。编写程序对于学生来说都很抽象,学习过程中觉得枯燥乏味,为了提高学生的学习兴趣,我从学生比较喜欢的 QQ 入手展开教学,情境引入贴近生活,以此激发学生的学习热情。在进行任务设计时,紧紧贴近教学内容,以生活中的应用案例作为任务主题，让学生在解决实际问题中获取知识，发现规律，体验学习的成就感。

在教学过程中，围绕“情境导入→回顾算法思想→任务引领→合作探究→交流评价→总结拓展”的流程来展开教学活动。通过任务开展，让学生在完成的过程中不断发现问题，引导学生分析问题，鼓励学生用所学的知识方便地解决问题。随着问题的拓展，学生能更深入地理解并应用所学知识。最后通过思维拓展，将课堂所学提升到生活应用，让学生了解信息技术可能带来的不安全因素，自觉养成健康使用信息技术的习惯，树立信息安全意识。

五、实践导师点评

占老师非常精准、高效地立足计算思维、数字化学习与创新、信息社会责任这些学科核心素养来开展枚举算法的程序实现教学。他不但通过任务呈现后的启发式提问、算法模型的归纳、一题多解的算法设计等途径来发展学生的计算思维，更值得我们借鉴的是在完成任务探究后，因势利导地顺着问题所处的领域，将学生的注意力转移到现实各种信息安全问题的观察和思考上，自然、高效地实施了信息社会责任教学。作为一种改进，建议在程序实现环节，可以尝试在师生共同设计、形成详细算法描述基础上，让学生自主完成程序代码的编写，而不要局限在程序代码的填空这种形式上。

吴建锋
浙江省柯桥中学，浙江省特级教师，正高级教师

曾伟琴

基于单元结构化知识的高中英语听说课教学探究
——以人教版高中英语教材模块3第四单元Space Exploration听说课为例

一、教师简介

曾伟琴

浙派名师、“绿谷名师”培养对象，任教于浙江省青田县中学，担任英语教研组长，教龄26年。曾获国家级优秀指导师、丽水市课堂教学评比一等奖、丽水市教坛新秀、丽水市学科带头人、丽水市优秀教师等荣誉称号。合著有《新高考英语写作梯级训练——读后续写》，由复旦大学出版社出版。参与国家级课题“体裁教学法在高中英语读写整合教学中的应用研究”，另有10多篇论文在国家、省、市级发表或获奖，主持或参与编写多门市级精品课程。

二、课堂教学思想

英语听说课是单元整体教学的重要组成部分。听是输入环节,是学生获得语言学习、感受语言内涵的机会,是学生培养语言技能的基础;说为输出环节,是学生将习得的语言在现实中进行迁移运用。听和说要进行有机的结合,在输入的基础上进行综合性的输出活动。

单元听说课教学要紧紧围绕单元主题,挖掘隐于单元文本之下的结构化知识,以结构化知识为教学主线,结合各课内容,确立教学目标和设计教学活动。结构化知识是从各个角度和不同层次对主题展开阐述并建构逻辑关系而形成的概念结构。利用结构化知识开展单元教学,解决了因分课时造成的内容不连贯、知识碎片化的问题,将单元内容紧密联系,将活动连贯融合,帮助学生在大脑中建构基于主题意义的系统化知识,从而促进学生将知识理解、内化和迁移。

三、教学案例(片段)

此课例来自我在县区域主题教研"基于结构化知识的单元整体教学"中开展的一节展示课,时间为40分钟,参会老师有县英语教研员、来自县5所兄弟学校高中英语老师及本校英语老师,在与会专家和教师的指导和建议下,进行了调整。

(一)教学内容分析

本课教学材料来自人教版高中英语教材模块3第四单元Space Exploration,本单元围绕"太空探索"这一主题展开。本节课活动主题为"谈论如何成为一名宇航员",听力语篇内容为访谈对话,访谈对象为我国宇航员杨利伟。在访谈中,杨利伟简单介绍了自己如何通过宇航员的选拔,成为我国第一位宇航员,对话涉及宇航员的选拔条件和标准。

(二) 学生分析

本节课的授课对象为青田中学(市重点高中)高一年级某班学生。该班级的学生学习积极,思维活跃,他们基本掌握了听文本获取大意的能力,但获取细节信息进行推断的能力不足;在口语表达上,部分学生能熟练地用英语描述人物性格和谈论梦想。在学习本课之前,学生知道一些有名宇航员的名字,对宇航员工作满怀好奇,但是对宇航员的选拔条件等具体方面没有深入了解,对访谈形式不熟悉。

(三) 教学目标

在本课学习结束时,学生能够:

(1) 在听的过程中准确获取与数字相关的信息,对所听的细节信息进行推理判断。

(2) 边听边记录关键信息,并且进行整合概括。

(3) 通过对杨利伟的访谈节目,对宇航员工作加深了解,能用短语句式 be required to、be supposed to 等谈论宇航员选拔要求,并以此推出宇航员具备的品质,从而让学生深刻理解成功背后离不开艰苦的努力。

(4) 学生能围绕"你是否愿意成为未来的宇航员"进行自主表达,同时结合宇航员的选拔条件和标准衡量自己成为宇航员的可能性。

(四) 教学设计思路

(1) 对整个单元内容进行分析,以思维导图形式(见图 1)梳理整个单元的结构化知识。

(2) 确定本节课的教学主线为如何成为一名宇航员,完成 requirements 和 qualities 的内容。

(3) 确定本节课的教学重难点。在听力方面,学生速记关键信息,依据所听内容做出推理判断,是重点也是难点;同时依据听力材料,确定学生难以听清或难以理解的地方,设计活动帮助学生解决。在口语输出方面,模仿听力材料编写访谈对话,是学生难点,在输出之前,设计活动搭建支架。

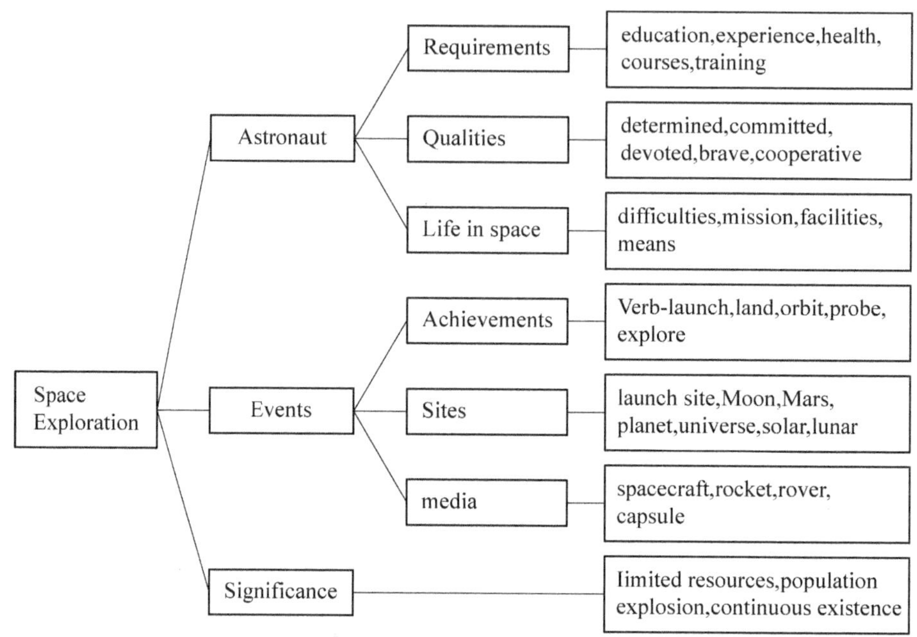

图 1　单元结构化知识梳理

(五) 教学过程

教学过程分为听前、听中、听后三个环节。

1. Step 1: Pre-listening

1) 观看视频,回答问题

教师介绍本单元主题 Space Exploration,让学生观看视频:王亚平"太空授课第一人""摘星星的妈妈"。

T: Watch the video and answer:

Who is she? What is she?

What do you think of her job?

设计意图:观看视频,引出本节课相关话题 astronaut,激发学生学习兴趣,同时对宇航员工作简单的评价,为后文谈论宇航员的选拔条件和标准作铺垫。

2）让学生通过信息描绘，猜测是哪位宇航员

T：Do you know these following famous astronauts are from China or abroad?

如：the first person to walk on the moon

the first Chinese woman to reach space

the first person to travel into space

设计意图：通过对人物和描述信息配对，让学生认识更多的宇航员，激活学生的背景知识，开阔学生的视野。同时自然地将本单元的重要语法（不定式作定语）渗透到这一环节，为后续学习做好铺垫。

3）谈论宇航员的选拔过程及要求

T：Do you know anything about the selection procedure for astronauts? Think of some possible requirements?

设计意图：让学生思考宇航员的选拔过程，学生可能不清楚或无法用英语表达，教师可以提供一些背景知识，关于选拔要求，学生可以作简单的预测，如身体条件等，为下文的听力作好准备。

2. Step 2：Listening

1）第一遍听，获取大意做出判断

教师引导学生听一段关于对杨利伟的访谈对话，并根据听力内容，对练习题中所列 5 个句子进行判断。

T：Listen to the interview and tickthe correct statements.

听前教师指导学生划出句子中的关键信息，帮助学生解决其中生词含义。根据听力文本难度，教师预测到第 3 和第 4 句学生将难以判断，可以截取此处听力文本句子，让学生多听一遍或通过填空形式完成，如："Mr Yang was selected to attend pilot training with 13 other people."学生对词句无法做出判断，我们可以呈现原句挖空："Altogether, ________ were chosen from among ________ to train for space flights."

设计意图：培养学生听力技巧，能定位句子中的关键信息，带着任务有针对性地去听去获取所需信息，同时根据所听信息，迅速做出推理判断。

2）再次听，填写数字，完成下列句子

T：Listen again and fill in the blanks with the correct numbers.

在做题前，先给学生一些 tips，如何精准获取数字信息，包括年龄、飞行时间、参与选拔人数、身高、体重等，特别是大数字 thousand、million 等，以及相似数字 13 和 30，14 和 40 等发音的差异。

设计意图：培养学生有效精准获取关键信息，尤其是与数字相关的信息。数字的甄别是高考英语听力的难点之一，学生对重音掌握不到位，就会错误地处理信息。

3）分析和概括句子隐含的信息

T：From these sentences what do we know about Yang Liwei?

如：(1)"Yang Liwei graduated from college at the age of 22"，这句话是关于杨利伟的教育背景(Education background)，因此可以推测出成为宇航员，要有相关学历："An astronaut is required to get a related degree."(2) Before he joined China's space programme, Mr Yang trained as a fighter pilot for 10 years."推出"An astronaut is required to have abundant previous flying experience."

设计意图：对填空的句子进行分析，有助于提升学生的总结概括能力，同时为第三次听力中的任务做铺垫。

4）再次听，列出成为宇航员所需的要求

T：Listen to the interview again and make a list of the requirements for becoming an astronaut.

设计意图：培养学生能边听录音边记录关键信息的能力，提醒学生记录时可以用简写或不完全记录，如 perfect 写成 per，years 写成 ys 等，再补全完成。总结归纳我国宇航员选拔的一些基本条件和标准。

3. Step 3：Post-Listening

1）小组活动：讨论要成为宇航员所需品质

T：What qualities does an astronaut need to have? (reason)

运用"to 不定式"表达 reason 或 purpose，先给学生示范，如："An astronaut is required to be ________ enough to get a related college degree."此处学生给出的答案有 diligent、hardworking、intelligent 等。学生讨论后的呈现如:"An astronaut is required to be cooperative to fulfill his mission with colleagues."讨论结束再引出阿姆斯特朗的话,也就是 opening page 单元开篇页的句子:"Mystery creates wonder and wonder is the basis of man's desire to understand. —Neil Armstrong."引导学生思考:________ drives us to explore the universe further. 此处学生给出了 Wonder、Curiosity、Passion 等答案。

最后通过板书概括为:首先要怀有梦想和激情(dream、passion),再通过努力达到许多的要求(requirements),包括资历和性格,最后才能成为宇航员。

设计意图:从宇航员的选拔条件扩展到对宇航员优秀品质的探讨,培养学生批判性思维。此环节,将听力的内容进行了高度概括,同时让学生深刻理解成功背后离不开艰辛的努力和对梦想执着的追求。

2) 角色扮演,口头输出

假设校园广播站开设了新的栏目,关于学生生涯规划,以便帮助学生对未来职业有更多了解,本期主题为:将来你想成为宇航员吗?

结合此话题,要求同桌一起编写一个访谈对话。先给出对话开头及一些提问。

Pair work: Make up an interview.

Interviewer: Today our topic is about being an astronaut. Welcome to the show, ...

Student: Thank you.

Interviewer: You know, I think being an astronaut would be good. Do you want to work in space in the future?

S: ...

Interviewer: So what might be the most difficult part for you?

S: ...

设计意图:听力文本为 interview,此处输出,让学生能用英语进行简单的采访,此话题提供机会让学生自主表达理想和感受,另一方面学生能依据宇航员的选拔标准来衡量自己未来的可能性,促进学生思辨能力,同时达到知识的迁移运用。

4. Step 4: Assignment

课后任务:编写一个访谈对话,神舟十三安全着陆,航天员王亚平平安返航。采访王亚平,了解她成为宇航员的过程、她的挑战和感受。

Make up an interview with your partner.

One is the host of CCTV1. The other is Wang Yaping.

Tips:

(1) Search more information about Wang Yaping through the Internet.

(2) Think of more questions that the host will raise in this interview.

设计意图:热身活动以王亚平引入,最后的作业环节也以王亚平为产出,达到首尾呼应,创设了较为真实的情境让学生训练,输出内容与输入高度统一。

板书是一节课的教学重点和主线,优秀的板书能帮助学生理解单元主题和建构结构化知识。本节课的板书设计(见图 2):

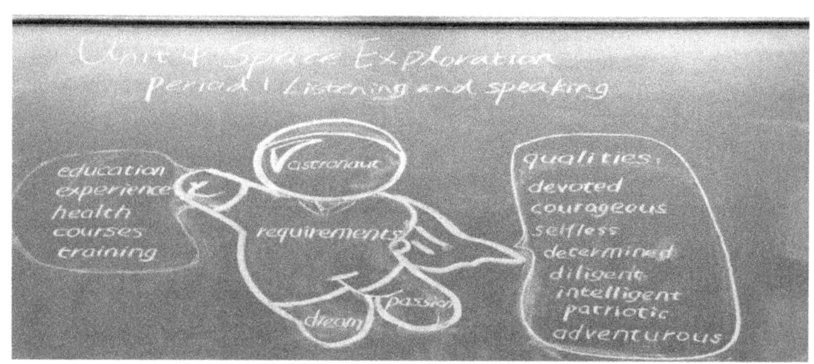

图 2　板书设计

四、 教学案例(片段)反思

1. 基于单元整体,构建知识结构

本节课从单元整体的视角出发,确立教学目标。活动由易到难,主线清

晰。在教学过程中教师充分利用听力文本引导学生关注提问、回答，随着板书“宇航员”的生成，逐步帮助学生形成该堂课的结构化知识，在新语境中迁移运用所学内容。

2. 依托听力文本，开展综合训练

听力不应只是单纯地听内容，更应该是语音知识、文化背景、生活常识、听力技巧等的综合学习和训练。本节课不仅关注学生听力技能的培养，语音中单词重读，也对宇航员选拔过程和要求进行了知识梳理，同时角色扮演给学生提供了发挥想象力和创造力的平台，是一项综合性的语言输出活动。

3. 围绕单元主题，落实立德树人

本节课紧紧围绕单元主题，在教学中渗透宇航员们不畏艰险、勇于探索的精神品质，激励青少年们刻苦学习，努力探索自己的发展道路，为未来的国家发展奉献自己的智慧。

本节课也存在着一些不足，由于课堂时间的紧凑及教师自主话语稍微过多，没有给学生足够的展示机会。

五、实践导师点评

本节课教学设计以生为本，注重学生的自主学习能力培养，思维活动由低阶向高阶推动，落实了单元结构化知识的理念，融合了教—学—评一体化设计思路。

教师目标定位准确，表述清晰。活动层次分明，环环相扣，主线清晰，过渡自然。特别是听力活动 2 中，听完补全信息之后，提供固定的句式对信息句子进行分析归纳，将语言与思维高度融合。

板书设计巧妙新颖。教学板书“宇航员”生动形象，既是本节课的教学主线和重点，也将本节课的结构化知识可视化地呈现出来，为学生梳理了知识脉络，是本节课的点睛之笔。

周道义

宁波市奉化区教育局教研室，浙江省特级教师，正高级教师

黄晓燕

基于过程体裁法的高中英语读后续写教学实践

——以 The Beach House 教学为例

一、教师简介

黄晓燕

高级教师，2005 年毕业于浙江师范大学，任职于浙江省遂昌中学，业务精湛，责任心强，教学成绩优异。先后被评为全国特级指导师，丽水市教坛新秀、市学科带头人、市绿谷新秀、市教学名师，遂昌县“钱瓯名师”等。10 余篇论文在省、市获奖或发表，负责或参与的多个省、市课题均获佳绩。还参与了由浙江省高中英语教研员葛炳芳特级教师主持的中学英语教师阅读教学系列课题中的子课题“英语阅读教学中的目标定位：综合视野视角”，该系列课题获国家基础教育成果一等奖。

二、课堂教学思想

在高中英语读后续写中恰到好处地运用细节描写，能起到烘托环境气氛、刻画人物性格和揭示主题思想的作用。本教学案例基于文本特征，聚焦于利用环境、动作等细节描写烘托、凸显人物心理，遵循语言的输入—欣赏—内化—输出—总结—运用的模式，引导学生一步步从欣赏走向运用。本教学课例安排2个课时(80分钟)完成文本阅读和故事续写环节。教学方法采用过程体裁教学法，在“读—写—评”一体的教学过程中构建读写能力。以思维导图为手段，梳理故事情节；以分析文本语言特征为载体，提升描摹人物心理的语言能力；以评价赏析为手段，内化课堂所学。课堂教学包括6个环节：文本阅读—体裁特点分析—小组讨论—独立写作—同伴评价—自我完善。

三、教学案例（片段）

（一）教学分析

1. 教材分析

文本 *The Beach House* 记叙了 Krin 一家在海滩度假时，兄妹两人偶遇一座年久失修的房子，出于好奇心，两人走进房子后遭遇了一幕幕惊险的场面。该文本选自原版外文教材，内容丰富有趣，故事情节跌宕起伏，引人入胜，能激发学生的写作欲望；语言地道、丰富，尤其是运用了恰当的环境描写烘托人物心理，同时运用了大量的动作描写凸显人物的心理，使故事具有画面感；长度适宜，难度适中，易于理解与模仿。

2. 学情分析

此次授课对象是Z省某重点高中的高二学生。他们对读后续写已有一定的了解和训练，对叙事性文本的基本要素和语言特点也有所了解。学生整体思维活跃，上课参与度高，但对大部分学生来说，要续写出一个在情节、语言和逻辑上与原文都较为协同的故事结尾仍是一个很大的挑战。此外，学生的自主学习与合作学习能力较弱。因此，本节课的重难点是引导学生在过程体裁教学法的指导下自主、合作学习，运用思维导图梳理故事情节，根据故事情节和所给段首句合理创造故事结尾，同时重点关注文本中如何利用环境描写、动作描写凸显人物的心理，在续写部分做到语言协同。

3. 教学目标

基于上述文本和学情分析,本节课确定以下教学目标:

(1) 运用思维导图,理顺故事发展脉络,推断故事情节发展和结局,优化逻辑思维能力;

(2) 提取、分析、模仿、迁移和运用文本中烘托、凸显人物心理的环境描写和动作描写,提高语言赏析与运用能力;

(3) 根据故事发展脉络和所给提示,完成故事结尾续写,提高自主探究学习能力;

(4) 利用同伴、教师的分享和点评,优化自身习作,提升自我评价和自我调控水平。

4. 教学活动思路(如图1所示)

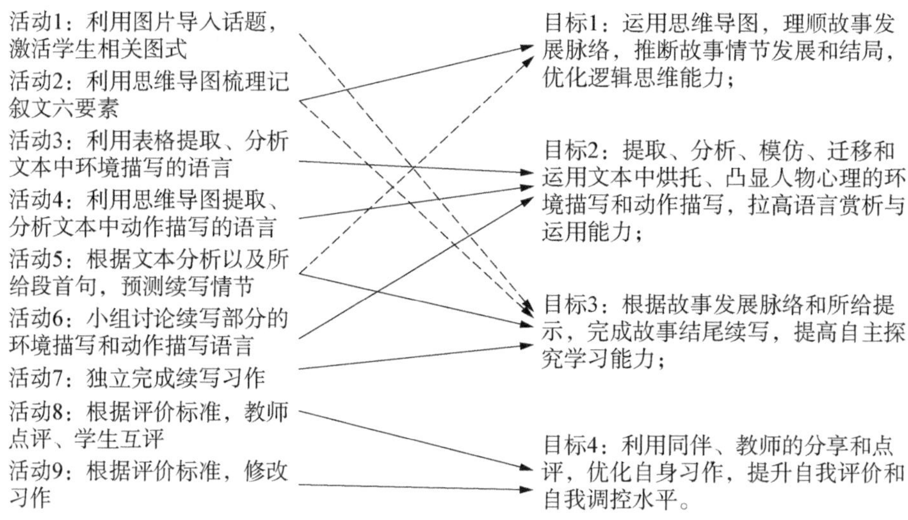

图1 教学活动思路

(二) 教学过程

Activity 1: Greet students, show a picture of a beach and ask the following questions.

Q1: Have you ever been to a beach?

Q2：What do we usually see on a beach?

Q3：What do you usually do on a beach?

【设计说明】教师通过展示 beach 的图片导入话题，让学生去回忆在沙滩上看到的景色和所做的事情。本环节旨在激活学生相关的背景知识，激发学生的阅读兴趣，并为后面的文本理解和故事续写做铺垫。

Activity 2：Read the story and find the basic elements（when、who、where、what、why、how）.

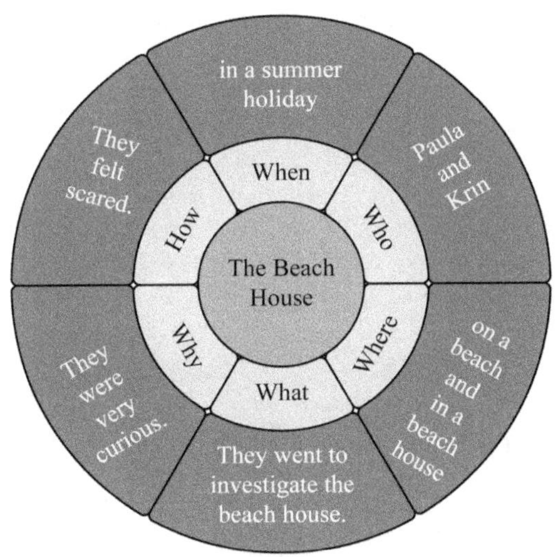

图 2　记叙文六要素

【设计说明】利用思维导图，梳理记叙文六要素：时间（when）、地点（where）、人物（who）、事情的起因（why）、经过（how）和结果（what），帮助学生快速获取故事基本信息，梳理出语篇基本框架结构，为后续的故事情节构建做铺垫，同时激发学生的写作兴趣。

Activity 3：Read the story again and find more about the beach and the beach house in this story.

Q1：What have you found on the beach?

Q2：How is the beach house in the story?

Q3：What kind of description did the author use here?

(Description of environment)

Q4: What's the function of description of environment?

(Render the atmosphere, set off the character's psychology ...)

表1 有关环境描写的文本信息提取

	the beach	the beach house
Description of Environment	white clouds floating across the blue sky; soft and comfortable sandy beach; glistering water in the morning sunlight; cool surf; some pieces of seashells lying scattered on the picturesque beach; small holes stretching along it where the crabs had hidden	run-down; be out of repair for years; be unoccupied; creaking front steps to the doorway; creaking porch; dusty windows; badly weathered and broken porch railing; covered with dust, sand, dead leaves, and overturned furniture; in a total mess; flickering lights

【设计说明】通过提问的方式引导学生对文本指定信息进行快速提取和整理,侧重培养学生获取信息和梳理信息的能力,同时用表格的形式将获取的信息加以梳理整合,引导学生关注文本中的环境描写,并指导学生感知环境描写的作用,为后续文本的续写语言做铺垫,以此实现语言协同。

Activity 4: Read the story and find the action and the feeling of Krin and Paula in the story.

Q1: What did Krin and Paula do on the beach? How did they feel there?

Q2: What did they do after they arrived at the beach house? How did they feel there?

Q3: What kind of description did the author use to give you a vivid picture?

(Description of action, description of feeling)

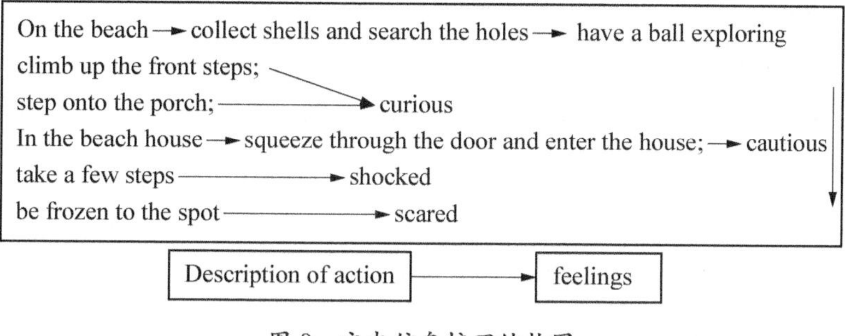

图 3　文本信息梳理结构图

【设计说明】通过提问的方式引导学生对文本指定信息进行快速提取和整理，侧重培养学生获取信息和梳理信息的能力，同时用思维导图将获取的信息加以梳理整合，引导学生关注文本中的动作描写，并指导学生感知用动作描写凸显人物心理的写作手法，为后续文本的续写语言做铺垫，以此实现语言协同。

Activity 5: Predict what might happen next according to the plot, the character's psychological change and the given first sentence of each paragraph.

Para. 1: "Let's get out of here, Paula!" screamed Krin. ____________ Para. 2: Out they ran, all the way back to those wonderful umbrellas, beach chairs, and crowds. ____________

Q1: What is your understanding of "When a light in the back bedroom flickered (摇曳), that was absolutely the final straw." in para. 5?

Q2: What is going to talk about in para. 1? Give your reasons.

Q3: What will you write in para. 2? Why?

【设计说明】基于对故事情节的梳理和人物心理变化的分析，引导学生关注所给段落首句信息，积极预测故事情节，合理构建故事结局，关注续写文本的逻辑性。

Activity 6: Group discussion on the environment and actions they may take in the beach house and outside it.

Task1 to Group 1 - 3: Work details of the environment inside the house and actions they may take, feelings in the process.

Q1: What would they see/hear/smell/touch in the beach house? Did they see anything inside when they were trying to get out? (environment) and how did they feel? (feeling) (利用环境描写进一步烘托人物心理)

Q2: How would they react to the environment?/How did they get out?/Was there any interaction between them? What would it be? (action) and how did they feel? (feeling) (利用动作描写进一步凸显人物心理)

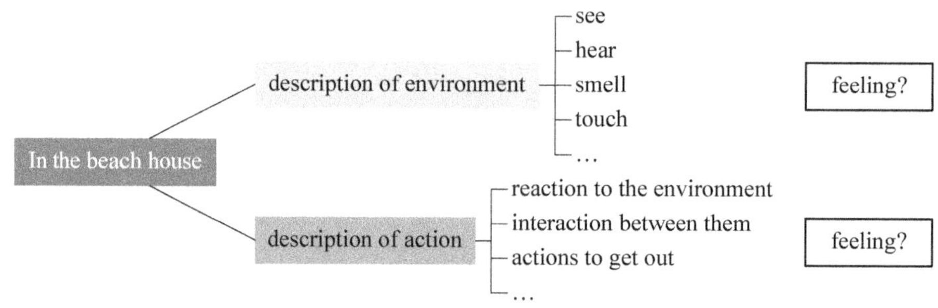

图 4　文本信息梳理结构图

Task2 to Group 4 - 6: Work details of the environment outside the beach house, the change of their behaviors to show their feelings.

Q1: How did the beach look like in their eyes the moment they ran out the haunted house? (environment) And how did they feel? (feeling) (利用环境描写进一步烘托人物心理)

Q2: What did they do after they ran out? (action) And how did they feel? (feeling) (利用动作描写凸显人物心理)

【设计说明】小组合作学习是新课堂改革倡导的学习方式之一,它有利于培养学生的发散性思维和批判性思维能力,提高思维品质,体现学生的主体地位,并激发学生的求知欲。此环节通过小组讨论,引导学生将利用环境描写、动作描写凸显人物心理的写作技能迁移到续写部分，达到续写文本语言与原文语言的高度协同。

Activity 7: Finish the following continuation writing with the help of the previous analysis and discussion.

"Les's get out of here, Paula!" screamed Krin. ____________________ ____________________ ____________________ Out they ran, all the way back to those wonderful umbrellas, beach chairs, and crowds. ____________________ ____________________ ____________________

【设计说明】该活动旨在让学生借助已搭支架，延续阅读文本的语言风格，充分运用环境描写、动作描写等方面来烘托、凸显故事主人公的心理，增强故事的画面感，进而较好地完成课堂上的独立续写任务。

Activity 8: According to the following form, the teacher evaluates one of the student's writings as an example. Then students share the writings in groups and then to the whole class, focusing on making comments on the content and language.

表 2　基于教学重点的写作评价表

Make comments on the following aspects			
Content	Reasonable	Coherent	Given first sentence
	YES/NO	YES/NO	YES/NO
Language	Action description	Environment description	Other descriptions
	YES/NO	YES/NO	YES/NO

以下为 Student A 的课堂习作：

"Let's get out of here, Paula!" screamed Krin. "But how!" cried

Paula. Seized by a strong sense of horror, her palms were sweating. Krin took a deep breath, trying to open the door behind, but in vain. There seemed no other way but entering that scaring bedroom to find something that could help them get out of there. It was so dark that they couldn't help thinking if there was a ghost hiding in the corner, waiting for them. Although afraid, they will stepped into the room. The dusty window was creaking by wind, and they surprisingly found that the flickered light was a ray of sunlight. They immediately opened the window and get out of the house.

Out they ran, all the way back to those wonderful umbrellas, beach chairs, and crowds. Though already escaped from the house, their hearts were still thumping with excitement. Drew in a breath of fresh air, soft wind, blue sky and sunny beaches holding these two poor kids entirely in their fascination. Looking back, the house was far away. Not far, their father noticed them and asked about their dirty clothes. Smiled at each other, they knew it was time to tell the adventure of the beach house.

【设计说明】该环节所设计的评价表格重点关注利用环境描写、动作描写等烘托、凸显人物的心理。作为示范,教师先依据评价表格对一位学生的习作进行评价,学生后进行同伴评价。通过同伴分享,寻找亮点,学生学会去评价同伴作品和欣赏他人习作,促进了小组学习和同伴合作,同时加深了对本节课重难点知识的理解,使学生真正内化课堂所学,为习作修改提供思路。

Activity 9: Polish the draft, focusing on the evaluation criteria above.

【设计说明】学生经历了作品阅读、独立创作、同伴分享、教师点拨之后,结合评价标准,从情节创造的合理性和连贯性、续写部分的语言和原文语言的协同性等方面,对自己的作品进行修改,以达到完善续写作品的目的,从而进一步促进对评价的内化与习得。

四、教学案例(片段)反思

过程体裁教学法旨在"读—写—评"一体的教学过程中构建学生读写能

力。本课中，教师基于过程体裁教学法，结合读后续写教学的特点，将教学过程设置为6个环节：文本阅读—体裁特点分析—小组讨论—独立写作—同伴评价—自我完善。教学环节清晰流畅，教学过程完整厚实。

内容要创造，语言要模仿，创造与模仿要紧密结合[①]。读后续写的重点就是以阅读为语言输入形式，在写作中运用输出语言，所以，语言的输入与输出必须一致[②]。本课中，教师聚焦文本的语言特征，即利用环境描写和动作描写烘托、凸显人物心理，引领学生深入体验和赏析文本中关于环境描写和动作描写的语言，通过独立写作，迁移和运用该写作技能，最终达成续写文本与原文在语言上高度协同的目的，同时，提高了学生对叙事语言的鉴赏能力和运用能力。

五、实践导师点评

黄晓燕老师运用两年多来自己主持的“过程体裁教学法”课题研究成果设计了本课例。课例目标清晰，教学活动所反映的高中英语语言教学相比具有很多理论与实践意义。

课例探讨了在“读—写—评”一体的教学过程中帮助学生发展英语读写能力的策略，提出了“文本阅读—体裁特点分析—小组讨论—独立写作—同伴评价—自我完善”的设计思路。具体而言，课例在“利用环境描写、动作描写等”“烘托凸显人物的心理”方面做了重点探讨。从所附的学生作品看，学生的产出十分丰富。

本案例的亮点，就是在应用“过程体裁法”的过程中自然融入了“教学评一致性”的理念，是“教学研”一体化的实践范例。

葛炳芳

浙江省教育厅教研室，浙江省特级教师，正高级教师

① 王初明. 内容要创造　语言要模仿：有效外语教学和学习的基本思路[J]. 外语界，2014(2)：42—48.

② 姚旭辉，周萍，陈缨，等. 英语阅读教学中的读写整合：铺垫与输出[M]. 杭州：浙江大学出版社，2013.

附录: 教学文本

The Beach House

It's a perfect family summer seaside holiday. Occasionally some white clouds floated across the blue sky. The sandy beach was soft and comfortable. The water was glistering in the morning sunlight and the surf was cool on their feet as Krin and Paula leisurely walked along the water edge. The brother and sister began to make some sandcastles. Not far away, mother sat under a big umbrella, reading a book with a bottle of lemonade in her hand. Father was busy exchanging a few words of greetings with strangers he met on the beach.

Suddenly, Krin spotted some pieces of seashells lying scattered on the picturesque beach and small holes stretching along it where the crabs had hidden. He immediately invited Paula to collect shells and search the holes together with him. They were having a ball exploring what appeared to be a never-ending beach.

After a while, they stopped and looked back. Their parents and the umbrellas, beach chairs, and crowds were a long way off. But just ahead, hidden amongst sea grape trees stood a run-down house that seemed to be out of repair for years. It appeared to be unoccupied. Curious, they went to investigate.

The front steps to the doorway of the house creaked (嘎吱作响) as they carefully climbed up them, so did the porch when they stepped onto it. The dusty windows and porch railing (门廊栏杆) were badly weathered and broken. The front door was half open so they squeezed through and cautiously entered. The place was in a total mess, covered with dust, sand, dead leaves, and overturned furniture. They'd taken but a few steps when the door unexpectedly slammed shut behind them.

Scared, Krin and Paula were frozen to the spot. But before they could even utter something like "Oh-oh," the windows abruptly closed, too. And if this wasn't scary enough, the stairs to the second floor creaked loudly. When a light in the back bedroom flickered (摇曳), that was absolutely the final straw.

"Let's get out of here, Paula!" screamed Krin.

____

____

____

____

____

Out they ran, all the way back to those wonderful umbrellas, beach chairs, and crowds.

____

____

____

____

____

____

兰连平

构建人文阅读课堂，促进学生人文素养

一、教师简介

兰连平

松阳一中英语教师，教龄30年。曾获丽水市优秀教师、丽水市优秀班主任、丽水市英语学科带头人、松阳县道德模范、松阳县十大优秀班主任等荣誉称号；2015年当选为丽水市党代表；班主任工作25年，成绩斐然。2014届修忆、罗淑慧同学双双上北大线；2017届38位同学中36位同学上一段线。《让高考写作插上想象的翅膀》等多篇论文在省、市论文评比中获奖。多次参加市级讲座和各类命题工作。

二、课堂教学思想

坚持立德树人，将德育教育和英语学科教学有机而无痕地融合俨然已成为新时期英语学科教学的基本理念之一。鉴于我长期奋战在教学一线并一直兼任创新班班主任、年段副段长以及县高中班主任工作室负责人等职务，因此在教学过程中一直致力于充分利用现有教材话题丰富、内容详实、知识涵盖面广等特点，深入挖掘德育素材，运用多模态资源，充分利用课堂的教育主阵地，发挥学生的主观能动性和接受新鲜事物能力强、思维敏捷等特点，坚持“以生为本、立德树人”的教育理念，开发丰富多彩的课内外活动、采用多维度评价方式、将心理教育、生命教育、理想信念教育、爱国主义教育和学科教学兼容并蓄，最终达到润物细无声的育人效果。

三、教学案例（片段）

以 Book 3 Unit 3　Reading and Thinking 教学为例。

（一）教学目标

（1）学生通过观察工作表和对两张图片的描述，直观地获取文本文体和了解旧金山之旅的所见所闻。

（2）学生借助思维导图，提取文本信息，构建旅途的所见所闻，感知旧金山的多元文化。

（3）学生结合思维导图信息，课堂上迁移介绍松阳当地的旅游胜地，课后以书面形式输出，在此过程中提升爱乡、爱国意识。

（二）教学过程

1. Step 1：Leading in

向学生展示松阳的旅游胜地大木山的精美图片。

设计意图：利用学生非常熟悉的松阳大木山茶园图片，既能激发学生热爱家乡的情感，融德育教育于课堂教学，又让学生不知不觉中掌握了生词 diverse、definitely 等和句型 it feels good to do sth，为后面的阅读扫除了部分障碍，使阅读更加了流畅。

2. Step 2：Reading

Activity 1：Read and fill in the blanks.

Besides the map，we can also get information of San Francisco from ________、magazine、________、encyclopedia ... . The author presents the information of the city by means of ________，which is usually organized in order of ___________ and contains what the writer ___________、 explores、________ ... and his/her feelings.

设计意图:拓宽学生获取信息的渠道,培养学生的视野。

Activity 2: Go through the text and find the writer's route.

[Tips: 1. The first letters of places are usually capitalized. 2. Time is listed as a hint (线索、暗示)].

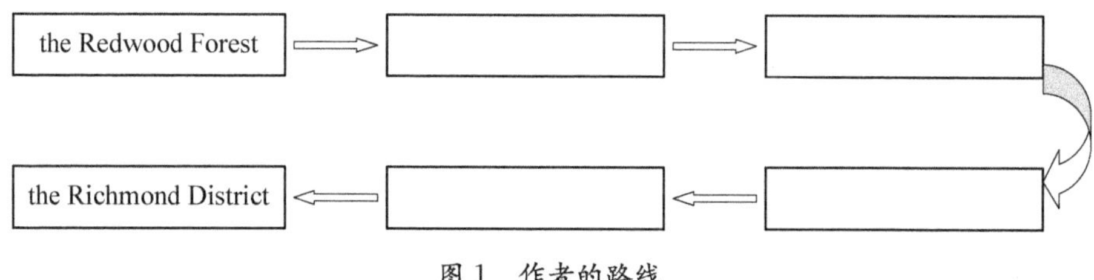

图1 作者的路线

设计意图:激发学生的求知意识,利用旧知激活新知;对整个行程和途径之处有总体的了解。

Activity 3: Read and fill in the blanks.

表1 文本明线整理

time	place	experience/exploration	feeling
the day before	the Redwood Forest and the wine country of Napa Valley	camping and ________	not mentioned
today	see the above	It definitely ________ good to... . ________ many beautiful old buildings ________ great views of the city	amazed impressed
in the morning	see the above	________ the city where "Mission School" started and it is ________ by graffiti art and ________ art; walking around looking at the street art; ________ some delicious noodles	interested

续表

time	place	experience/exploration	feeling
in the after-noon	see the above	________ to a local museum ________ the historical changes; ________ a deeper insight into American history through "a gold rush"	touched
in the evening	see the above	going to Chinatown where there are numerous good cafes and restaurants to ________ from; ________ a Cantonese one that ________ its food on china plates.	delighted excited
tomorrow evening	the Richmond District	going to a jazz bar can't ________	eager to know

设计意图：本活动旨在引导学生采用自下而上的策略，在阅读时获取信息，完成思维导图，以时间为轴，从地点、亲身经历和感情角度理出文本明线。

Activity 4: Explore urban elements.

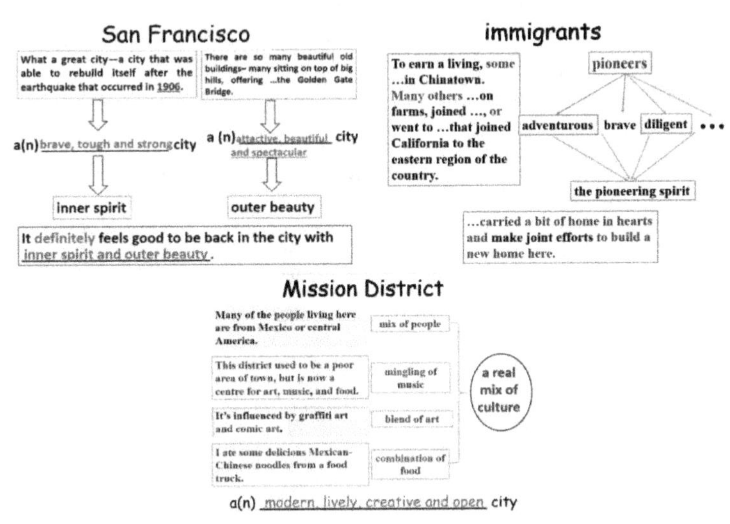

图 2 城市元素挖掘

设计意图：本活动旨在通过对城市元素的挖掘，培养学生的国际视野和跨文化沟通能力。

Activity 5: Answer the following two questions.

(1) What does the writer want to express by saying " What a city-a city that was ... in 1906" and " There are so many ... the Gold Gate Bridge."?

(2) After reading the third paragraph, how do you describe these immigrants?

Appreciation the following sentences

Whether you like it or not, learn to respect and tolerate a different culture.

The beauty of the world lies in the diversity of its people.

设计意图：本活动旨在通过回答两个问题增加对美国芝加哥和美国移民的了解，通过欣赏两句名言提高学生对多文化的进一步认识并用评判性的视角去体验。

3. Step 3: Discussion

Activity 6: America is a country with diverse cultures, which is also referred to as "a melting pot (大熔炉)". How do you understand it? (You can take San Francisco as an example.)

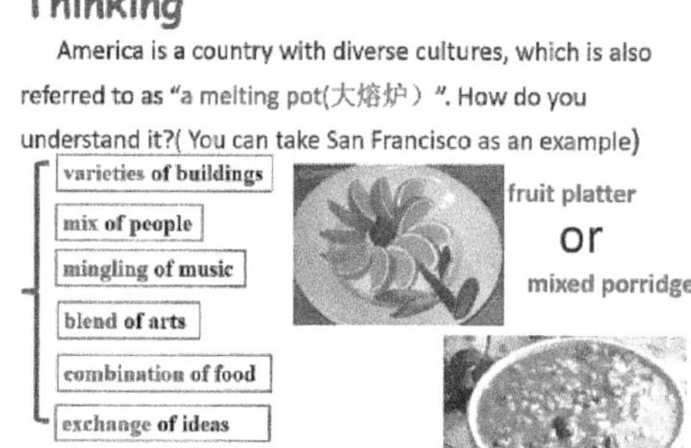

图 3 思考题

设计意图：此活动旨在培养学生的评判性思维能力，使学生深刻地理解美国的多元文化不只是各个因素的简单拼盘，而是不同文化之间的互相影响和渗透，各民族之间互相尊重、互相欣赏、互相包容，能更好地培养学生的国际视野。

4. Step 4：Assignment

Homework

Write down your **impressive** travel journal in Songyang ***with expressions used in the text*** to get our hometown more widely popularized

图 4　作　业

设计意图：利用家乡图片导入课堂，并用之结尾形成首尾呼应；利用本节课所学的知识介绍家乡美景能学以致用，又能很好地宣传当地的文化名胜，让松阳走向全国甚至世界，极大地激发了学生的爱乡、爱国情感。

四、教学案例（片段）反思

德育教育是一个循序渐进、涉及面广的系统工程，而学科教学又要求在教学的过程中注重学科核心素养的提高以及学科知识点的落实，两者如何有机结合却又有侧重是教师必须解决的问题。纵观整节课，从知识点的落实到学生的多元文化鉴赏能力的培养以及爱国、爱乡的情怀教育，总体感觉是成功的。每个环节和多种形式的活动设计围绕学科的特点，满足德育教育需求，基本能做到互相渗透，达到教育无痕、润物无声的效果。课堂上也有一些不足：教师的文化视野狭隘导致了对学生的引导有限，对美国多元文化深层次的挖掘深度不够导致学生输出的内容偏少，如何最大限度地在做到爱国、爱家乡的同时又能选择性地接纳和理解多元文化的能力提升尚未落实得很到位。

五、导师点评

课例的教学内容选自必修三第三单元 Reading and Thinking 板块。该板块的主题是多元文化。课例以德育教育融于英语教学为指导思想。作者通过引导学生观察、阅读感知旧金山的多元文化,运用思维导图构建游记文体结构并借用文章结构和语言介绍家乡的名胜古迹。完美实现了英语学习活动观的三个层次:感知理解、应用实践、迁移创新。每个环节都紧紧围绕育人的功能,提升学生对祖国文化和家乡文化的自豪感。

钱剑英
浙江金华第一中学,浙江省特级教师,正高级教师

梅澄芳

量出为入，以始为终
——基于“大观念”单元目标的教学课例

一、教师简介

梅澄芳

云和中学高中英语教师，教龄27年。2011年10月获得丽水市教坛新秀称号，2017年11月获得丽水市学科带头人称号。2004年9月进入高中学段以来，共荣获国家级优秀指导教师，省级优秀指导教师、云和县优秀学科教师8次、优秀科研教师5次、优秀班主任2次、先进工作者3次，等。近5年主要成果有省课题1个，市一等奖课题2个，县一等奖课题1个，待结题市课题1个。指导学生多人多次获国家级和省级奖项。坚信唯有不断学习，才能不断进步。

二、课堂教学思想

本课例是基于英语学科大观念下的一次课堂教学设计尝试。英语学科大观念是主题大观念（人与自我、人与社会、人与自然）和语言大观念的融合统一。以单元教学为例,教师认真研读该单元的多模态语篇,提炼出各语篇的主题小观念和语言小观念,在此基础进行整合,提炼单元主题大观念和语言大观念。所有提炼出来的小观念都服务于上一级的观念,所有的教学活动都指向这些观念的建立和理解应用过程,学生在完成学习活动后能够基于主题建构并生成新的认知和新的价值观,同时还能建构新的语言知识网络,能够用所学语言恰当地表达相关主题内容。所有的学习活动和学习目标最终的指向都是高中生英语学科核心素养的培养。

三、教学案例(片段)

(一)基于英语学科"大观念"理论的课时教学目标设计

课例文本选自人教版选择性必修四第四单元,本单元由博文、演讲稿、视频、广告等多模态语篇构成。通过对这些语篇的研读,可知本单元大主题是"人与社会",小主题是"志愿服务",通过多篇语篇学习,帮助学生了解志愿活动的方式、意义以及作为志愿者的个人社会价值,此外,还帮助学生了解中国为构建人类命运共同体所付出的努力及其意义。

1. 课例语篇主题小观念的构建

本课例所选的语篇是单元第一个板块活动 Help the needy 下的 Volunteering in the bush,语篇类型是博客文章,主要内容是澳大利亚年轻支教女教师 Jo 对支教巴布亚新几内亚偏远山区学校的生活所见所感。第一篇博文主要描述了支教第一个月的感受和困难,以及对支教意义产生的困惑。第二篇讲述的一次难忘的家访经历,学生家偏远,家境贫困,但学生父母和当地人都非常善良、热情好客。这次家访改变了她之前的态度,让她意识到自己在做一件值得做的事情,这使得她心灵愉悦,精神得到满足,支教的意义得以体现,个人的价值得以实现,这是本语篇的主要内容和主题意义。据此,本语篇形成的一个主题小观念就是支教教师能帮助到许多需要帮助的人,同时会遇到很多困难,但我们要选择积极乐观面对和解决。

2. 本课例语篇语言小观念的构建

第一篇博文中主要运用了以下的语言来描述学校的落后教学条件，学生现状以及 Jo 的困惑和迷茫，作者使用了很多细节描写类的短语。

The school conditions: take about two weeks to arrive, have been dying to have ..., classrooms of bamboos, roofs of grass, no electricty, no equipment in the lab, no washroom, no running water

Students: a chorus of "good morning", have to walk up to two hours to get to school, most challenging subject, have no concept of doing experiments, become a circus, never come across anything like this, jump out of the windows

Jo: try to adapt to ..., become more imaginative, wonder how relevant chemistry is to ..., doubt whether I'm making any different to ...

第二篇博文则描述了一次家访路途的艰难，学生家人和村民的热情好客及 Jo 虽然身体很累但精神愉悦这一感受。

The village: a remote village, up a moutain from where we had fantastic views, then down a shaded path to the valley below, a low bamboo hut with no windows ..., with a door just big enough to get through, with grass sticking out of the roof, the only possessions, build a fire, lay stones on it to heat, stand upside down on the grill, attract the bad spirits ... .

Tombe's family and villagers: cry "ieee ieee", shake hands with all villagers, seem to be related to Tombe, lead us to the house, fresh grass had been laid on the floor, talk softly in their language, interpreter for us, believe that leftovers attract bad spirits ... many goodbys and firm handshakes

Jo: fantastic views, love listening to, muscles ach, knees shake, drag ourselves, fall happily into bed, such a privilege to have spent a day with ...

基于上述描述事实细节的名词性短语、形容词性短语以及描写感情和态度变化的动词短语，本课的语言小观念就是围绕语义将词汇进行分类整理，树立词汇语义网络；利用思维导图将语篇结构和词汇图示化并且在此基础上进行总结性语言提炼，为文本的主题意义探索服务。

基于以上解读，本节课我们的教学目标是：

(1) 学生通过对 bush school 和 bush village 的情况了解，明确偏远地区的教育和生活状况，了解那里人们急需帮助。学生能够利用关键词，用分类与关联的方式学习、整理词汇，构建词汇语义网络。

(2) 学生通过对学校情况和家访情况的了解，明白了支教老师要面临的困难和挑战。

(3) 学生能辩证地看待志愿服务中的积极因素和消极因素，积极思考解决问题的方案。

(4) 通过本篇文章学习，学生能够明白支教的意义，明白志愿者的价值和自我价值实现的途径，愿意加入志愿者队伍，帮助那些需要帮助的人。

(二) 教学步骤

1. Activity 1: Discuss the opening page

1. Look at the Opening page of the unit and answer the questions below (1) What attracts you most in the photo? Why? (2) What do you think is happening in the photo? (3) What do you feel while seeing "CHINA AID"? 2. Read the quote and ask students to say their understanding about it.

设计意图：通过以上问题，让学生了解中国对外援助的项目及惠及成果，引发学生的自豪感；理解本单元主题"志愿服务"，为后续主题意义探究奠定基础。

2. Activity 2: Discuss the subtitle and predict the content of the passage

> Discuss the subtitle Help the needy.
> (1) What does needy mean?
> (2) Who are the needy?
> (3) What can we do to help them?

让学生看文本图片和标题，学生给出大概的回答。

设计意图：依据图片和标题，学生猜测哪些人是需要帮助的人，猜测他们需要帮助的原因，激活自己原有的关于志愿服务的背景知识；同时也对文本的内容进行猜测。

3. Activity 3: Skim for the type of passage, structure and main idea

> 1. Review the characteristics of the text.
> (1) Look at the dates, the pictures and the title, "What kind of passage are they? Why?"
> Blog essay. It has the dates and it's about sharing the writer's experience, opinions and so on.
> (2) Look at the title, what does "Bush" here refer to?

学生给的回答可能是 bush 的字面意思。教师不做评判，让学生继续阅读。

设计意图：学生之前已经学过博客文章，通过提问复习博客文本特点。第二问是为后续学生对 bush school 和 bush village 深层理解做铺垫。

> 2. Read for structure and information.
> (1) Skim the text and try to find a key word for each blog.
> School and village.
> (2) What kind of school/village is it? Underline the words the writer used to describe them.

A ________ school:

classrooms are made of bamboo, with clay floors and roofs of grass, a dusty track covered in weeds, no electricity, no running water, even no textbooks, not to mention laptops, tablets, or other modern devices, no equipment, no washroom ...

Q1: According to the expressions above, what kind of school do you think it is?

A: The school conditions are poor-equipped and terrible. It's a **bush** school.

a chorus of good mornings, not wear cotton uniforms, have to walk a long way, sometimes for up to two hours ...

Q2: What's your impression of the students there?

A: The students there are polite and eager for study but have no concept of science.

Q3: Facing these, what did Jo feel and what did she do?

A: Although the students here are lovely and polite, she still felt doubtful about her voluntary work here sometimes ...

设计意图：以两个关键词为主线，让学生对文本中的词汇和短语进行分类整理，再进行归纳，得出“The school is poor-equipped.”和“The students are eager to study but have no concept of science.”的结论，引出“They are in need.”这一结论，解决前面提出的“Who are the needy?”这一问题。（该步骤指向目标 1.）

同样的方式，读第二篇 blog 整理相应的关于 village 和 villagers 的情况，以及 Jo 的感受。

该部分思维导图如图 1 所示：

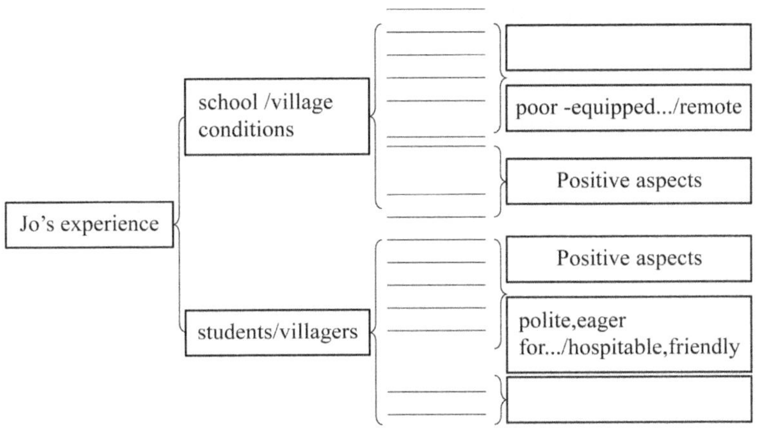

图 1　第二篇博文的语言信息思维导图

(3) 在每一篇博文信息整理完成后，要求学生对学校(硬件设施和人)和村庄(硬件设施和人)用一两句话做个归纳。

如：The school is poor-equipped and students lack the concept of science but they are polite and eager to learn more knowledge ...

设计意图：通过对整理出来的信息进行整合，学生可以解决前面提出的"Who are in need?"和"What do they need?"(该步骤指向教学目标 1)

4. Activity 4: Read for further understanding and the thematic meaning

让学生再次看标题，询问刚上课时提出的问题：

Q1: What do you think "bush" means here now?

A: A remote bush school and a remote village.

Make a further understanding about remote by asking.

Q2: How many meanings do you think here remote has?

A: Two. One means it is very far in distance and hard to get to. The other means it's far from the civilization, from which we can know the reason why they are in need.

设计意图：通过这几个问题，回答了"Why are they needy?"为后续讨论如何帮助这种境况的人们提供了背景知识，做好了铺垫。

教师让学生把黑板上的细节描述性词块按“积极因素”和“消极因素”进行分类。(见上面的思维导图)

Q1: What did Jo feel while seeing the negative things?

She felt doubtful whether she could make any difference. I think she had a sense of loss at that moment.

Q2: What did Jo feel while seeing the positive ones?

She thought she became imaginative and the students were polite and eager for knowledge. The villagers and Tombe's family are hospitable and friendly. It's a privilege for her to spend a day with the family and the villagers.

Q3. What caused the changes of her feelings?

Her personality. She must be an optimistic and helpful person. She can always see the optimistic side from the hardship and always ready to help others.

Her visit to Tombe's family and his village. Tombe, the interpreter, acted as a bridge between villagers and Jo and also a bridge between uncivilized area and civilized one. That's the meaning of Jo's work which can change persons, making them know more about the world outside.

The hospitality of the Tombe's family and the villagers and the primitive life the people are living there make her decide to stay here and help them.

Q4. What's Jo's purpose of posting her essays online?

To share her experience as a volunteer.

To arouse people's awareness of the needy and volunteering

设计意图:通过信息整理明白支教教师所面临的困难和挑战,也从 Jo 的情感变化中感受到了帮助他人的这种自我价值实现的幸福感,同时让学生

明白克服困难和挑战应具备的品质和性格。(以上两个步骤指向教学目标 2 和 3)

5. Activity 5: Discussion

1. Compare.

Compare our school with the bush school Jo worked in by filling in the table below.

表 1　本校和 Bush School 学校情况对比

Aspect	The bush school	Our school
Teaching building		
Classroom		
Lab		
Dormitory		
Dinning hall		
Gym		
Playground		
...		

2. Group collaboration

Ask students to share their opinions about our school and life by finishing the table and thinking about the following two questions. Do it in groups.

Q1. Are you willing to be a volunteer teacher in a bush school? Why or why not?

Q2: What other ways can you think of to help the needy besides being a volunteer teacher?

设计意图：促使学生联系自身，与文本展开互动并积极探究志愿服务这一主题意义，促使学生思考帮助他人的方式。解决前面提出的 What can we do to help them?

6. Activity 6: Writing and Sharing

According to the results of your discussion, make a plan about how to help those in need. You can take the following form as a reference.

表 2　志愿者活动计划

Our volunteer activity plan
Time
Where
Whom to help?
Why to help them?
How to help them?
What challenge might be there? How to deal with them?

Then share the plan with the whole classmates.

设计意图:通过写志愿服务计划的方式落实讨论内容,形成初步的志愿服务计划,为后续生活中可能遇到的实际需要帮助的场景做好心理铺垫。一旦需要,学生知道该怎么行动。解决"How to help the needy?"这一问题。(以上两个步骤指向教学目标 4)

7. Assignment

According to the plan you finished in class, write a notice to recruit (招募) volunteers.

设计意图:进一步落实并延伸课堂所学知识,运用到实际生活中,呼吁更多的人参加志愿者活动,扩大教学影响。该活动可以在课后真正开展起来,后续跟进让学生分享志愿者活动的经历和感悟,形成一个项目化的活动,真正理解并落实 Help the needy 这个主题。(该步骤指向教学目标 4)

四、教学案例（片段）反思

量出为入，以始为终。本教学案例根据大观念理论建立单元目标和本节课目标，依据目标设计教学步骤，步步紧扣目标，为目标服务。课堂设计依据“Who are the needy? What do they need? Why are they in need? What can we do to help the needy?”这条线进行设计，让学生从文本信息整理到深层次原因探究到初步形成参加志愿服务意向，使学生了解了志愿服务的意义，并且做好了投身志愿服务的心理准备和可操作的行动准备。

在词汇落实方面做得还不够到位，需要第二课时继续加以巩固。另外在最后的输出部分是写志愿服务计划还是倡议书的选择上有过纠结，最终选择写计划是因为格式要求和用词要求没有倡议书严谨，课堂完成的可能性大些，因此选择表达比较自由的计划书并用口头表达的形式输出。课后作业要求学生根据课堂上小组讨论完成的计划书写一封志愿者招募通知。后续可以继续跟踪志愿者活动的实施及收获，以后还可以分享志愿者经历和心得，形成一个项目化的活动。

五、实践导师点评

本课例以“大观念”为教学指导思想，在单元整体目标统领下，通过深入分析文本，精准地设定了四个教学目标。教学过程描述紧紧围绕四个目标，对每一个目标如何落实、在哪个环节落实都做出了具体的设计意图说明。本案例教学重点突出，主线清晰，逻辑性强，不管是在培养学生语言能力、思维能力、学习能力，还是育人的功能都得到了充分的展现。

钱剑英
浙江金华第一中学，浙江省特级教师，正高级教师

汪润

基于综合视野的高中英语新闻文本教学实践

一、教师简介

汪润

英语高级教师，浙江省教坛新秀，丽水市138人才工程第二层次培养人才，浙派名师培养对象、丽水市第四届“绿谷名师”。曾获市直机关党工委优秀共产党员、师德楷模等荣誉称号。合著有《英语阅读教学中的目标定位：综合视野视角》《新高考英语写作梯级训练——读后续写》，承担2019年人教社新教材模块2第五单元阅读文本教学设计、录像课2节。4篇论文获浙江省教研论文一、三等奖，主持、参加3个浙江省教研课题并获奖，另有20多篇论文、10多个课题、10门课程国家、省、市级发表或获奖。曾在英国Crossley Heath School任汉语教师1年。愿与学生一起窥语言世界精彩，寻东西文化异同，品美文，析华章，赏词句，悟文思，抱赤诚中华心，用英语看尽天下四方。

二、课堂教学思想

引领学生最终走向自觉、自省、自悟的阅读是英语教师的使命和意义。

葛炳芳综合视野理论指引下的阅读教学融语言、文化、思维一体，符合《普通高中英语课程标准(2017 年版)》所提倡的指向核心素养发展的英语学习活动观。基于综合视野的新闻文本教学强调文本解读，找到新闻语篇独特的教学价值，整合意义联结的学习内容，把握新闻语篇脉络，探析新闻语篇特征，促进新闻导语写作，平衡活动类型，聚焦活动重点，实现内容、思维和语言的统一，有助于发展学生核心素养。本课例结合人教版高中英语教材必修五第五单元 Using Language 的新闻语篇 *Heroic Teenager Receives Award*，在宏观上综合把握新闻语篇脉络，整体框架，写作意图；在微观上侧重探索新闻语篇特征，进而迁移运用所学知识为给定新闻撰写导语。

三、教学案例(片段)

(一) 教学分析

1. 教材分析

本课是学生高中阶段所学的第一个新闻语篇，单元主题是急救。该语篇讲述了 17 岁高中学生约翰·詹森果断采取急救措施，挽救了被刺伤的女邻居生命的故事，表达了 A simple knowledge of first aid can make a real difference 的主题意义。根据综合视野理论“综合而有侧重”原则，该新闻语篇独特的文体价值是本课的核心关注。

2. 学情分析

此次授课对象是 Z 省某重点高中的高二学生。他们熟悉话题，掌握叙事性文本的基本要素和语言特点，能够自主提取并加工信息，但多数学生对新闻语篇的文体特征、行文特点和写作技巧并不了解，更谈不上撰写新闻导语。因此本课的重点是通过引导学生学习新闻报道的语篇结构、标题特征和语言特点，促进意义建构，达成迁移运用。

3. 教学目标

基于上述文本分析和学情分析，本节课确定以下教学目标：

(1) 学生通过语篇分析，借助语篇标记语，界定语篇类型为新闻报道类文体,同时厘清新闻报道语篇结构。

(2) 学生通过语言学习,通过概括和推断,学习新闻报道的标题、导语特征和语言特点并根据语篇结构为关键事件排序。

(3) 学生通过语言运用,借助迁移学习和创新思维,为不同内容的新闻报道撰写新闻导语,并能用核对单对导语进行自评和互评。

(4) 教学重点和难点

基于上述教材分析、学生分析,本课的重点是厘清新闻语篇脉络,其难点是分析语篇特征和撰写新闻导语。

(二) 教学过程

为实现以上教学目标,针对新闻语篇特点,如图 1 所示,我设计了阅读三个环节、六项活动。

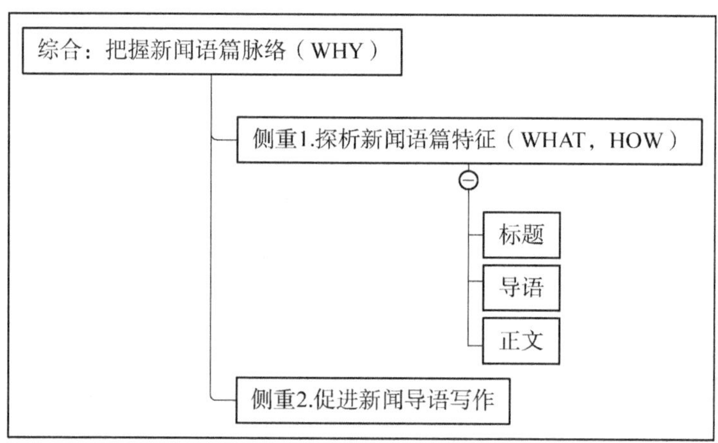

图 1　三个环节、六项活动

1. 整合文本内容,把握新闻语篇脉络

1) 界定体裁,初识文体概貌

导入环节,教师提问"What is the genre of the passage?"学生快速浏览语篇并根据首段排版所使用的不同字号和字体、配图,判断该语篇为新闻文体,首段为导语,继而推断出新闻文体的经典结构为:标题、导语和正文三部分,见图 2。

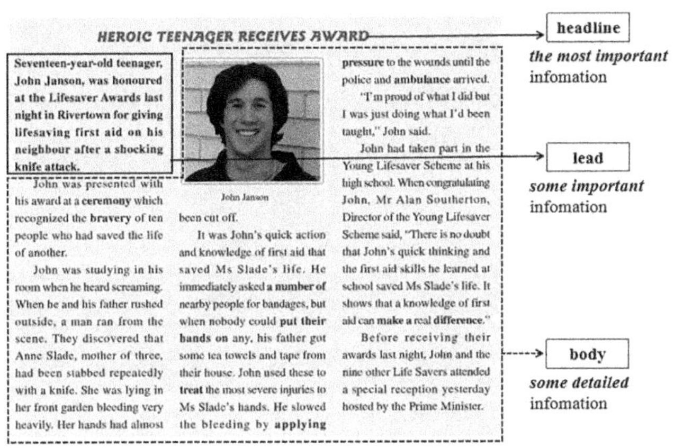

HEROIC TEENAGER RECEIVES AWARD

Seventeen-year-old teenager, John Janson, was honoured at the Lifesaver Awards last night in Rivertown for giving lifesaving first aid on his neighbour after a shocking knife attack.

John was presented with his award at a **ceremony** which recognized the **bravery** of ten people who had saved the life of another.

John was studying in his room when he heard screaming. When he and his father rushed outside, a man ran from the scene. They discovered that Anne Slade, mother of three, had been stabbed repeatedly with a knife. She was lying in her front garden bleeding very heavily. Her hands had almost been cut off.

John Janson

It was John's quick action and knowledge of first aid that saved Ms Slade's life. He immediately asked **a number of** nearby people for bandages, but when nobody could **put their hands on** any, his father got some tea towels and tape from their house. John used these to **treat** the most severe injuries to Ms Slade's hands. He slowed the bleeding by **applying pressure** to the wounds until the police and **ambulance** arrived.

"I'm proud of what I did but I was just doing what I'd been taught," John said.

John had taken part in the Young Lifesaver Scheme at his high school. When congratulating John, Mr Alan Southerton, Director of the Young Lifesaver Scheme said, "There is no doubt that John's quick thinking and the first aid skills he learned at school saved Ms Slade's life. It shows that a knowledge of first aid can **make a real difference**."

Before receiving their awards last night, John and the nine other Life Savers attended a special reception yesterday hosted by the Prime Minister.

图 2　新闻语篇结构图

[设计说明]预测是重要的阅读技能。“第一眼效应”是新闻版面的设计原则①，正因为此，学生通过关注排版、标题、导语和字号，可以快速界定语篇类型，该活动实现目标 1 并为后阶段深入探究新闻文本做好铺垫。

2）细读标题，理解标题功能

英语新闻标题要求言简意赅、准确、生动地表达整个语篇的内容，以方便读者尽快掌握新闻内容。同时因为新闻的即时性特征，作者大多使用一般现在时来营造现场感和画面感。此外，标题的词法大多使用小词，并省略冠词、人称代词等虚词。教师结合标题和插图的提问，引导学生关注新闻标题的写作特点和功能。

Q1: Is there any grammatical mistake in this headline?

Q2: How many teenagers were awarded?

Q3: How many awards did John receive?

Q4: Why is the simple present tense used?

(Possible answers: 1. There is. 2. Only one. 3. One award. 4. To show freshness of the news.)

通过回答上述问题，学生自主总结出新闻标题的特殊写法及其功能：

① 宋金凤. 版面设计与第一眼效应[J]. 青年记者，2014(8)：58.

"Headline often uses present tense to show freshness and immediacy of the news and articles(a/an/the) are usually left out."。

[设计说明]新闻标题不同于传统的叙事故事标题，在用词、语法、时态上有其特殊性。学生通过对标题的观察和分析，总结出标题的特点和规则，为下一步新闻阅读和写作打下基础。

3）品读导语，领悟导语魅力

导语是新闻的精髓，是一则浓缩的微型新闻，其作用首先是用精练、简洁的文字反映消息的要点和轮廓，使读者看了之后就知道大体意思；其次是唤起读者的兴趣，吸引读者继续读下去。导语最忌华而不实、含混不清，力戒冗长、壅塞、呆板、枯燥、流于形式，读起来应该活泼明快，铿锵悦耳、有节奏感（钱建成，2011）。

教师提问"What is the news mainly about?"学生初读导语，获得该新闻的大意："The news is about a teenager who was awarded for saving his neighbour by giving first aid."。再细读导语，提炼出导语的基本特征，即导语通常会包含 5W 和 1H 的基本元素，如图 3。

Heroic Teenager Receives Award

- Who: John Janson
- When: Last night
- Where: In River town
- What: Received the Hummingbird Medal
- Why: For saving his neighbor
- How: By giving first aid

图 3　新闻导语关键元素

学生获取导语基本元素后，接着比较两则导语：

(1) John was honored at the Lifesaver Awards last night in Rivertown because he gave first aid on his neighbor after a knife attack.

(2) Seventeen-year-old teenager, John Janson, was honoured at the Lifesaver Awards last night in Rivertown for giving lifesaving first aid on his neighbor after a shocking knife attack.

通过比较，学生判断第二则导语质量更好，继而得出导语“既要凝练又要出彩，既抓重点又需准确”的写作特点“A lead includes 5W and 1H, which should be concise and attractive by using adj. and adv.”，为后续的导语写作奠定基础。

[设计说明]比较是深度学习重要的一种认知策略。通过比较，有助于学生深度加工知识信息，概括导语结构和语言特点，形成根据不同语篇选择不同语言形式的意识。

4）速读正文，把握语篇脉络

新闻报道的重要组成部分是正文，其作用是对导语进行展开、解释和补充，或者是对导语所设悬念的解答。正文往往由所要报道的多个事实组成，作者通常把最重要的信息或最有新闻价值的事实放在前面，然后是略为次要的信息，而最次要的信息则置于正文的最后，从正文的这种排列特征来看，其构架恰似一座倒放的金字塔，故被称作“倒金字塔式”结构（inverted pyramid style）[①]，见图 4。

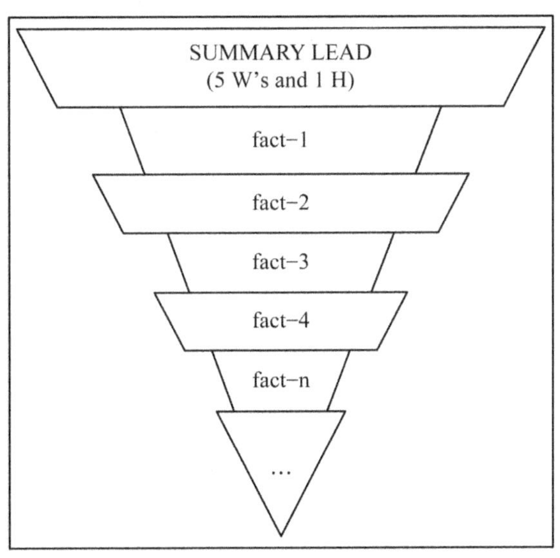

图 4　新闻倒金字塔式结构图

① 钱建成. 英语新闻报道的语篇结构和文体特征[J]. 新闻爱好者，2011(4)：102—103.

学生读完导语,获取基本信息后将以下语句按照新闻文体的叙事结构排序,再快速浏览正文核对答案。

(1) How John found his neighbor a mother of three was injured.

(2) John attended a reception before receiving the award.

(3) People's comments on John's action.

(4) John received an award for his bravery.

(5) What John did to save his neighbour.

Answer:(4)-(1)-(5)-(3)-(2)

值得注意的是,排序时学生很容易受故事叙事模式的影响,按照事件发生的先后顺序将第(4)项排在末尾。教师可以引导学生再次回顾标题 receives award 和导语 was honoured at the Lifesaver Awards,让学生领悟新闻正文写作顺序不同于故事的叙事结构。新闻语篇是按照信息的重要程度递减布局的,"Events in the body are in decreasing order of importance"。此外,award 作为核心词反复出现,也凸显了主人公除了机智勇敢之外还具有仁爱正义之心,这也是新闻报道所传递的新闻价值:对具备急救知识的倡导和少年出手相救行为的颂扬。

学生回顾总结新闻报道的结构三要素为标题、导语和正文,以及它们各自的写作特点(表 1),为下一阶段应用实践做准备。

表 1 新闻要素及特征

Elements of news	Feature
Headline	Headline often uses present tense to show freshness and immediacy of the news and articles (a/an/the) are usually left out.
Lead	Lead will include 5W and 1H, which should be concise and attractive by using adj. and adv.
Body	Events in the body are in decreasing order of importance. (inverted pyramid style)

[设计说明]语篇结构是作者思维过程的体现(蒋咏梅,2015)。语篇结构是影响学生阅读理解的重要因素。成功的阅读者不仅能快速识别文章的主题句,他们对于文本结构、文本的信息推进系统也极其敏感,能快速识别表征语篇信息的词汇还能顺畅适应文本信息的组织方式(许立新,2019)。新闻文体有其特有的语篇结构,借助排序活动可以培养学生的语篇逻辑意识,本课学生会因为新闻语篇模式知识的欠缺而误排信息,而这正是学习发生的时刻。活动 2、3、4 实现了目标 2,为下一阶段目标 3 应用实践做好准备。

2. 尊重自主生成,探析新闻语篇特征

前文已叙,根据深度学习"促进学习者建构个人知识体系并有效迁移、应用到真实情境中解决问题"的学习理念,本节课重点关注新闻导语的写作。写作分为两个阶段,在这一阶段教师给学生搭建支架,强调导语"既要凝练又要出彩,既抓重点又需准确"的写作特点。为此,教师提供另一篇删去导语部分、相同主题的新闻文本,让学生仿写导语。

Heroic Teenager Receives Award

- Who: Jane Miller
- When: Monday,September 24
- Where: in Bermingham
- What: received the Hummingbird Medal
- Why: for her bravery/ she saved a person
- How: by giving first aid

图 5　补充阅读新闻材料导语关键元素

学生提取导语要素(图 5),并根据导语的语言和结构特征进行仿写,并参照核对单(表 2)进行自我修改和同伴互评。

表 2　新闻导语写作核查单

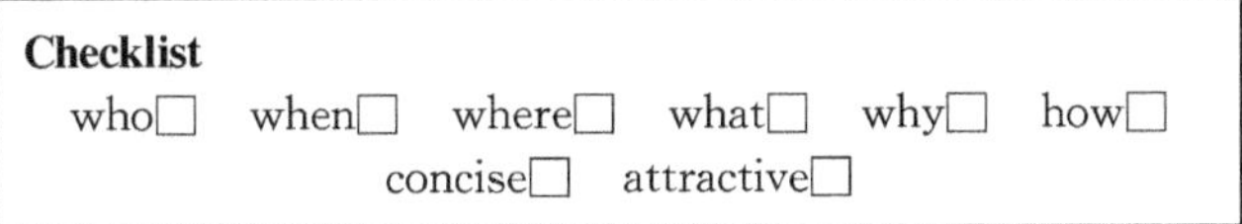

Checklist

who□　when□　where□　what□　why□　how□

concise□　attractive□

Possible version:

Jane, a teenager, was awarded the Hummingbird Medal on Monday, September 24 in Birmingham for rescuing a man from drowning by bravely giving lifesaving first aid at sea.

[设计说明]深度学习提倡学习者评价的自主性、真实性、过程性和反馈性(张浩,2014)。本任务提供的新闻文本和教材的新闻主题一致,主人公相仿,经历相似,降低了写作难度,可以让学生聚焦导语的相关元素和基本特点,学会用核对单反思评价自己的写作成果,在不断反思中提升高阶思维能力和问题解决能力,同时增强学生的写作热情和信心,基本实现目标 3 并为创作型写作做好铺垫。

3. 聚焦活动重点,促进新闻导语写作

本节课的侧重点是新闻导语写作,教师提供 2020 年 12 月 31 日习近平总书记新年致辞的图片。首先学生仅根据提供的新闻配图和标题 Xi Jinping's 2021 New Year address 写导语,然后根据提供的新闻文本创写导语。

1) 根据图片展开合理想象撰写导语

Possible version:

President Xi Jinping delivers a New Year speech to ring in 2021.

2) 依据新闻提取必要信息撰写导语

Possible version:

Chinese President Xi Jinping delivered his New Year speech on December 31st, 2020 in Beijing to ring in 2021, reviewing the country's achievements in 2020 and extending New Year wishes for the coming year.

3) 参照原则添加关键词汇完善导语

Improved version:

Chinese President Xi Jinping delivered his **inspiring** New Year speech on December 31st, 2020 in Beijing to ring in 2021, reviewing the country's **grand** achievements in 2020 and extending New Year wishes for the coming **new** year.

4）同伴互评共享班级平台发布导语

学生根据导语写作核查单相互评价、修改，并且作为新闻发言人发布消息。

[设计说明]本课教学的重点和难点是新闻导语写作。写作任务由易到难，不论是开放还是控制，都涉及深度学习的学习特质：分析、推断信息的逻辑关系；梳理、概括信息，建构新概念；合理想象、创造性表达自己观点的思维能力和语言能力。再次使用核查单巩固新闻导语的写作特点和要求以达到深度评价。同时，通过发布新闻的形式可以增强同学们的写作效能感，实现目标 3。

四、教学案例（片段）反思

一节好的阅读课必须体现阅读教学的综合视野。实践综合视野的英语阅读课堂关注核心素养的不同维度，聚焦“语言、内容、思维、策略”等要素的内在平衡以及“综合基础上的有所侧重”[①]，改变了一节课什么都想抓，却什么都抓不到位的现象。基于综合视野的新闻文本阅读教学践行了“综合和侧重”的取舍和平衡，既关注了新闻语篇结构、语篇信息、语篇所传递的文化内涵和价值取向，又重点学习了新闻语篇的标题、导语特征和语言特点，进而迁移创作新闻导语，实现了促进学生“内容、思维、语言”等能力的协同发展。

五、实践导师点评

汪润老师具有很强的学习能力和科研能力。本节课依据“英语阅读教学的综合视野”而设计，较好地把握了该理论的要义，围绕对教学材料的深度分析，牢牢把握“综合而有侧重”的操作原则，设计课堂教学目标，设计整

① 葛炳芳，汤沛. 2015. 高中语言阅读教学的综合视野课例[J]. 中小学外语教学（中学篇），（4）：1—8.

节课的教学活动。本课从新闻文体出发,从“探析新闻语体”和“练写新闻导语”两个侧重点即目标观照“把握新闻语篇脉络”这一可迁移的上位目标,并以“整合—生成—聚焦”六活动去实现。本课的设计体现了汪润老师的反思性实践和创新能力。

葛炳芳
浙江省教育厅教研室,浙江省特级教师,正高级教师

杨君燕

基于英语学习活动观的高中英语读后续写教学探究

一、教师简介

杨君燕

任教于松阳县第一中学，英语教师。2006年获得丽水市教坛新苗、2011年获市教坛新秀、2012年获松阳县学科带头人、2013年获县先进、2015年获县名师等荣誉称号。任教期间，连续多年获国家级、省级优秀指导师。2020年论文《主题语境下的高中英语语言教学探究》获市一等奖。2021年论文《基于英语学习活动观的高中英语读后续写教学探究》获县一等奖，市二等奖。2021年论文《"综合视野"下高中英语阅读教学中的语言变量》发表于《教学月刊》。

二、课堂教学思想

《普通高中英语课程标准(2017年版2020年修订)》倡导六要素整合的英语学习活动观，而该活动观为阅读教学提供了可行的有效的途径。《普通高等学校招生全国统一考试英语科考试说明》指出读后续写是写作的组成部分,其要求考生依据所给材料的内容、所给段落的开头语进行续写,将其续写成150词左右的短文。基于六要素整合的英语活动观通过综合而有侧重的活动,为续写前的文本阅读提供了内容、语言和思维的支持,而读后续写更使学生运用语言理解和表达意义,形成学习能力,促进了核心素养的落地。在历年的浙江省高考英语试卷中,读后续写共出现了4次,其中3次的话题为出行遇到狼、森林迷路和万圣节南瓜卡在头上。3次写作皆以problem—solution为主线,在人与自然主题语境下,通过对主题意义的探究来实现对语篇的理解,思维的发展和语言的运用。人教版模块六workbook中Trapped By The Flood一文,是基于单元The Power of Nature主题下的一篇文章,不论是从内容还是从结构、语言上都适合读后续写教学。

三、教学案例

(一)教材分析

主题语境:人与自然—灾害防范—自然灾害与防范,安全常识与自我保护。

语篇类型:记叙文"Trapped by the flood"。

语篇分析:该文本是人教版教科书模块六第五单元The Power Of Nature主题下,位于课后练习用书中的一篇文章,文中描述的是主人公Sara在其先生不在家的情况下,带着孩子、猫和狗独自面对洪水的故事。故事只描述到Sara带着孩子、猫和狗爬到了屋顶的情节,没有交代主人公最终如何实现自救或他救的。情节未完,待续。

(二)教学目标

英语阅读教学理念综合视野的理论以"为内容而读,为思维而教,为语言而学"为核心理念,强调英语阅读课堂教学是一个综合而有侧重的过程①。

① 葛炳芳.英语阅读教学的综合视野:理论与实践[M].杭州:浙江大学出版社,2015:16.

"综合而有侧重"为英语学习活动观聚焦常态阅读教学的落地途径。"综合"指课堂教学活动需要整合活动观中提出的六要素，指向核心素养的整体发展和教师要着眼于内容、思维、语言的整合和阅读策略的过程体验，使学生有机会整合地学习阅读文本相关内容。"侧重"，指每个活动要有各自的侧重点、首要的显性目标。①

本课结束时，学生能够：

(1) 通过对文本的梳理，了解该故事的情节发展。

(2) 通过对文中出现的"-ing 形式"作状语的重点解读，了解"-ing 形式"作状语可强调在严峻的形势下，人物动作的匆忙，从而把该语法功能用于读后续写中。

(3) 通过对文本的深入的批判的深度的解读，为读后续写做好铺垫。

(4) 基于文本的解读，写一篇与文本有逻辑衔接、情节和结构完整的150 词左右的短文。

(三) 教学活动

教师通过合理有序的主线问题设计，用精、少、实、活的问题激活课堂，精练教学内容与过程，使教学行为直指教学目标，使课堂高效②。问题链使文本内容的主线更加明确，层次更加鲜明，因而更具系统性③。

Activity 1: Predict the plot of the story with the help of the title and picture.

Question 1: Who was/were trapped in the flood?

Question 2: How did she/they survive the flood?

---

① 葛炳芳，印佳欢. 英语学习活动观的阅读课堂教学实践[J]. 课程. 教材. 教法，2020(6)：102—108.

② 姚彬. 高中英语阅读教学中主线问题的设计与思考[J]. 英语学习，2015(8)：45.

③ 葛炳芳，印佳欢. 英语学习活动观的阅读课堂教学实践[J]. 课程. 教材. 教法，2020(6)：102—108.

设计意图：借助标题和图片，激活学生已有的知识和经验，铺垫必要的语言和文化背景知识，引出要解决的问题。

Activity 2: Read para1 - 3 to find the characters of the story.

Question 1: Why was Tony away?

Question 2: What kind of person is Tony?

Question 3: How is the relationship between Tony and Sara?

Question 4: What did Tony suggest to Sara?

Question 5: Was the flood predictable?

设计意图：通过学习理解类活动，即 question 1 和 4 以解决问题为目的，鼓励学生从语篇中获得新知；通过应用实践类活动，即 question 3，去分析和判断人物间的关系，得出 Tony 和 Sara 彼此深爱，即使面临洪水，Sara 也仍记得丈夫的生日，不愿离开；通过 question 2，迁移创新类活动去评价 Tony，得出 Tony 是一个对村民负责对家人负责的人。各种信息间的关联都为续写中 Sara 被困屋顶后的施救提供了内容的支撑点。而问题 5 为活动 4 中的问题 3 作好了铺垫。

Activity 3: Read para4 to find the preparations of the Sara.

Question: What did Sara pack and react?

设计意图：文章的第一段 Tony 就交代了 Sara 打包好要带的东西和不能落下 Rosie 和 Monty，而在此段落，作者才提到 Monty 和 Rosie 是猫和狗。通过这两个问题，将文章前面三段的信息进行了整合，更对一开始的预测和文章的第一段内容作了回应，建立了信息间的关联。

Activity 4: Read para5 - 6 to find the reaction when Sara faced the flood.

Question 1: What did Sara see hear and do?

Question 2: What do the sentences with -ing form imply?

Question 3: What did Sara feel? Use sentences to describe it.

(1) Turing around she saw dirty brown water fountaining out of the drain and filing the sink.

(2) Calling to Rosie, she picked up the cat basket and ran to the front house and out into the front garden.

(3) Knowing the water would soon be much deeper, Sara ran to the car and opened the doors.

(4) Using the car seat as a step the climbed first onto the front of the car and then onto the roof.

Question 4: Do you think Sara did the absolutely right thing? If you were Sara, what would you do in an emergency like this?

设计意图:通过整合信息,感知并理解语篇语言所表达的意义。通过对"-ing 形式"在句子中的运用,感知在特定的紧急情况下,主人公行动上的迅速。而复习"-ing 形式"正是本单元的语法点。同样,问题 3 关注的是用细节描写来描述情感,这也是本单元的功能项目。这两点和单元教学目标一致,实现了为语言而学,这为续写中的语言的运用搭好了脚手架。通过问题 4,实施深度教学,培养学生的批判性思维,引导学生进行推理和论证,让学生去思考在面临灾害的时候,尤其是灾害可预测的时候,是该感性地等待家人还是理性地先撤退,实现语言运用的自动化,将知识转化成能力。

Activity 5: Invent an end of the story in two paragraphs with the beginnings given.

After nearly 40 minutes, …

As Sara rose to her feet, …

设计意图:通过把握文本的内容、语言特点,和对语篇结构的把控,使学生在新的语境中,对原文进行续写,创造性地解决新情景中的问题,理性表达观点,发展创造性思维能力和提高学生的综合语言运用能力。

(四) 学生习作展示、评价及反思

1. 学生习作展示

学生习作 1

枞阳一中高二英语书面表达书写练习专用纸 班级______ 姓名[illegible] 学号______

After 40 minutes, it was evident that the rain was still continuing, causing the water still went up. Sara sat on the roof lonelily, listening to the sound of water washing around the houses and trees, which deepened her horror and made she feel like sitting on pins and needles. Sara embraced her baby with a quirering body. It seemed that only by hugging toughly can she smooth her anxiety in such dangerous situation. Sara always stared into the distance, being desperate to be rescued by someone.

As Sara rose to her feet, a sound from the distance came from distance. Sara eyebrows shot like mountains peaks and her eyes were flooded with astonishment. It was her husband who drove the boat were getting close to her position. Her hands shook as she crupped her hands over her mouth. Her heart beat so violently that she felt nearly suffcated. As her husband was close to her, she realized that the disaster would end. A strong hand reached Sara's hands, leading her to the boat, both the cats and the dogs. Leaning against her husband's hug, Sara wore a shining simle on her face.

请在各题目的答题区域内作答,超出黑色矩形边框限定区域的答案无效

学生习作 2

[illegible]一中高二英语书面表达书写练习专用纸 班级______ 姓名______ 学号 学级______

After 40 minutes, the car was thoroughly flooded by the dirty brown water, which suggested that the danger got closer. The wind howled, whipping the rain against the broken trees. Sara could hear nothing but the crazy wind's crying and the verocious water's shouting. Her arms, too bulky in the wet shirt, could barely come together to hold baby James. It seemed that the flood not only destroyed her house but also took away her last glimmer of hope. Suddenly, a strange sound drew her attention to the distance. Was there a greater danger coming to her?

As Sara rose to her feet, to her surprise, it was her husband driving a motor boat hurriedly rushing to rescue them. With a white and blank face, Sara didn't know what to say. Just watching Tony put a ladder against the wall. "Darling, don't be scared. I'm here with you." In Tony's gentel voice, Sara finally put off the huge rock in her heart. Under the help of Tony, they successfully remove James, Rosie, Monty from the house roof to the motor boat in terns. "Sorry, Tony. I'm afraid that I would give you the worst birthday experience." "Well, darling, your safety and the reunite of us are the best gifts

请在各题目的答题区域内作答，超出黑色矩形边框限定区域的答案无效

for me." Under the brighter sky, they embraced each other deeply.

学生习作 3

株附一中高二英语书面表达书写练习专用纸 班级____ 姓名 何梦晴 学号____ 等级____

After about 40 minutes, darkness still crept across the sky and the water was already up to the top of car. The wind howled, whipping the rain against Sara and her families. Among them who were sitting on the house were entirely wet. Sara's face turned pale and she was at an absolute loss. An air of fear blanketing the whole world, only by hugging her lovely baby tightly could relief herself. Surprisingly, so quite were James, Rosie and Monty that they seemed to sense serious situation. After what seemed like a century, a white spot appeared in Sara's view.

Sara rose to her feet, seeing a glimmer of hope. She caught sight of distance filled with hope in her eyes. Seeing the spot gradually clearly, she was convinced that it was a ship which could save their lives. She wore a shining smile on her face. Then Rosie started barking madly towards that spot. Hearing the voice that might call her name, Sara recognized that voice must be her husband, Tony. "Tony, Tony, I'm here." Her voice trembled with joy. Fortunately, Sara and her families were rescued from the flood. Sara and Tony embrased tightly with tears in their eyes. It may be a pity that the new moutain bike was in the flood, but families safety must be a best present for Tony's birthday.

请在各题目的答题区域内作答，超出黑色矩形边框限定区域的答案无效

学生习作 4

栎阳一中高二英语书面表达书写练习专用纸　班级 7　姓名 [illegible]　学号 31　得分____

After 20 minutes the flood rose about three meters high come rushing in, drowning everything. Water was all around and everywhere. The rain beat heavily on her cheek, which let her know the situation was becoming more and more serious. The child sensed the danger coming, bursting into tears. The cat and dog were caught in the rain for a long time, making them curl up in the basket. As the sky was getting clark, her heart was gradually gripped by endless fear. Suddenly, a strange sound drew her attention.

As Sara rose to her feet, she saw a motor boat driving to her. was so incredible that she rubbed her eyes over and over again to ensure it was the true. Realizing the boat stopped in front of her house, she jumped up and let out a cry of exhiaration. What made her even more surprised was that her husband was becoming. He handed over the life jacket to her and picked up the pets steadily. They embranced each other, smiling in the rain.

请在各题目的答题区域内作答，超出黑色矩形边框限定区域的答案无效

2. 习作评价

从教学目标的达成度来看，学生围绕主题通过活动，运用语言技能获取、梳理、整合语言知识，深化了对语言的理解，获得了内容、语言和思维的支持，在续写中基本上考虑了上下文的连贯性，注意了与所给短文及段落开头的衔接，运用了动词的“-ing形式”作状语丰富了所表达的内容，通过大量生动的细节描写来描写其情绪，基本做到了运用语言理解和表达意义，批判性创造性地表达了自己的观点。

3. 案例反思

因为写作既是英语教学目的，更是英语学习手段[①]，而基于活动观的读后续写教学使得学生在主题意义引领下，通过学习理解、应用实践、迁移创新等一系列综合性、关联性和实践性的英语学习活动，带来语言理解和产出的交互，唤起表达的内生动力，促成语言使用和语境相伴的有机黏合，从而提高外语学习效率[②]，实现了语言知识与技能的整合发展，增强了文化意识、提升了思维品质、提高了学习能力，促进了核心素养的落地。要注意的是，活动观在读后续写教学实践中，活动应该综合而有侧重，活动的目标应该和单元的教学目标一致。

四、实践导师点评

该案例设计体现了杨老师的教学理念，为内容而读，为思维而教，为语言而学。整节课目标清晰，活动设计符合学生认知，能在学生原有的图式基础上学到新的知识。通过学习 Trapped by the flood，学生能够对原文进行续写，创造性地解决陌生情景中的问题，理性表达观点，发展创造性思维能力和综合语言运用能力，学生习作可圈可点，是杨老师课堂教学目标达成的最好佐证。

庄志琳

桐乡凤鸣高级中学，浙江省特级教师，正高级教师

---

① 潘正凯. 读后阶段写作活动设计的原则与策略研究[J]. 中小学外语教学，2021(5)：38.

② 王初明. 以续促写[J]. 现代外语，2016(6)：784—793.

姚渝芳

基于英语学习活动观的英语阅读教学
——第一册第二单元阅读与思考 Travelling around

一、 教师简介

姚渝芳

浙江省庆元中学英语学科教师，教龄 26 年。2011 年被评为丽水市教坛新秀，2012 年被评为丽水市英语学科带头人，2017 年被评为庆元县先进生产工作者，2021 年被评为县级优秀班主任。《基于学生素养的高中英语“文化”板块教学设计研究》《基于网络环境的高中精准教学模式研究》《基于主题语境的高中英语阅读与写作整合教学研究》等多项课题在市级评比中获一等奖；指导学生参加各项英语竞赛，多次获评优秀指导师。连续两届当选为庆元县人大代表。

二、 课堂教学思想

落实“立德树人”的根本教育任务，课堂坚持“以生为本”，努力培养学生的英语学科核心素养。

英语学科文本阅读学习重在读，本堂课基于六要素整合的英语学习活动观，通过创设学生活动，引导学生在语言实践活动中积累、建构和运用所学，逐渐培养必备的学科知识与学科素养。

英语学习活动观是指学生在主题意义引领下，通过学习理解、应用实践、迁移创新等一系列体现综合性、关联性和实践性的英语学习活动，使学生基于已有的知识，依托不同类型的语篇，在分析问题和解决问题的过程中，促进自身语言知识学习、语言技能发展、文化内涵理解、多元思维发展、价值取向判断和学习策略运用。

三、教学案例（片段）

以第一册第二单元阅读与思考“Travelling around”为例。

文本解读：该阅读文本是非连续性文本，提供了 2 种不同类型的文本。一为秘鲁的地理、历史简介，二是秘鲁的旅游宣传手册，推荐 4 条旅游路线。文本一分为二，第一段介绍秘鲁的地理位置和地貌，第二段介绍秘鲁的历史变迁与当前的官方语言。文本二包括四个介绍秘鲁旅游路线的小语篇。每个小语篇都由小标题和正文构成，附有精美插图。

旅游是学生感兴趣的话题，而且学生对这两种文体都很熟悉，文章总体难度不大。最难的在于学生如何形成对两种文本语言特点的评价，并能借鉴文本语言用于实际解决实际问题：介绍秘鲁以及介绍家乡。

针对文本特点和学生学习情况，我认为采用设计学生活动的教学方式能帮助学生有效获取信息及加工信息，深度理解文本，且能活用所学。教学过程中创设的学生活动分三层次：学习理解类、应用实践类和迁移创新类。

（一）利用课题开门见山导入新课

导入作为一堂课的楔子，能迅速吸引学生入境。英语教材丰富的各类资源可以很好地作为导入的语料。如在具体的教学实践中，借助课题开门见山导入新课就是很好的方式，虽然切口小，但直入主题。

在本堂课教学中，我直接呈现标题 Explore Peru，抛出问题“What do

you know about Peru?”。通过创设问题情境和背景预热，让学生对本节课的内容有一定期待，同时检测了学生对于秘鲁这个国家的了解情况，更让学生产生学习的动机。

然后我告诉学生由于自己不了解秘鲁，所以看到标题就登录 Wikipedia 网站查询了 Peru，得到了下面一段文字介绍，也即文章的第一部分。教师呈现文本第一部分和地图。在此环节中，直接呈现了 encyclopedia 这个单词。

活动 1(学习理解类)：Read the passage and answer: What information about Peru is offered in the encyclopedia?

学生在问题的引导下阅读第一部分文字，梳理信息，获取关于秘鲁的基本地理、历史、语言等概况信息，并进行具体的描述。在此活动环节中，教师帮助处理部分生词和最后一个强调句。

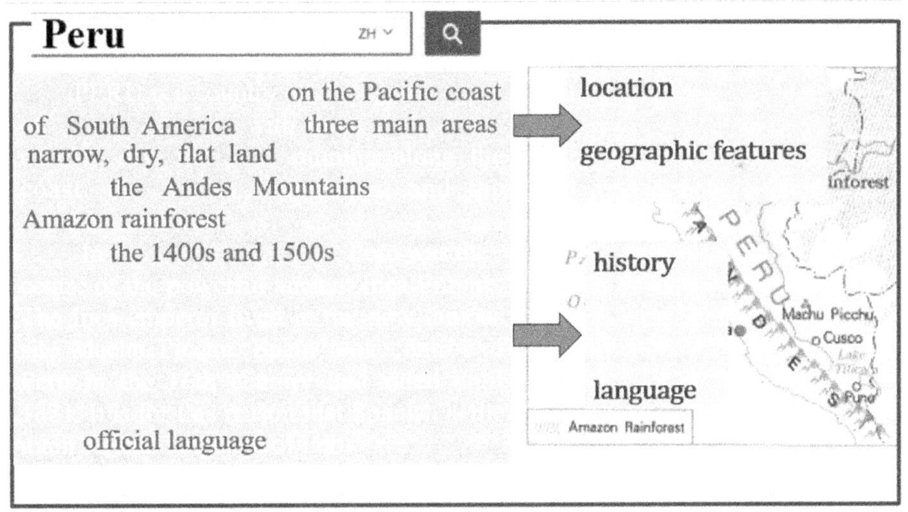

图 1　秘　鲁

活动 2(应用实践类)：Tell the language features of encyclopedia.

引导学生运用复述策略，通过对文本进行再次细读，归纳总结并描述百科全书的文字特点，为第二部分文本的特点描述活动做铺垫。

(二) 巧用活动深入浅出读透文本

快速用问题“Where can we get detailed information about Peru?”来引导学生说出平时我们了解一个陌生地的信息渠道，最后引出 brochure 一词，并呈现文章的第二部分文本。

活动 3(学习理解类)：Read and find out the information in the travel brochure.

学生快速阅读该部分文字，通过表 1 的填写，了解 4 条旅游线路的时间、行程、交通工具、特色、住宿和活动等基本信息。

表 1　4 条旅游线路的信息

Information	Amazon Rainforest Tour	Machu Picchu Tour	Cusco Tour	Lake Titicaca Tour
Numbers of days		4 days		
Transport				
Accommodation				local home
Activities (what to do &see)	boating; hiking exploring nature			

活动 4(应用实践类)：What impresses you most in each tour? (find one sentence in each tour and share)

通过该活动，引导学生进一步读出秘鲁旅游的看点，同时深刻理解文本中的语言，并进行分析和对比，推理出文本所隐含的意义，欣赏什么样的语言最能打动读者。在学生分享过程中，教师通过更加细节的问题追问活动，和学生一起再次进行分段解读，帮助解决生词或疑难句子。具体如下：

(1) Amazon Rainforest Tour 语篇中解决生词：accommodation

(2) Machu Picchu Tour 语篇中理解长句：Inca builders cut stones to exact sizes so that nothing was needed to hold walls together other than the perfect fit of the stones. 以及倒装句 Especially amazing is the Incas' dry

stone method of building.

(3) Cusco Tour 语篇中设计问题：What words can you use to describe various activities?（引导学生说出 appealing/attractive/inviting/desirable 等词）

(4) Lake Titicaca Tour 语篇中则让学生回答：What kind of life can you experience during this tour?（引导学生讲出 beautiful/quiet/natural/simple/peaceful 等词）

该活动中还穿插了一个任务，让学生用几个词概括 4 条旅游线路。

(natural wonder; cultural relic; multicultural city; aboriginal lifestyle)

通过这个任务，渗透对学生的文化意识培养。能让学生更深刻理解旅行不仅仅是欣赏沿途的自然景观，还可以感受古文明与现代多元化城市的撞击，并体会原始生活。这个活动很能考验学生的概括能力，没有唯一的答案。开放性的活动能让学生的批判性思维得到很好的培养。同时，该活动让学生的理解最终回归到本单元 opening page 旅行的意义上来，也是对单元主题很好的呼应。

活动 5(应用实践类)：Tell the language features of travel brochures.

因为有百科全书文字特点归纳活动做铺垫，学生能归纳总结并描述旅游手册的文字特点。通过对比两部分文字特点，学生应明白语言在不同文体中的适切性。如介绍性的文字应简洁、准确，只陈述事实，旅游手册则是要用描述性的，吸引人的文字来描述，最好图文并茂，设计精美。

通过以上的活动开展，学生应能对文本有一个深刻的解读，并能掌握一些用来描述地点的词汇和句式。

活动 6(应用实践类)：Fill in the blanks with right words.

该活动旨在让学生进一步加深对文本内容的理解，落实新知并能运用。同时我利用这一活动检测学生本堂课学习效果，并为课后作业的布置做难度预测。

PERU, a country on the Pacific ________ of South America with narrow, dry, flat land ________ along the coast, the Andes Mountains, and the Amazon rainforest, is undoubtedly the best choice for tourists.

Various tours are waiting for you to choose from. You can explore the rainforest with a local guide and enjoy the ________ plants and animals during the Amazon rainforest tour. If you are crazy about the ________, Machu Picchu tour is tailored to you. Travelling on the ________ paths through the Andes Mountains, you will be by the ancient city ________ its dry stone method of building. When you are in Peru, you can't miss the visit to Cusco. As once the ________ of Inca empire, it will never fail to disappoint you as you can ________ the architectures, visit the museums and enjoy the colorful life there. Like a peaceful life? You are highly recommended to go to Lake Titicaca, a pearl on the Pacific coast, where you can ________ the traditional lifestyle on the island.

So come and experience what Peru has to ________.

(三) 选设任务创设情境活用知识

文化是培养学生核心素养的源泉。在作业设计的过程中,教师们应当帮助学生扩大视野,培养学生的人文素养和文化品格。本作业的设置旨在帮助学生运用课堂所学的知识,创造性解决情境中的问题,同时增加文化体验,增强学生文化参与感。

活动 7(迁移创新类):

Assignment 1: Write an email to your friend Sophia to give her a brief introduction of Peru and recommend at least two attractions for her to visit.

Assignment 2: Shoot a vlog of our hometown by imitating the language learned in class.

四、教学案例(片段)反思

本堂课所设计的学生活动紧紧围绕该节课的教学目标展开,通过教学实践情况看,达成效果不错,体现了以生为本。尤其是课堂上果断把归纳百科全书文字特点这一活动直接后置处理得当。学生表现出彩的环节:

(1) 让学生分享自己最喜欢的句子,能够从文字本身、词汇、短语、句式各个角度分析原因。

(2) 另一个效果不错的活动是让学生用几个词概括四条路线,学生答案多样,思考的角度和点出乎意料,感觉师生有共鸣,对文化有认同,甚是欣慰。

作业的效果很不错,尤其是第二个作业。

不足之处是:

(1) 预设有偏差。由课文标题直接切入,直截了当。阅读时间充足,但是最简单的问题抽问了好几位学生才有正确回应。应考虑提问方式可以更柔和,且灵活提示。再如分析百科全书文字特点这一活动放在读后即做有一定难度。

(2) 语言未欣赏。文本的第二部分内容语言很美,并列的 4 段文字,有欣赏,但是没有给学生大声朗读出来的时间,没有把语言欣赏做到彻底,略有遗憾。

(3) 作业有争议。个人对作业的设计比较满意。两项任务学生都完成得不错。但是在评课中有不同的看法。有教师认为作业 1 更有针对性。有教师觉得作业 2 的开放度更高。

五、实践导师点评

姚老师对六要素整合的英语学习活动观有深入的研究,在教学设计上由浅入深层层推进展开,通过学习理解、应用实践、迁移创新等一系列体现综合性、关联性和实践性等特点的英语学习活动,促进学生学科核心素养的发展。

课堂教学设计以活动为载体,引导学生对文本进行阅读。活动设计上充分体现以生为本,立足学生语言能力、认知水平等实际情况。其次,教师在教学实践中能将新课程的理念融入课堂活动,教材的处理上能将重点突出,难点点拨到位,教学方式灵活。作业设计在课堂前期的扎实铺垫下能很好完成。在教学设计中(如 PERU 这课的信息处理时),能充分体现英语学科的人文性和工具性特点。姚老师思维缜密,教学活动设计层层递进,活动过程收放自如,体现学生主体地位,能收到很好的教学效果。

周道义
宁波市奉化区教育局教研室,浙江省特级教师,正高级教师

叶微

“综合而有侧重”视角下的以读促写教学实践

一、教师简介

叶微

丽水市“绿谷名师”培养对象，任教于浙江省青田县中学，教龄16年；先后获得丽水市优质课一等奖、丽水市教坛新秀、丽水市学科带头人、丽水市班主任基本功大赛二等奖，多次获得国家级课例一等奖，丽水市网络公开课一等奖，省市论文一等奖，国家级、省级优秀指导师，主持或参与编写市级及县级精品课程，青田县高中英语名师工作室主持人，合著有《英语阅读教学中的目标定位：综合视野视角》，由浙江大学出版社出版。

二、课堂教学思想

本课堂是基于《英语阅读教学的综合视野：理论与实践》[①]所倡导的“综合而有侧重”的以读促写教学案例，我认为教学过程应当基于自主提问成

① 葛炳芳.英语阅读教学的综合视野：理论与实践[M].杭州：浙江大学出版社，2015.

果，整合问题链；关联信息语言加工，关注“结构化”；聚焦“仿”“创”融合任务，提升迁移力。那么读写课堂应立足语篇，从深入语篇内涵到超越语篇，培养英语学习的综合能力，但各能力的渗透、融合、协调发展就需要我们建立综合而有侧重的教学目标，并基于主题，针对写作意图、语篇内容、主题意义、文体形式、语篇结构和语言特征等展开 what、why、how 的文本解读与教学设计，合理取舍篇章内容，设置层次分明的信息链、问题链、活动链，促进语言能力与思维能力的螺旋式上升，并通过专项练习，创新与实践提高写作的模仿与创造能力。

三、教学案例（片段）

（一）教学分析

1. 教材分析

本课材料来自人教版《普通高中教科书——英语（选择性必修一）》的第三单元“Using language Theme Parks — Fun and More Than Fun”，文本所处的整个单元是以 fascinating Parks 为主题展开的，介绍了 3 种不同种类的公园——国家公园，城市公园和主题公园，而本课材料围绕“主题公园”这一话题展开，根据对 3 种不同主题公园的描述，使学生充分了解主题公园带给人们的不仅仅是娱乐设施，还有各种各样的知识与文化体验；文本中主题意义相关的文本框架和丰富的描述性语言，呈现了主题公园的多样性和丰富性，最重要的是让读者身临其境，呈现了主题公园的可游玩性，可以作为非常好的旅游宣传写作的范本。

2. 学情分析

此次授课对象是 Z 省某重点高中的高二学生，有一定的综合阅读写作能力，基本掌握自主阅读与自主提问的技巧和写作能力，但缺乏良好的合作学习能力。在本节课前，学生已经进行了单元主题文本的学习，有了一定的相关词汇与内容积累。因此本节课的重点是结合“综合而有侧重”原则，通过设计具体指向的教学基本目标，融语篇结构、主题意义和语言特点，整合思维导图与问题链，引导学生展开对主题意义的自主探究学习与理解，从而实现应用实践、迁移创新的目的。

3. 教学目标

基于上述文本分析和学情分析，本节课确定以下教学目标：

学生借助问题链和相关信息核查，借助逻辑、概括和推断思维，自主预测并核实文本内容，厘清文本结构与主题公园的特色及相关活动内容；

学生通过文本分析，自主比较三个主题公园的活动与语言，感知文本特征与语言特色，并在练习环节运用这些语言表达主题意义；

学生借助讨论与模仿，评判与想象思维，整合阅读文本写作风格，在主题公园广告式文本的写作结构与语言上模仿并创新写作。

（二）教学过程

Activity 1: Activate the background knowledge related to the topic and think about the difference between amusement parks and theme parks by asking some questions.

Q1: Have you been to an amusement park?

Q2: What kind of entertainment facilities or activities appeal to you most in this amusement park?

Q3: Have you been to the theme park — Disneyland before?

Q4: What's the theme of Disneyland?

Q5: What's the theme park?

The students will have a free-talk about these questions and the teacher also will show some pictures and the brief definition of the theme park?

【设计说明】教师通过问题链的设置与图片导入话题，激活学生在娱乐公园和主题公园中曾看到与体验到的事情。本环节旨在激活学生相关的背景知识与体验，并穿插生词在真实语境中的解释，激发学生的阅读兴趣，并为理解与整合主题公园的特色及相关活动内容做铺垫。活动1是为实现目标1做铺垫。

Activity 2: Browse the title and the first paragraph to predict the source and the content.

Look at the title *Theme Parks — Fun And More Than Fun* and the first paragraph and predict where the text probably comes from?

Q1: Where would you most possibly find this passage and why?

A. A science report　　B. Encyclopedia

C. A travel brochure　　D. A biography

Q2: What do you want to know more about this topic according to the title and the first paragraph?

Under the guidance of the teacher, the students predict a lot of information:

S1: I want to know how many theme parks are mentioned and what are they?

S2: How can we have fun?

S3: What's the theme of them?

S4: What kind of facilities in the theme parks?

S5: What's the highlight of the theme parks?

S6: What's "more than fun"?

S7: Where are the theme parks?

At the same time, the teacher writes the students' predictions on the left side of the blackboard. The teacher doesn't evaluate the predictions but just encourage the students to predict actively.

【设计说明】基于主题意义的自主学习、探究学习应以学生为主体,应在指导学生如何阅读的前提下,给予学生充足的无干扰阅读时间,使其体验完整的探究式学习，主动预测与探求语篇内容与内涵。活动 2 旨在培养学生利用文章标题及首段预测文章题材与内容的自主探究与设问的能力，教师通过话题引入，尊重学生的意愿，并将学生所提出的问题写在黑板上，适当调整问题的语法结构或错误。同时引导学生关注旅游宣传手册内容的结构与语言特色。在课堂实践中，引导学生关注描述性语言后学生确实也能使用 powerful、expressive、impressive 这些词来描述，为学生后续关注细节描写的环节提供了参考。活动 2 是为实现目标 1 做铺垫。

Activity 3: Scan the passage to find out the answers to their own questions they came up with.

(1) Ask students to read the passage carefully and find out the answers to their own questions they came up with.

(2) Instead of asking students to answer the questions above directly, the teacher ask other questions related:

Q1: There are 7 questions here, which questions can be combined together?

Q2: According to the passage, which theme park appeals to you most? Why?

Ask the student to fill in the blanks below and pay attention to the adjectives the writer uses. (distinctive, entertaining, appealing, superb, adorable, splendid, excellent, thrilling, frightening, magical, fantastic, enormous, unique, largest, longest, smallest and so on)

Q3: What's the function of the adjectives in the passage?

表 1　提问成果整合

Parks	Location	Theme	Attractions	What do you think of it? (adjectives)

【设计说明】活动3是基于自主提问成果,整合问题链。引导学生在自主阅读过程中解读与探究自己提出的问题。这样的设计也给任课老师提出了更高的要求,在备课的过程中需要站在学生角度预设问题,在课堂上灵活地进行分层与整合。比如学生提问中的S2的问题主要涉及主题公园玩乐的项目,那么与S4的问题是有一定的重合的,S6与S3、S5也是,在阅读文本后老师可以引导学生对所设问题进行整合,也可以根据教学设计与问题的层次性原则进行一定的调整,使问题链更具严谨性与逻辑性,层次更加分明。同时,如表1所示,老师将学生可能会问的问题进行整合,更清晰地呈现信息。虽然老师没有让学生直接回答他们自己所提出的问题,但表1中前四个空基本属于学生所提出的问题1、2、4、7浅层问题,在处理第四与第五空时引导学生关注形容词的使用;解决难词并追问其作用,利用自主评价的形式引导学生理解文本的语言特点,结合课堂中学生生成与习得的词语appealing、attractive、persuasive等来作答,并灵活地反复使用superb、fantastic、adorable、unique、thrilling等描述性词汇,提升思维的层次,不断强化旅游宣传册的语言特色。活动1、2、3实现了目标1,活动3为实现目标2做铺垫。

Activity 4: Reflect on the last sentence of each paragraph and the title.

Q1: What is the function of the last sentence of each paragraph?

Q2: What is the theme park?

S1: Theme parks are entertaining, but most importantly, they can expose us to more knowledge.

Q3: What is "fun and more than fun"?

S2: Theme parks are entertaining, but they can also be educational.

Q4: Which aspect is more appealing, fun or more than fun? Why?

S1: Both, because It's killing two birds with one stone.

S2: The more abundant, the more attractive.

【设计说明】活动 4 目的在于引导学生进一步反思标题，拓展学生思维，与读前活动 2 根据标题预测文本内容相呼应，激发学生更加准确地概括主题公园的特点，解读标题中 more than fun 背后更深层次的含义，并在真实语境的练习中运用课堂所学语言，加深旅游宣传册中广告式语言特色的印象。活动 4 是为实现目标 2 做铺垫。

Activity 5: Draw a mind-map to show how the whole passage and description of each theme park is organized and show it.

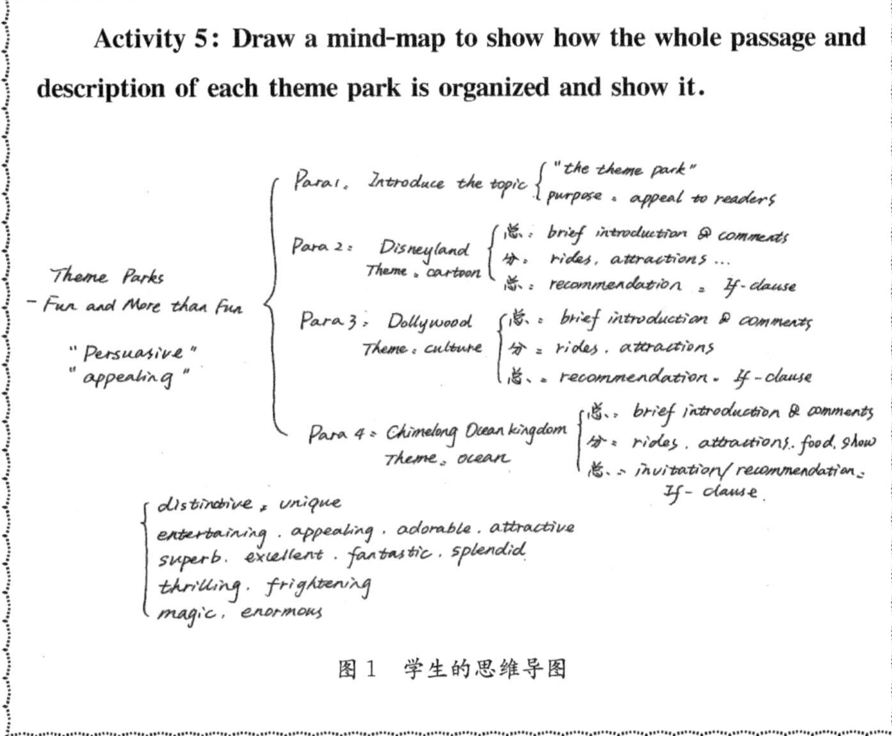

图 1　学生的思维导图

【设计说明】图 1 为学生的思维导图作品，从高一开始，基本每篇文章都会让学生去画思维导图或结构图作为预习或复习的作业，可以看出这张图基本能清晰地体现出文本的篇章结构，及其各分支之间的关系，同时还呈现了词汇的分类与文本特点，考查了学生的逻辑思维能力。通过对文章整体和段落结构的分析，学生能够明确旅游宣传册的组成框架以及每个部分相似的措辞用语与总分总结构，因此通过思维导图的整体呈现，学生能够更好地掌握写作时应该关注的结构与语言特点，下笔时也能具有整体意识，而不是想到哪写到哪，毫无章法。活动 5 是为实现目标 2 做铺垫。

Activity 6: Ask students to use the languages and if-clause learned in the class to finish the passage below.(如图 2 所示)

Universal Studios Japan is one of the most ________ places in the world to go to if you want to experience ________ movie world! As you wander around the Wizarding World of Harry Potter, you can visit Hogwarts and relive the magic of Harry Potter films. Minions, Spider Man, Jurassic Park, and Sesame Street are also featured in its many ________ attractions and rides, which include immersive 3D theaters, ________ roller-coasters, and a ________ long ride through dinosaur-infested waters. And then ________ you get tired, there are many different kinds of restaurants with ________ food for every ________, featuring classic American fare. If ________________________ ________________.

图 2　文本填空

【设计说明】任务 6 中教师通过让学生使用课堂所学形容词及"If 条件状语从句"来补全内容，巩固其所学内容并运用到相似文本中。《课标》指出："在日常教学活动中，教师要结合主题语境，不断地复现有关词语，其中包括教师自己的课堂教学话语和学生发言、对话、讨论的话语，譬如在小组活动前，教师提示相关词语运用的要求，有意识地促使学生在讨论中使用新学的词语"。(教育部，2020)学生在任务中不仅要考虑所用语言的准确性，而且要考虑语言的得体性，在不断使用中准确掌握词汇与句子结构在真实语境中的使用，也有助于提升学生的写作能力。活动 6 实现了目标 2，并为实现目标 3 做铺垫。

Activity 7: Ask students to imitate and write a similar passage by using languages and the same structure.（如图 3 所示）

假如你是李华，你的美国朋友 Richard 对北京环球影城（Universal Beijing Resort）非常感兴趣，写信向你咨询相关信息，请你根据要求写一封回信，内容包括：

1. 写信目的　2. 游玩内容介绍　3. 推荐游玩

图 3　作文题目

【设计说明】教师指导学生在真实的语境中灵活且创造性地使用所学语言与内容，有利于培养创新实践能力，从而形成可迁移、可持续的综合写作能力。同时启发引导学生在审题时关注语言、结构与写作目的，将此文本与教学文本进行比较，启发学生关注相似点与不同点，并利用思维导图整合梳理写作内容与框架，侧重写作策略的训练。本堂课由于时间有限，只完成了思维导图部分的任务，在第二节课中，让学生利用自评与互评的方式主动对产出型文本做分析和比较，知晓差距，提高写作能力，形成自主学习的习惯和能力。活动 6 与 7 实现了目标 3。

四、教学案例（片段）反思

基于“综合而又侧重”的旅游宣传册的读写课堂，从宏观上，学生完整地体验“读内容—解语篇—习语言”到“仿内容—写语篇—用语言”的整个过程。从微观上，教学过程既关注了语篇结构、语篇内容、语篇所传递的意图，又重点学习并模仿了旅游宣传册的结构特点与语言特色，英语写作能力的培养是一个循序渐进且需要不断积累实践的过程，授人以鱼不如授之以渔，学生真实的自主探究式的阅读写作体验与教师支架式的阅读与写作技能指导，可以帮助学生更好地掌握阅读与写作的学习策略，从而养成自主学习的习惯，为他们的终身学习打下扎实的基础，实现学生核心素养的提升。

五、实践导师点评

叶微老师的课例,以"英语阅读教学综合视野"的"综合而有侧重"观去优化英语读写课的教学。课例实践使叶老师形成了"读内容—解语篇—习语言"+"仿内容—写语篇—用语言"的操作框架。从课例看,这是一个行之有效的框架。读的活动基于意义加工,写的活动也突出意义加工的重要性。同时,语言这个变量也被牢牢抓住。这样的设计符合《普通高中英语课程标准(2017年版)》的理念,能够助力学生英语学科核心素养的形成和发展,有效实践了英语阅读教学综合视野的理论。

这个课例体现了叶微老师扎实的专业能力和进取精神,把在"绿谷名师"工程中的所学和所得应用到自己的日常英语教育实践中,以此优化自身实践,促进自身专业水平的提升。

葛炳芳
浙江省教育厅教研室,浙江省特级教师,正高级教师

张芬

主题视角下的阅读教学设计基点与路径

一、教师简介

张芬

浙江省基地负责人之一，丽水市教坛新秀、丽水市英语学科带头人、丽水市英语中心组成员、丽水学院附中英语教研组长，个人教学有特色，深受学生爱戴，所带教研组成绩一直突出。曾获丽水市班主任基本功大赛一等奖、网络公开课一等奖，2018 年 9 月被评为市直优秀教师，2019 年被评为丽水学院附中年度人物。10 余篇论文在国家、省、市获奖或发表，负责或参与多个省、市课题均获佳绩，主持或参与编写多门市级精品课程并获奖。2020 年 12 月带领英语组开发的高中英语经典模式概要写作系列微课被录用为 2020 年度省级微课程。曾参与编写教辅《高中英语大课堂》，参与丽水市监控考试命题，多次开设市级讲座，经常承担丽水市各级各类比赛评委。

二、课堂教学思想

努力践行英语学习活动观，创设以活动激发学生，基于主题意义探究的英语课堂。因为主题意义探究的课堂有多方面的价值：探究活动由浅入深，活动层次分明，能促进学生思维螺旋式上升；通过精心设计的信息链整合性地学习文本,在探究主题意义的过程中能促进学生语言能力、文化意识、学习能力的共同发展;以主题意义探究为引领,落实英语学习活动观;以探究主题为目标,实现语篇深度阅读,发展学生的学科核心素养。本课例是新教材 PEP 2019 Book 1 Unit 1 The Freshman Challenge 中 Reading and thinking 的阅读教学,以此阐述主题视角下的阅读教学设计基点与路径。

三、教学案例(片段)

(一)教学目标

通过本课的学习,学生能够:

(1)辨别自述体文本,能理解这种文体的特征及语言特色,获取信息。

(2)能够借助语篇标题、辅助的图片、关键字、中心句等获得语篇主要信息。

(3)了解中外青少年的身心问题,比如在学习生活、课外活动和成长中可能出现的烦恼。

(4)能够通过对比或比较反思自己的学习和生活,建立阳光健康的心态,正确面对学习和生活中的挫败和困难。

(二)教学设计基点

1. 语篇内容(what)——主题意义呈现的载体

语篇内容围绕青少年生活展开,在"人与自我"的主题下,探究了中外青少年在学习、课外活动、兴趣爱好、人际交往等方面的状况及面临的问题。语篇话题是美国学生 Adam 刚进入高中的新生活,主人公 Adam 以第一人称口吻描述了自己所面临的 3 个挑战:如何选择课程、如何加入心仪的美式橄榄球校队、如何适应高中学习生活。同时自述了应对挑战的心态和策略。标题 The Freshman Challenge 是整个文本的浓缩提炼,语篇内容贴近高一学生的现实生活,符合高中学生的认知需求,能让学生产生共鸣。学生自然而然会把自身情况与 Adam 做比较,思考"如何尽快适应高中学习生活"这一问题。

2. 语篇结构(how)——主题意义表达的形式

语篇的结构对主题的实现有着至关重要的作用，对主题的表达有制约、影响和促进作用，为主题的呈现提供条件，能更生动、形象地表达主题，使结构也更为紧凑[①]。新课程标准提出以语篇为单位设计和实施教学的思路，主张在教学中带领学生分析结构，即关注语篇各部分如何连接成一个整体。这样有利于紧抓作者的思路，提炼出语篇框架，立足语篇结构设计相应的学习活动，能有效帮助学生梳理语篇脉络，挖掘深层主题意义。该语篇采用了记叙文体，是一篇个人自述，语篇结构清晰。

3. 语篇研读(why)——主题意义提炼的前提

语篇理解是以语篇的深度研读为前提的，带领学生语篇研读的过程往往是通过创设与语篇主旨密切相关的语境，设计相关活动，以解决问题为目的引导学生对主题意义进行探究，而且活动之间应该是层次递进，通过语篇研读才能帮助学生完成对文本主题意义深层挖掘。

(三) 教学过程(主题视角下的阅读教学路径)

Step 1:联系学生生活，引起学生共鸣

① The teacher introduces herself and her students in her own Senior School by showing the photo.

② Students talk about the question:

As freshmen in senior high school, how do you like your school life in the past month?

设计意图：课标(2017)[②]强调的社会情境、主题语境、语用等，要求把学习活动和学生的现实生活相结合。通过交谈学生真实经历，引起共鸣，有利于后面阅读活动中与作者进行真实情感互动。引出 freshman、confusing 这两个与阅读文本内容有重要关系的单词，为接下来的文本阅读做铺垫。

---

① 洪志琴，姚明发，吴元珍. 语篇衔接方式与主题的关系[J]. 湖南第一师范学报，2009(3)：102—104.

② 教育部. 普通高中英语课程标准(2017 年版)[S]. 北京：人民教育出版社，2018：1—63.

Step 2:自主生成问题,激发探究热情

① Students read paragraph 1 of the text and figure out the following question:

How does Adam feel about going from junior high school to senior high school?

② The Teacher asks students what they want to know according to Adam's feelings and the title of the text, and students raise questions freely.

设计意图:问题 1 承接 step1,帮助学生提取主题词 challenge 和复现关键字 confusing。问题 2 是基于思维提升的标题解读(标题:The Freshman Challenge)。解读文本首先是解读、探究和加工文本标题。标题高度概括了文章主题,被看成整篇文本的文眼,对全文进行提纲挈领,使学生学会构建标题与文本内容的关系,这是一种重要的阅读技能,能帮助学生预测文本大意,使学生更顺利进行后面的文本阅读。教师从学生视角出发,引发自主提问,激起学生对后续文本阅读的兴趣。此环节中学生提出的问题可能包括"What are the challenges? How are the challenges dealt with?"。教师和学生在后面环节依据这些问题深入文本阅读,形成了"问题—解决"的主线贯穿课堂始末,确保学生高效参与阅读活动,实现主题意义探究。

Step 3:设计主线问题,层层深入主题

① Students answer the question after reading paragraphs 2 - 4:

What challenges has Adam met? (I had to .../I had to ..., too .../I will have to ...)

② Students clarify the structure of the text on the mind-map:

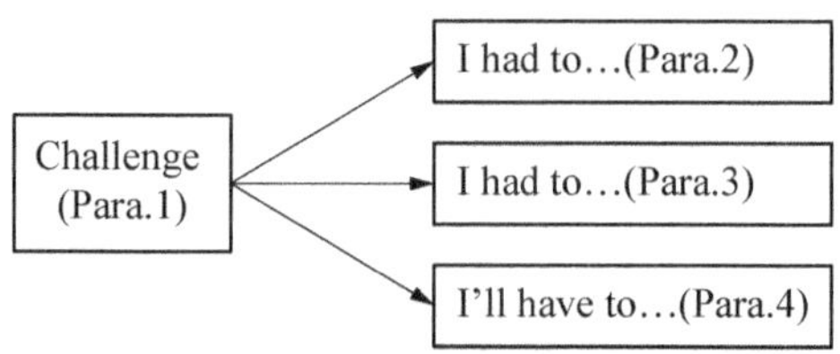

T: Adam says "I had to ... I had to ... I will have to", what language skill is used? Why does he express in this way? (Repetition. To present his challenges/To convey his feelings ...)

③ Students read paragraphs 2 - 4 again and find out Adam's solutions to each challenge and add the key information to the mind-map:

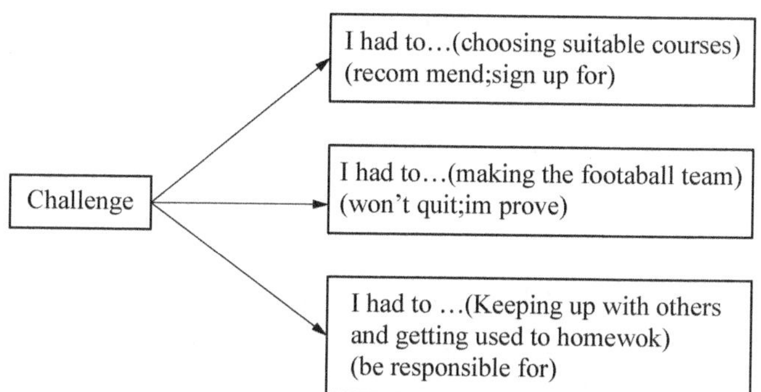

设计意图:活动①&②引导学生关注语境中具体修辞(have to 的重复反映出作者面对的是一系列新的挑战)的使用,帮助学生提取关于 challenge 的基本信息,理顺文本结构。根据课标(2017),我们应关注赏析语篇中使用特定词汇、句式所表达的效果。使学生通过体验 have to 的重复使用体会作者真实情感,在获得语言、文化知识的同时形成阅读素养(张献臣,2018)。活动③分析了文本的语篇结构,属于引导学生深层次解读的教学活动,只有通过深层解读文本,才能层层深入主题。

Step 4:聚焦文本语言,理解主题内涵

T: Pay attention to some special expressions:

① How does "make the team" mean?

② What "extra-curricular activity" did he take?

③ What is a "soup kitchen"? How do you know?

设计意图:如果学生对文化背景知识了解不够,会导致学生不能准确到位地理解文本中的文化信息,从而影响他们深度吸收及理解文本信息的[①]。

① 郑春红,钱峰.综合视野下基于思维提升的阅读文本信息加工和处理[J].中学外语教与学,2019(1):46—49.

A soup kitchen、extra-curricular activities、make the team 能帮助学生更好地理解他们背后传递的文化信息,从而更好地理解主题意义。同时培养学生通过上下文推理、判断词汇意义的能力。

Step 5:利用高阶思维,深挖主题意义

T: Discuss the good qualities Adam has and discuss the question:

According to the text, what kind of person do you think Adamis? Give your reasons.

设计意图:引导学生借助评判思维,判断 Adam 是怎么样一个人,通过分析人物品质,深化主题意义(面对挑战所体现的精神品质),有利于发展学生的高阶思维能力,比如,概括、推理、评判等。Bloom 认为认知领域教育目标中认知活动分为六个层次,从低级到高级分别是识记、理解、应用、分析、评价和创造,后三者属于高级思维。

Step 6:再次回归生活,达成学科育人

① Students share the challenges they have met with or they will meet with in the future as freshmen and figure out the solutions.

② Students work in groups and give suggestions on the solutions to the challenges listed. (Teacher requires students to use the words learned in the text while describing their challenges and solutions.)

设计意图:这是迁移创新类活动,从文本内容延伸到学生实际,引导学生迁移创新所学知识,表达主题意义,在解决实际问题上借鉴课堂所学到的,表达自己的想法。迁移创新类活动指学习后创造性地解决陌生情境中的问题,促进能力向素养转化的过程(教育部,2018)。只有通过接近他们真实生活的读后活动,才有利于学生迁移创新运用所学语言,学会解决问题,形成观点和理性思考,达成学科育人。

Assignment(主题视角下的阅读教学课后作业)

Suppose you were Li Hua, a college student. Your friend Adam, a freshman in senior high school, wants you to give him some advice on how to get along with his school life. Please write an e-mail to him, telling him about the possible challenges and solutions. Present it in the next class.

设计意图：帮助学生巩固所学语言和内容，拓展到学生实际，活学活用。阅读教学只有从输入到输出，才能更加有效地培养语言能力[①]。读后迁移类活动提升了他们的创新能力，在发展学生运用所学语言的能力的同时，帮助学生认识自我以及丰富自我，理解本单元的主题“人和自我”。

四、教学案例（片段）反思

本文是基于主题意义探究的英语教学理念的阅读设计案例。紧扣语篇内容（what）、语篇结构（how）、语篇研读（why）三个基点，并遵循以下基于主题意义探究的英语教学设计路径实施教学：联系学生生活，引起学生共鸣；自主生成问题，激发探究热情；设计主线问题，层层深入主题；聚焦文本语言，理解主题内涵；利用高阶思维，深挖主题意义；再次回归生活，达成学科育人。通过一系列层次分明的活动为路径，带领学生探究主题意义，同时促进了学生思维从低阶上升到高级；通过整合性地学习文本，实现了语篇深度阅读，在此过程中同时促进了学生语言能力、文化意识、学习能力的共同发展。

五、实践导师点评

张芬老师善于钻研教学并进行提炼，案例语言表达很流畅，深入地谈论了主题视角下的设计基点，能根据语篇内容结构特点和学生认知水平设计由浅入深的学习活动，总结出了主题视角下的阅读设计路径，为如何让主题视角下的阅读教学落地提供了实际借鉴价值，能促进更多的一线教师拓展主题视角下阅读教学路径的深度和广度，是一堂主题视角下的阅读教学典范课例。

庄志琳

桐乡凤鸣高级中学，浙江省特级教师，正高级教师

① 张献臣．基于英语学科核心素养的中学英语阅读教学[J]．中小学外语教学（中学篇），2018（6）：1—5．

陈红

问题情境下的有效学习

一、教师简介

陈红

浙江省庆元中学语文学科教师，教龄7年，担任班主任7年。入职以来，先后获得庆元县优秀教师、教坛新秀、学习型优秀共产党员等称号。2019年在丽水市高中语文教学评比中获得二等奖，2020年在丽水市班主任基本功大赛中获得二等奖，2021年获得丽水市教坛新秀称号。多篇论文在县市级论文评比中获奖；指导学生参加各项作文竞赛，多次获得优秀指导师称号。

二、课堂教学思想

语文是一门综合性和实践性的课程，需关注内在思维和外在行为的统一。语文学科的学习重在创设积极的语言实践活动，引导学生在语言实践活动中积累、建构和运用，具备必备的学科知识与学科素养。学生核心素养的提升有赖于具体、真实、主动、有效的语言实践活动，统编教材的多样组合又恰好为听说读写活动赋予了无限的生长资源。

情境是基础，问题为纽带，问题情境即在具体的教学实践中，要做到情境和实践的有效对接，力求真实有效，避免流于形式，内容碎化，在具体的文言文教学中，我们可以考虑从课前导入、课堂任务、课后作业三个环节入手，充分挖掘教材资源创设情境，赋予学习者以恰当的活动场景，以期实现对文字、文章、文化的理解。

三、教学案例（片段）

以统编教材必修下册第一单元第三课《庖丁解牛》为例。

（一）巧借课题创设情境，疏通文言字词

奥苏伯尔的有意义学习理论强调“创设一定的问题情境”，使学生发生兴趣，产生认识需要、学习倾向和动机。“情境应该是可以包括单元的人文价值指向、以课文为主体的学习资源、具体任务中提示的支架性材料、师生之间的共同活动场域等。”好的情境应当充分利用现有的学习资源，通过巧设问题、任务与活动，充分调动学生的学习积极性，从而达成特定的学习目的。在具体的教学实践中，我选用最多的是借助课文标题进行设疑来创设问题情境，虽然切口小，入题常规却往往能快速激发学生兴趣，直达学习要点。

在《庖丁解牛》教学中，我直接点明本文是一篇寓言小短文，从课文标题入手，以“寓言的主人公庖丁姓什么?”的问题激起学生学习欲，引导学生关注课下注释，理解“庖丁”一词的组合特点，从而引出先秦时代“人物称谓法”这一知识点，实现对知识的补白。在朗读文惠君“善哉”的赞叹声后，以小问题“丁是如何一步步成为庖的?”引导学生精读课文，疏通文言字词，解决字词重难点，由阅读行为走向梳理、积累与探究，逐层推进。

我认为，教材里的课文标题大多都值得精心推敲，具有作为问题情境资源的可能。在现有的教学案例中，部分执教者敏锐地嗅探到了课文标题的精妙处，并以此为契机组织教学活动，收到了意想不到的效果。如有通过对《哦，香雪》中的“哦”字进行推敲，“哦”字后面可以加什么标点，分析指向情感主题；对《立在地球边上放号》中的“放号”一词进行读音辨析，立足诗歌文本体悟特殊时代的青春之情；对《我与地坛》中的“与”字进行介词与连词之

辨，探析文本内部的“我”“地坛”及两者之间的联系，从而真正把握文章内理。分析不同课文标题的外在特点（如语法形式、标点情况）与内在意蕴，创设合情的问题情境，有效勾连学习内容与学生主体，充分挖掘课文标题的价值。

（二）巧用文本创设情境，理解文章意蕴

我认为，问题情境应当有情而真实，问题的提出都应立足“学”的内容本身，而非成为与内容脱节的外在形式。有情，即考虑“学”的情况，既要精准捕捉学习材料的深层意蕴、编排方式与目标指向，又要准确把握学生特点，了解学生现有阶段具备的各方面能力和最近发展区。真实，即情境的构建应始终立足于文本特点之上，关注到体裁、语言、情感等诸多要素。基于创作背景、作者、主题编排等因素的考量，每一个教材文本都具有独特的学习价值，切忌忽略文体而泛谈。

在《庖丁解牛》的教学实践中，我从文惠君第二次的感叹语“善哉！吾闻庖丁之言，得养生焉”入手，通过创设问题情境，建构起文惠君的感悟与庄子的自白两者内容上的联系，在阅读思考中把握文章意蕴。

问题情境设计：小组讨论，探究文惠君“闻庖丁之言”后悟到的“养生”之道的内涵。

学生活动：从“________”（庖丁原话）中，文惠君懂得养生要________（概括性语言）。

学生甲：从“十九年若新发于硎”中，文惠君懂得养生要保全自身。

学生乙：从“善刀而藏之”中，文惠君懂得养生要收敛锋芒，不张扬。

学生丙：从“依乎天理，批大郤，导大窾”中，文惠君懂得养生要顺应自然，不能硬碰。

……

受限于回答格式，学生都是基于庖丁语言进行道理阐发，挑一句想一点，侧重局部分析，缺乏整体观照，故我进行了引导。“本文是一篇寓言，本身应该具有一定的寓意。我们是否可以考虑庖丁解的‘牛’、用的‘刀’或者整个解牛过程本身便具有寓意呢？”在这样的问题引导下，思维打开了，学生

也在更深层次上领悟了庖丁的解牛之道与文惠君的养生之道的联系，庄子养生之道的得出也就水到渠成。

我认为，高妙的问题情境创设就在“此文此时此地”，关注课堂这一活动场，把握教学语料的特点，建构起两者联系，既贴合学习目标与课标理念，又充分挖掘文本价值。

（三）巧设任务创设情境，书写文化思考

写作研究学认为，写作应追求一种“纯粹状态”，这并非意味着与现实生活进行割裂，“而恰恰是在生活的‘自然生态’环境下的一种不由自主的自发生长。”由此而知，写作更强调情境的真实自然与行为的自主自觉。

个体写作有别于公共写作，在表达情绪、交流思想的同时，更讲求个体思维品质、语言表达和鉴赏创造。新课标注重学生的“个体写作”，即在向外捕获信息时，更注重向内对自我内心的观照，立足自身身份，书写家国之思与时代之思。

新教材设置了大量的写作任务，内容丰，体裁广，要求高。与其费尽心力搜索教材外部资源，不如充分挖掘教材内部资源，通过筛选、重组、整合，创设出贴合学情与情境的写作活动，形成对文本理解的层次内化。在《庖丁解牛》教学中，我先按老路对《子路、曾皙、冉有、公西华侍坐》《齐桓晋文之事》两篇文章与本文进行简单的联读比较，归纳孔子、孟子和庄子的处世之道，明确庄子的“无为”思想：政治上主张无为而治，生活态度上主张顺其自然，精神上追求绝对的自由。在此基础上，设置小写作活动，作为课后作业的补充。

问题情境设计：有别于主张入世、积极有为的孔孟之道，庄子主张顺其自然，无为而治。在百家争鸣的春秋战国时期，这个遗世独立的翩翩庄子，后来竟成了无数读书人心向往之的精神图腾。

学生活动：结合现实，自主思考，针对庄子的“养生之道”写一段评述性文字。

在学生的写作完成之后，通过分享，交流个体间的思考，体悟道家文化，再给学生展示一段网络上的评析作为思考补充。

网络评析：它在一定意义上陶冶、培育和丰富了人的精神世界。它可教人们忘怀得失，摆脱利害。超脱庸俗无聊的斤斤计较和生活束缚，或高瞻远瞩，或怡然自适，与活泼流动、盎然生机的大自然融为一体，从中获得生活的力量和生命的意趣，从而抚慰人们心灵的创伤和生活的苦难。这也正是中国历代士大夫知识分子在巨大的失败和不幸之后，并没有真正毁灭，而是选择将保存生命，坚持节操却隐逸遁世以自娱山水，洁身自好的终极归宿。

此外，我们还可以整合教材资源，以问题情境的解决引入学习活动，通过专题项目学习的方式进行语篇重组，实现学生思维的纵深发展。引导学生在阅读文本的基础上，自觉分析和反思其表象及现象的发生机制，增强思维的深刻性、灵活性和批判性，实现读写融合。如探究中国古代的“贬谪文化”，通过借助课文群和流浪地图等媒介资源，达成对贬谪背后心理机制的挖掘，探求文人心理。

四、教学案例（片段）反思

1. 问题情境化

由课文标题直接切入，简单利落。把握学生心理，将问题情境化，确保学习活动顺利展开。本案例采用的情境多依托文本自身，通过巧问、巧联达成，庖丁解牛之技与文惠君养生之道的互联环节巧妙利用文本资源，富有新意。导入环节欠新意，在问题情境的创设上，还可以有更多思考。

2. 内容层次化

由浅而深，目标明确有层次。学习行为由单篇阅读到篇章互联再到文化思考，学生思维实现纵向发展。但情境创设的后力不足，只完成了简单的知识补充，与后续环节脱节。

3. 读写书面化

写作环节既让学生自觉思考文化的现世价值，又让本节课的阅读学习从口头表达走向书面整理，有利于能力提升与素养落地。

五、实践导师点评

利用问题情境设计来引导学生快速进入文本，巧问巧联中透出教师对文本研读的深度和广度，问题设计有较强驱动力，有些问题切口很小却能牵一发而动全身，看似“无理”却妙在其中，是教师长期摸索灵活施教的见证。在新课标背景下，把握住了“新写作”的重要特征，即“贴牢”情境来写，文章体式依情境而定。如何将“问题驱动教学”转型为“任务驱动教学”，建议可以结合大概念来设计问题情境，使得“小巧”的问题转而为具备持续驱动力的“大情境”；学生也可发挥体性，积极参与到问题设计中来。

倪江
杭州外国语学校，浙江省特级教师，正高级教师

高海丽

向内求深度，向外求广度

一、教师简介

高海丽

丽水第二高级中学教师，任教高中语文学科，教龄20年。曾获丽水市中小学德育名师、丽水市德育学科带头人、丽水市语文教学能手、丽水市德育新秀、丽水市语文教学新苗等绿谷名优教师称号。先后参与2项省级课题，主持8个市级课题，发表近20篇省级论文，主编丽水市教育局家访系列丛书《家访案例集》，主编校本教材《知音识字》。多次被评为优秀指导师、优秀教师、先进个人。

二、课堂教学思想

人无德不立，育人的根本在于立德。我在教育过程中，把立德树人理念渗透到教育教学工作的各个方面、各个环节，培养学生求真尚美之心，教育学生要珍惜大好时光，求真学问，练真本领。

从教20年，形成了富有亲和力与感染力的教学风格，深受学生喜爱。在教学上，认真研究教材教法，根据学生的特点，进行教学设计，讲究教学艺术，以扎实的基本功引领教学，曾获得丽水市高中语文教师基本功比赛一等奖。有多年的班主任管理经验，在班级管理上形成一套切实可行的制度。擅长心理健康教育，能够独立完成团队辅导与心理测量，关注学生心理发展，让学生在和谐健康的环境成长，曾获市级班主任基本功比赛一等奖。

三、教学案例（片段）

《普通高中语文课程标准》对“思辨性阅读与表达”任务群有如下阐述：本任务群旨在引导学生学习思辨性的阅读和表达，发展实证、推理、批判与发现的能力，增强思维的逻辑性和深刻性，认清事物的本质，辨别是非、善恶、美丑，提高理性思维水平。议论文写作是有效体现思辨性阅读和表达的重要方式，“学习表达和阐发自己的观点，力求立论正确，语言准确，论据恰当，讲究逻辑”[①]。高考作文不仅考查学生的思维广度，同时考查思维深度；不仅体现考生的思维能力，同时体现思维品质。要想作文拿高分，就要在思维广度和深度上下功夫。

（一）把握思辨学情

新课标中对思辨性阅读与表达任务群进行了界定，它注重思维力的培养，包括广度、深度、创造力。我们在作文教学中，可以通过以下几种方式考查学生是否具备思辨性思维。对于思辨学情的分析，有别于传统教学中的学情分析，重点把握学生在思维影响下所呈现出来的显性特征和隐性特征。一是作品析思辨。学生的作品包括作文习作及考场作文，教师通过其了解学生在审题立意、谋篇布局、论证说理等方面的掌握程度，为学生个人建立《学情记录表》。二是调查助探究。教师通过面谈及时记录学生存在的问题，在《学情记录表》做进一步的补充完善，形成个性化的诊断书。三是数字赋能。在大数据时代，用柱状图、折线图、雷达图等，对数据进行详细的分析。数据的分析包括纵向和横向两个维度。纵向分析，是把同一个学生不同时期的不同作品进行纵向比较分析，比如将高三、高二、高一不同年级的

① 中华人民共和国教育部. 普通高中语文课程标准[M]. 人民教育出版社，2017：18—19.

作文,进行纵向对比,了解该生在议论文写作中思辨能力的发展情况;横向对比,是将一个学生的数据与同层次其他学生进行比较,了解其在同一层次学生中所处的位置。①

(二)实施思辨教学

高等学校入学考试从功能上看是选拔,注重理性思维的考核。高中教育很好地衔接了高等学校对人才的需求,切实培养学生的思辨能力,最关键的是要看"怎么教"。思辨教学以问题为导向,以任务为驱动,紧扣问题的解决而展开。统编版教材"学习之道""中华文明之光""责任与担当"等大单元,从阅读文本到作文训练,从个人情怀到家国情怀,所选取的内容与学生生活世界联系,与学生的语文经验关联,培育语文核心素养,落实立德树人的根本任务,体现思辨性思维。

以课例"从肤浅到深刻——高考论述文写作深刻性指导"为例。

教学目标:①明确高考论述文评分要求,并理解深刻性的重要性;②掌握论述文深刻性的方法。

教学重点:论述文深刻性的方法,包括因果分析法、比喻论证、假设论证。

教学难点:如何在论述文中恰到好处地运用论证方法。

1. 导入

宋代宋祁的《草木杂咏五首·枇杷》:"有果产西裔,作花凌蚤寒。树繁碧玉叶,柯叠黄金丸。"在古诗导入的同时带枇杷进课堂,营造真实情境。

2. 教学环节

1)任务一:品味吃法

请同学们选择自己喜欢的吃法,借此阐述你对人生及生活的感悟。

要求:字数 80—100 字,力求深刻,同时学生展示作品。

在任务一中,教师先进行引导,比如先吃大的还是小的,吃白枇杷还是

① 魏文化.高中议论文写作教学中思辨能力的培养策略研究[D].南昌:江西科技师范大学硕士论文,2021.

黄枇杷，跟谁一起吃等，从方式和对象上分析，引申到对人生态度的思考，明确比喻论证的手法。

教师小结：怎么吃（方式不同）

和谁吃（对象不同）

枇杷——人生 **论证方法**

吃枇杷——人生态度 **比喻论证**

《晋书·顾恺之传》："恺之每食甘蔗，恒自尾至本，人或怪之。云：'渐入佳境。'"

2）任务二：探究哲理

以小组为单位讨论你愿意和哪种人交朋友？为什么？

任务二运用小组合作探究，用"为什么""之所以……是因为……""为什么……？因为……，因为……"等关联词，因果分析法可以使文章分析得更深入、透彻，从而增强论证的说服力。

3）任务三：练笔强化

布袋和尚《插秧偈》："手执青秧插满田，低头便见水中天。六根清净方为道，退步原来是向前。"

反向观之：退步原来是向前

在"但是"后面做文章

诚然……但是……

当然……，并不意味着……

……同时又……

诚然，我们必须，又不能失去……

我们姑且承认……，但从另一角度……

任务三通过练笔的方式，让学生学会以退为进，先肯定对方的优势，再指出对方的不足，用假设论证，进而深化自己的观点，避免说理生硬、极端，使说理变得周全、平稳、辩证。在此过程中，教师结合高考作文评分标准发展等级（如表1）给学生做指导。

表1　高考作文评分标准发展等级表

	一等	二等	三等	四等
基础等级	切合题意 中心突出 内容充实 思想健康 感情真挚 符合文体要求 结构严谨 语言流畅 字迹工整	符合题意 中心明确 内容较充实 思想健康 感情真实 符合文体要求 结构完整 语言通顺 字迹清楚	基本符合题意 中心基本明确 内容单薄 思想基本健康 感情基本真实 基本符合文体要求 结构基本完整 语言基本通顺 字迹基本清楚	偏离题意 中心不明确 内容不当 思想不健康 感情虚假 不符合文体要求 结构混乱 语言不通顺,语病多 字迹潦草难辨
发展等级	深刻 丰富 有文采 有创意	较深刻 较丰富 较有文采 较有创意	略显深刻 略显丰富 略有文采 略有创意	个别语句有深意 个别内容较好 个别语句较精彩 个别地方有新意

小结:写出深刻的文章,要从不同角度,运用不同方法。建议学生要多读书,读美学、人生哲学、社会学、天文学、人类文化学、经济学等方面的书。

3. 课堂小结

是什么——概念分析

为什么——因果分析

怎么做——方法分析

在思辨性作文中,深刻性的要求是什么?在教学中,教师要通过思辨性教学让学生明白“辨”的内涵,让认知走向深刻。深刻性的要求是:①透过现象深入本质;②揭示事物内在的因果关系;③观点具有启发作用。思想的高度决定文章的深度,“千古文章意最高”。莎士比亚曾说“世上的事物本无善恶之分,思想使然”。

(三)思辨教学突破口

思辨教学可以选择适合学生学情的方式作为突破口。第一种是专题学习。基于思辨能力培养的议论文写作专题性学习,在议题的选择上要注意时效性和社会性,当今作文以立德树人为导向,有“多主题”“多元”“多项”的

“三多”命题特点。专题训练应尽量选择当前热点话题，与日常生活和学习有密切联系，让学生有话可说，有理可论，最大限度满足不同学生的个性，以便其在真实情境中论证说理。

第二种是思维导图。它以直观的形式转化思维，实现思维的可视化，顺应人类的认知习惯。强大的思维导图，可以把结构多样、内容复杂的内在逻辑关系变成一张图纸，把重要的部分，需要在作文中阐述的内容呈现在图纸中，帮助学生以最快的速度、最高的效率厘清作文思路。

第三种是微型训练。它具有目标小、切口小、针对性强、操作性强的特点，有助于打消学生对写作的畏惧心理，提高议论文写作训练效率。比如，“人生该不该示弱”“有为与无为”等，它立足于学生的现实基础，将训练目标微小化，字数在200—300左右，相对于800字的文章来说，难度降低，可使学生克服对作文的畏惧心理。平时多写多练，增加微型训练的次数与频率，能有效提升学生的思辨能力。

（四）创新教学评价

掌握议论文的写作能力是时代、社会、生活对一名高中生的基本要求，更是他们进入高等学校学习、深造的必备能力。教学评价分为自评、互评、师评等方式，根据不同教学场景灵活运用。通过自评，学生回顾写作思路与过程，审视自身思维，不断完善自己，客观检验思辨性作文的完成情况，以及理性思维能力的外化过程。通过互评，学生之间以小组合作的形式，关注自己及本小组成员的作文完成情况，进行打分并撰写评语，有效地提升教学效率。师评中，最有效的方式为面评，即对一个个学生的作文进行面批，然后有针对性地对学生作文进行个性化评价。创新型教学评价让教师更关注学生学到了什么，让学生自己感受到学习是否成功、目标是否达到，可对学习效果进行有效的检测。

四、教学案例（片段）反思

在课堂教学改革实践中，我选择以议论文教学作为出破口。思辨能力是议论文写作的核心问题。思辨能力的培养不是一蹴而就的，需要借助阅读和表达，将思辨能力贯穿始终，注重培养学生的思维能力、逻辑体系及思维方式，提升作文的逻辑性和辩证性。因此，高中语文教师一定要利用丰富的教学方式，不断拓宽学生知识视野的广度及对问题思考剖析的深度，从而得出一个完整的客观的认识和评价。基于思辨能力培养的议论文教学评价，不仅要关注结果，更要关注教学过程中学生思辨能力的动态发展。思辨性作文犹如作文教学中的一颗明珠，将在语文教学中熠熠生辉。

五、 实践导师点评

本案例围绕《高中语文课程标准》创设的“思辨性阅读与表达”学习任务群，结合教师自身高考论述文写作指导实践，从深度和广度两个方面试图挖掘学生的逻辑思维能力，提升他们的理性思维品质。思辨性表达对于中学生而言是个难点，案例有理念，有路径，对难点有所突破，评价工具借助高考作文评分标准“基础等级”和“发展等级”，亦有操作性。本教学案例对中学语文思辨性表达训练有参考和启发作用。

朱昌元
浙江师范大学继续教育学院，浙江省特级教师，正高级教师

叶德义

以评促学，评也是学

一、教师简介

叶德义

浙江省青田中学考试研究中心副主任，刘基书院院长，高中语文教师，教龄31年。丽水市名师，青田县高中语文学科首席带头人，侨乡精英。丽水市资深命题专家，高中语文监控中心组成员。多次担任浙江省高考阅卷小组组长。近年来在省级以上报刊发表论文10余篇，主持“现代科技与国学经典深度融合的教学实验”等市级及以上的课题五项。

二、课堂教学思想

课堂是学生成长的摇篮，素养提升的主阵地，本质上是学生的学堂。作为课堂的主人，不仅要知道学的内容，还要学会学法，更要评定怎样学有更高效率，甚至要推出评判标准，从而让评价成为学习本身的一部分。促进学习的评估（简称 AFL）可以看作一种评估理念、策略或方法。本文所指的“评”，不是单纯结果性评估，而是基于学习过程的各种形式评价，合适的评价方式会极大地促进学生学习。教学过程中动态而即时实施形成性评价，及时反馈学生自己信息，充分发挥形成性评价改进、激励功能，将极大地提升学生学习的兴趣和效率。

三、教学案例(片段)

以下是《孔雀东南飞》教学实录。

师:刘兰芝为什么被遣?(先思考,后交流讨论)

生:婆媳矛盾。媳不听话?

师:从什么地方读到信息?

生:无礼节,自专由。媳自己也讲"不堪驱使"。

生:门第不当。

师:是否有道理?

生:无父,易被欺。(众笑)

师:如果门第不对的话,为何县令、太守来求亲?

生:刘兰芝美丽、能干、贤惠、有教养。

师:从哪里可以看出她有教养?

生:出生在农村,可能没有教养。

师:从哪里看出出生在农村?

生:生小出野里,本自无教训。矛盾了,我没仔细看。

师:你认为谁仔细看了,能回答有没有教养?

生:课代表。

师:请课代表陈述对这个问题的看法。

生:很有教养,可以从刘兰芝的言行举止看出,如"十五弹箜篌,十六诵诗书"。同时也可以从刘母的言语中看出,"十三教汝织,十四能裁衣,十五弹箜篌,十六知礼仪,十七遣汝嫁,谓言无誓违"。

师:刘母说了就信吗?

生:从母亲本身有教养也可以看出,子女的教育与父母很有关系,尤其是母亲如何,子女便如何。

师:你能从文本里找到依据吗?

生：阿母白媒人："贫贱有此女，始适还家门。不堪吏人妇，岂合令郎君？幸可广问讯，不得便相许。"使用了谦辞、敬辞，然后婉拒，使对方不尴尬。

师：能设身处地考虑到别人的感受，本身就是很好的教养。言传身教，对刘兰芝教导得好，这个观点成立，论据充足，有说服力。通过刚才阅读交流，我们认为刘兰芝是一位美丽、能干、贤惠、有教养的女子。

这么好的媳妇，焦母为什么却要驱赶她？

生：有替代品，东家有贤女，自名秦罗敷，可怜体无比，阿母为汝求。

生：想要听话的，此妇无礼节，行动自专由。刘兰芝太有主见了。

生：可能是没有孩子。两三年了却没有孩子。不孝有三，无后为大。

师：这个理由好像也成立。封建社会有哪些情况可以休妻？

生：有七出。不顺父母、无子、淫、恶疾、嫉妒、多口舌和盗窃。

师：似乎刘兰芝犯了两条。两年无子，在封建社会还不能被遣。所以关键原因可能是不顺父母。刘兰芝被遣，最后悲剧发生了。

如何阻止悲剧的发生，找一当事人进行劝说，类似于电视节目《金牌调解》之类的。劝说的过程中，我们应该找到一种相对比较靠谱的"格式"进行劝说。

生：要说到点子上。

师：嗯，要有针对性。针对这个人，说什么内容，才能说到点子上呢？

生：要针对他的性格特点进行劝说。比如说焦母，要对她说，这样子下去会失去儿子的。

生：比如对焦仲卿要劝他刚一点。

师：这个主意不错，不过焦仲卿最后以死殉情，你认为刚不刚呢？

生：……

生：前面的时候要刚一点。

师：那就是说劝说的时候，还有一个时机的概念在里面？结合刚才大家的思考，看看一种靠谱的劝说，应该注意哪些因素？

生：劝说时机、劝说的人，劝说的内容。

师：那就是劝说对象、劝说时机、劝说内容——劝说要注意的要素。

师：刚才同学说劝焦仲卿要刚一点，结合劝说要素，我们捋一捋"格式"：

劝谁?何时?目的是什么?通过什么内容达到?

生:劝焦仲卿,在母亲要遣刘兰芝回娘家前,目的是打消母亲的想法,通过以死相逼的方法。

师:好,我们就暂时以这样的"格式"来写一段劝说词,大家在写的过程有新发现及时反映。

(学生写劝说词)

……

师:同学们都认真,对生命都极端负责的态度进行了劝说。请小组讨论,推荐一篇劝说词,并说说推荐理由。

生:展示作品(林静)

对象:刘兰芝

时期:与焦仲卿相约殉情(还没死)

劝说内容:

你是个好姑娘,你有才有德,不应该这样轻易地想着殉情,以死誓约是不值的。孰知你对焦仲卿一片深情,可他在明明可以不顾焦母的无礼要求的情况下,让你在焦家有一席之地,可他却做不到,他在一味地为自己的懦弱找借口。他一直在让你忍让,而自己唯一做出的反抗也只在口齿上,甚至最后还是让你"暂时"回娘家,他以一副"一切都是为你好"的可怜嘴脸求你,可又让你"千万不要违背我的话",还一面说着这都是他母亲所逼。更别说他约定定会来看你,可也一直不曾出现。现在倒好,发现自己"老婆"要跟别人成亲,这才出来露面了。还有他那狗屁不通的双标发言更令人气愤,他自己被逼迫而妥协,那是无可奈何,你做同样的事却是天理不容。他丝毫没有关心你,甚至不了解你,阴阳怪气倒是有一套的。就他这种货色到底有什么值得你去为他殉情啊!

你现在好好的,不要想不开,虽说是被迫成亲,但还没见到对象,你本人还不了解他,与他相处过,可说不准以后的日子会怎么样。你走你的阳关道,过你的桃源乡,根本不用管他啊!

师:大家觉得怎么样?

生:很好!

师:具体好在哪里呢?

生:我觉得她这篇符合了我的标准。(生大笑)

师:把你的标准展示一下。

生:我的评价标准

(1) 理由是否充分。(有理)

(2) 态度是否谦和但立场坚定。(主见)

(3) 言语是否通顺。

(4) 思维是否有逻辑顺序。

(5) 是否提到两面性。(即运用对比等修辞)(附加)

(6) 是否有解决办法。

师:大家觉得有没有道理?

生:还不错,有几条符合。

师:标准是一个方面,怎样制定标准是我们更要注意的地方。我们从自己比较认可的劝说词中去提炼,找出好在哪里?然后看看能否形成相对比较合理的标准。

师:还有哪位同学可以展示你的标准?

生:我的标准是这样的。

(1) 有没有动之以情,晓之以理。

(2) 有没有凭事实说话。

(3) 语言够不够打动人心,够不够尖锐。

(4) 立场是否坚定,有没有把人打醒的功效。(关于立场坚定,是要清晰地知道目的是什么)

……

师:哪位同学能否综合其他同学的标准,形成一个比较标准的标准?

生:首先是否有针对性,针对特定的人物及其性格,是否针对某个时间(或者情绪)节点,自己立场是否准确而坚定;其次理由是否真实,是否充分,是否能服人。再次方法运用是否恰当,能否晓之以理,动之以情,喻之以义。最后语言是否流畅,思维是否清晰,逻辑是否严密。

师:很好!概括得比较全面。老师补充一点,首先要与劝说对象"共情”，理解他，感同身受，取得他的信任，使他愿意与你交流。

四、教学案例（片段）反思

本设计，先以“刘兰芝为什么被遣”问题，对学情进行测定，从而为确定教学目标打下基础，尤其涉及人物的性格分析，既是形成冲突的根本原因，也是后面劝说的重要依据。基于现实情境下的劝说实践，要通过梳理、整合日常积累的语言经验，发现有效劝说的规律，上升为个体言语经验，从而正确有效地运用祖国语言文字进行社会活动。因此具有普遍认可的劝说“标准”是学习的核心。将评价活动纳入课堂教学的中心环节，把制定“评价标准”作为教学目标，在推进的过程中，以学生为主体，挑选大家认为较好劝说词为蓝本，由评议推进，逐步形成评价标准，标准制定后，进行检验，运用评价标准去评价，最后修正标准，从而习得言语经验。从思维过程看，实践—理论—实践—修正理论，实现了“从事实到概念，到关系，到结构”“从事实到方法，到方法论，到科学本质观”“从知道到理解，到应用，到综合”的素养提升。不足之处，在于指导学生找“格式”，对中下水平学生来说，理解有些困难。

五、实践导师点评

教学古代长篇叙事诗《孔雀东南飞》，与学生一起讨论“兰芝为什么被遣”，在理解作品内容、把握人物形象的同时，讨论、评议、梳理评价的标准，并将标准运用于课堂，做进一步的校正、修订，在引导习得言语经验的同时，也探索、拥有了程序性知识。这一“混合式”教学，契合高中语文课程标准的精神，即在言语实践中，通过“主动的积累、梳理和整合”，掌握语言文字运用规律，形成个体言语经验，提升学生的思维品质和语言运用能力。

朱昌元
浙江师范大学继续教育学院，浙江省特级教师，正高级教师

余春娟

核心素养下，山水小品文阅读教学路径探索
——以《登泰山记》教学设计为例

一、教师简介

余春娟

龙泉一中语文教研组组长，丽水市学科带头人。获第七届全国高中语文教师基本功展评二等奖，所著《情境式任务驱动写作“五意识”的探索和落实》《以问寻趣　突破难点》等多篇教学论文获市一、二等奖，参加各级各类教学、技能比赛50余次并获奖，多次开设省市级公开课和专题讲座，获龙泉市先进党员、优秀德育导师等荣誉称号。

二、课堂教学思想

教育部统编本中小学语文教科书总主编温儒敏教授说：“语文课是语言文字语用的课，同时把文化修养、精神熏陶，很自然地带进来”。在《学业水平考试与高考命题建议》中新课程标准倡导“考试、测试题目应以具体的情境为载体，以典型任务为主要内容”，这就要求我们在日常课堂教学中应以情境任务为主要载体，让学生在个体体验中完成学习任务。文言文本是高

中生学习的一大难点,山水小品文又浸润着文人骚客不同境遇下的情感,和学生当下生活有一定的距离。课例尝试通过创设连通古今的情境,解读一篇特定的山水小品文,从而带领学生读懂一个文人的心路转折,透过寄托个人情感的山水体察士大夫的精神抉择。

三、教学案例(片段)

(一)情境创设

看了央视关于泰山的短视频后,有位叫"行天下"的朋友就在朋友圈里发了这样一条信息:"从容无事,当裹粮出游。吾欲学古人,上泰山,观于沧海之外。现求圈内大咖赐攻略。"现在请同学们为这位朋友做个登泰山的攻略。请同学们把书本翻到120页——《登泰山记》,一起做攻略,来一场心灵的远游。

设计意图:以贴近学生生活的场景导入。

(二)活动设置

【活动一】辩一辩

现在的导游图早已淡化了古人的足迹。朋友圈一发出,马上有热心人呈现登山线路图。下面请同学们根据《登泰山记》的文字描述,判断这"手绘版登泰山路线图"(图1)是否与姚鼐当年行踪相符。

设计意图:通过路线图的比对,让学生熟识文本中关键文言字词,对文脉有进一步的掌握。

明确:①不是沿中谷入;②汶水和济水标注有误。

姚鼐登泰山的路线:南麓—循中谷—越中岭—循西谷—日观峰。

【活动二】析一析

(1)姚鼐选择的路线、时间值得推广吗?有没有实操的价值?

设计意图:再次梳理文本,引发学生对作者选择特殊路线、特殊时间的思考。

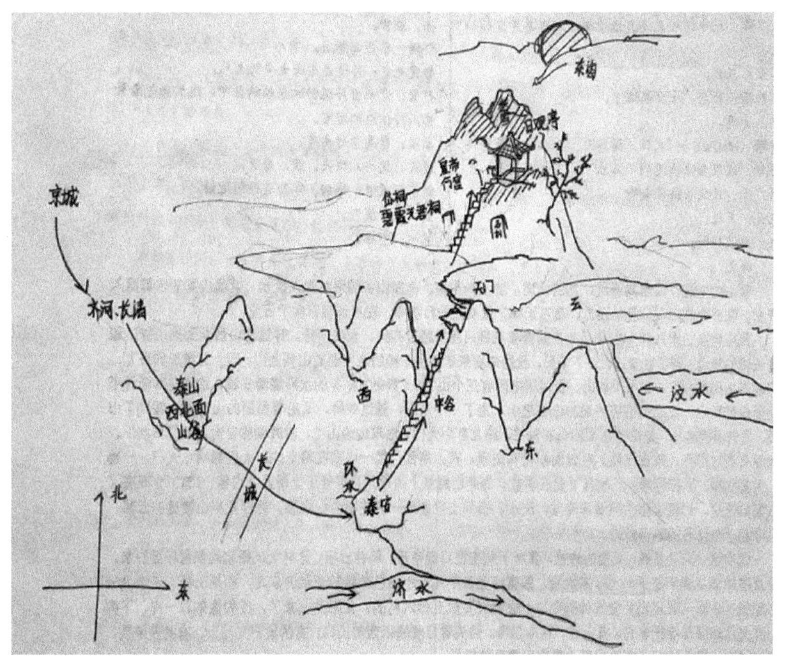

图 1　手绘版登泰山路线图

明确：

不值得："崖限当道者""道中迷雾冰滑，磴几不可登"，太危险。

值得：①不走寻常路，可以看到不寻常的风景，"无限风光在险峰"；②登上山顶，看着"苍山负雪，明烛天南"的景色，给人豁然开朗的感觉。③泰山有知己朱孝纯子颍。

（背景资料补充 1）姚鼐生平：

雍正九年十二月二十日（1732 年）出生。

乾隆十五年（1750 年）中乡试中举人，同年冬春之交，会试落第。

乾隆十七年（1752 年）秋至乾隆二十二年（1757 年）春，三次会试不第。这期间留住京师，他结识了毕生的莫逆之交朱孝纯，并王文治三人相得甚欢，常结伴出游。

乾隆二十八年（1763 年），守丧期满后，再次应试，终于中试。

曾先后任山东、湖南副主考，会试同考官，刑部郎中等职。

乾隆三十八年(1773年),入四库全书馆充纂修官。

乾隆三十九年(1774年)秋,借病辞官。道经泰安与挚友泰安知府朱孝纯(字子颍)同上泰山,登日观亭之后,写下了这篇游记。

(背景资料补充2)姚鼐诗文:

去秋始得《四库全书》一部,阅之,其持论大不公平。鼐(宋学派)在京时,尚未见纪晓岚(汉学派)猖獗若此之甚,今观此,则略无忌惮矣。岂不为世道忧邪?鼐老矣,望海内诸贤,尚能捄(同"救")其敝也。

——姚鼐《与胡雒君书》

然吾闻天下山水,其形势皆以发天地之秘,其情性阖辟,常隐然与人心相通,必有放志形骸之外,冥合于万物者,乃能得其意焉。

——姚鼐《左仲郛浮渡诗序》

(2) 在了解背景后,再看泰山之景,你又会有怎样的发现?这泰山之景与姚鼐的身世有何联系(有着怎样的发现)?

①道中迷雾冰滑,磴几不可登。——仕途艰难

②望晚日照城郭,日上,正赤如丹。——一日将尽,一日初升;辞官还乡,迎接新生。

③山多石,少土;石苍黑色,多平方,少圜。少杂树,多松,生石罅,皆平顶。冰雪,无瀑水,无鸟兽音迹。至日观数里内无树,而雪与人膝齐。——肃穆清冷,方正纯粹,回归本真。

小结:姚鼐在旧的一年即将过去,新的一年即将到来之时,能于人生不惑。40岁之前,我把自己交给国家;40岁之后,我回归到家,回归到自己,再无案牍之劳,不受仕途宦海所累。

姚鼐来到这里,放下了国家之泰山,叙写着自己的泰山。姚鼐以登泰山的方式来完成人生的重要的仪式,他在夕照中与过去的仕途生活告别,也在这里迎来人生的新一缕光。这巍巍泰山确实"隐然与人心相通"。

再看姚鼐泰山之行归来后的行动,也恰是他"告别"与"新生"的最好说明。乾隆四十一年(1776年),姚鼐挚友、时任两淮盐运使朱孝纯在扬州梅花岭侧重修梅花书院,并亲笔题字镌刻在匾额之上,邀姚鼐前往担任掌院。从此,姚鼐开始其著书立说,主张"义理、考据、辞章"三者不可偏废,广泛研究,

涉及文学、哲学、史学、诗学、文章学、书法史等多方面，为桐城派散文之集大成者。

【活动三】选一选

如果苏轼和姚鼐穿越到2022年，成为学校的导师。你会选择谁做你的导师呢？请结合课文和背景说明理由。

（背景资料补充3）游赤壁后的苏轼：

元丰八年，司马光复相，苏轼升任朝奉郎知登州。四个月后，还朝任礼部郎中。再升翰林学士、知制诰，知礼部贡举。

元祐四年，政见不合，以龙图阁学士出知杭州。整治西湖，修苏堤。

元祐六年，受人攻击，调知颍州。整治颍州水利，修筑堤坝。

元祐七年，调知扬州，关心百姓，请求朝廷暂时停止催欠。

元祐八年，君臣不睦，调知定州，肃贪倡廉。

绍圣元年，新党执政，被贬远宁军节度副使，惠州安置。

绍圣四年，再贬琼州别驾，儋州安置。兴办教育。

元符三年，赦复为朝奉郎。北归回朝任职。途中病逝常州。

设计意图：通过比较阅读，探寻古人在遭遇心灵困境时破解之法，更好地理解山水小品文的魅力。

小结："为天地立心，为生民立命，为往圣继绝学，为万世开太平"自古以来就是中国士大夫的选择。面对仕途的不如意，苏轼于黑暗中自主地寻找光明，豁达变通；而姚鼐在官场受到排挤后，并没有激烈的表现，但他的解脱之法却异常决绝，他没有"滚太极"，而是把这个"大黑球"捅破，他选择的是对旧有选择的放弃，另寻了一片天地。

（三）拓展：写一写

山水寄予着作者的情感，山水映射着作者的人格。如果说"以我观物"是文人写作山水小品文的"编码"方式，那么"以景窥人"则是我们阅读山水小品文的"解码"方式。

生活中，山水景物与你有没有相通之时？请结合自身经历，择取和人心相通的景物，进行细致描绘，作文言小品文一篇，100字左右。

课外拓展阅读柳宗元《始得西山宴游记》和王安石的《游褒禅山记》。

四、教学案例（片段）反思

文言文教学讲究文言结合，所以要让学生做好预习工作，尤其是借班上课。只有充分了解学情才能更好地推进教学进度。预习工作没有做到位，教学过程的第一环节就显得拖沓，而后面的教学环节就会仓促。

山水小品文阅读的难点是“小中见大”，尤其是像姚鼐这篇鲜有议论抒情句子的文章，需要教师在教学过程中通过景的分析探究人物的内心世界。这也就是探究山水小品文的三个教学路径：①以人观物，破译山水物象的形象密码；②以物观人，破译山水物象的情感密码；③人物互相关照，破译山水物象的入世密码。人的精神投射于自然，自然映照人的精神，作者疾奔泰山，仿佛寻求知己，最终物我两忘，达到了“自然养人”的更高意义。

五、实践导师点评

虽然只是一篇《登泰山记》的教学设计，却可以看出执教者对中国山水小品文阅读教学路径的孜孜探寻，这就是由表及里、由浅入深、由文字到人物到人心，亦即追求文字、文学、文化的统一。古代山水小品文用古汉语进行形象“编码”，不管是文字还是其中的生活，都与现代学生有距离有隔阂，难能可贵的是，执教者善于有机渗透学生熟悉甚至喜闻乐见的现代方式来“解码”，体现出教学的知性、匠心和创意。

朱昌元
浙江师范大学继续教育学院，浙江省特级教师，正高级教师

周世媛

任务驱动:助推学生深度学习

——以《短歌行》《归园田居》联读为例

一、教师简介

周世媛

高级教师,19年教龄,任教丽水学院附中。曾获浙江省教坛新秀、丽水市学科带头人、丽水市语文教学名师等荣誉称号,为浙派名师培养对象。先后获省高中语文优质课评比二等奖、市高中语文教学能力大赛一等奖(第一名)、市高中语文优质课评比一等奖(第一名)。多次开设省市级公开课和专题讲座,并有多篇教学论文获省二等奖、省三等奖、市一等奖,另有多篇在国家级、省级刊物上发表。

二、课堂教学思想

语文课程是一门学习祖国语言文字运用的综合性、实践性课程。语文教学不止于课文内容的理解,不止于必备知识的传授,更重在让学生在实践性学习中获得语言经验,建构言语能力,发展语文核心素养。《短歌行》《归园田居(其一)》这两首古诗体式不同,诗人的人生志趣和生命追求不同,艺术风格也各异。本课例试从诵读、鉴赏、表达三个方面组织学生开展学习活动,从体式出发,沿波讨源,理解两首古诗不同的体式特点和思想内涵,理解不同的诗体形式对表达诗人情感的影响,领会雄浑与冲淡这两种不同的艺术风格。

三、教学案例(片段)

以《短歌行》《归园田居》联读为例,体会雄浑与冲淡这两种不同取向的诗歌之美。

(一)以学生自主学习为核心,学习任务明朗化

学生主体地位的体现是深化新课改的重要标志。创设情境,以任务引领学习活动,让学生广泛参与,深度探究,不断生成更深入的体验和思考,是实现学生主体地位的重要路径。

本课例围绕单元人文主题"生命的诗意",兼顾思想内容的领会和艺术风格的欣赏,探究作品中诗人的生命表达。课前创设这样的学习情境:校广播站公众号开设"为你读诗"栏目,本周的主题是"雄浑与冲淡:两种不同取向的诗歌之美",已经选定《短歌行》和《归园田居(其一)》这两首诗。栏目的制作组打算在该网页中添加朗读音频、编者按语,这两项任务现在将交由我们班同学来完成。

这个学习情境与任务创设使学习任务明朗化,可以调动学生的参与热情。这个外显的学习任务还内含这样一些学习内容:在了解曹操和陶渊明的生平经历和不同的生命追求的基础上,依据不同的节奏、不同的情感深入诵读,鉴赏诗歌不同的思想内容和艺术风格。通过对初中文本《观沧海》和《桃花源记》的回忆、对两首诗歌的诵读以及相关课外资料的查阅、学习,学生会形成这样的认识:曹操深知要在有生之年成就霸业,得赶快集结英才,为此在《短歌行》中表现出极诚挚的求贤之心和极积极的行动,感情层层递进,霸业蕴藉胸中,诗的境界越来越雄浑。陶渊明从爱好自然,到心甘情愿地转向自然,并把整个身心寄托到自然,自我和自然渐渐融合到一起,诗的

境界越来越冲淡。学习任务可以引领学生由表及里,慢慢进入文本腹地。

(二) 以实践性学习为主线,学习活动结构化

以学生自主学习为核心,在课堂教学内容设计时要有意识地摒弃那种全盘输入、从头讲到尾的课堂教学模式,代之以实践性学习主线,设计多项结构化的学习活动。本课例分别从诵读、鉴赏、表达三个方面组织学生开展学习活动。

课前活动设置如下:了解两位诗人的人生经历及诗作的写作背景,为两位诗人书写各不超过 100 字的人物简介词;揣摩两首诗的情感,画出情感变化曲线图。诵读环节设计这样的一系列活动:因声求气,感受四、五言诗的不同节奏;沿波讨源,体察两首诗采用不同表达形式的原因;展示学生所绘的两首诗的情感变化图,点评分析,视学习情况开展诵读交流。诗歌风格赏析环节进行这样的学习活动:两首诗风格迥异,一首雄浑苍劲,一首冲淡平和,这样的诗风具体有哪些表现呢? 请结合诗歌从体裁、形象、语言、表达技巧等几个方面展开讨论。在以表格的形式将讨论结果汇总呈现后,再继之以填补空白的表达应用:栏目组的编辑已经写了一段话作为编者按语,但还没有写完整,请你帮他补全——艺术风格是作品在内容与形式的和谐统一中表现出的总的特点。这两首诗风格迥异,一首雄浑苍劲,一首冲淡平和。前者________,后者________;前者________,后者________……这些活动的累积、叠加推动了教与学的进程。学生在活动中生命的体验得以丰富,关键能力得以提升,学科素养得以发展。

(三) 以形成学习成果为旨归,言语实践增值化

不管是在课前准备环节,还是在课堂教学实施过程,抑或是课后练习中,每个阶段的学习都要求固化成一定的成果呈现出来,教师借助呈现出的学习成果,及时、客观、清楚地了解学生在每一个学习进程中的收获及存在的问题,学生通过整理、思考做到融会贯通,思维能力得以高效发展。

如课前准备环节绘制的情感变化图既反映学生对诗作情感的原有认知,又是课上师生共同评价、揣摩研讨的对象,修正的新图又能为后一环节

开展诵读交流做铺垫。在诵读环节,学生在朗读交流中达成这样的共识:四言诗的节奏单纯,缺少变化,读起来铿锵有力;五言诗基本遵循“二三”节奏,仄声音相对短促,平声音相对舒缓。《短歌行》时而低沉,时而高亢,透露出慷慨激昂的情绪和坚定的意志。《归园田居(其一)》节奏舒缓,显现出诗人融于自然的自由、松弛、平和的心态。在补写编者按环节,学生在诗歌思想情感和艺术风格赏析的基础上梳理、整合讨论所得,形成完整的编者按语,呈现如下的外显学习成果:前者四言,庄重沉稳,铿锵有力,便于表达诗人的忧愁苦闷之情、慷慨激昂之志;后者五言,自由灵动,舒缓自如,与淡然、怡然的情致一致。前者多次换韵,抑扬低昂、反复咏叹,道出复杂的思想情感;后者一韵到底,情感不变,表达出陶渊明远离官场,归隐山林的决心和坚定。前者用典抒情,借典故表达自己对贤才的渴慕,对建功立业的渴望,慷慨激昂;后者寓情于景,用白描手法勾勒乡村生活,寄寓自己对田园生活的喜爱,悠远恬淡。通过这样的表达训练,学生模糊的认知外显化、清晰化,有助于激发学生更强的思考动力,使学生在寻同比异中发现诗人生命表达的奥秘,在斟酌表达中领略到古典诗歌独特的景致。

(四)以师生共评为推手,学习体验品质化

教师评价、学生互评、学生自评,让评价贯穿整个课堂教学过程,便于教师诊断学情,利于学生互相督促、互相学习以及进行自我反思。

多样的师生共评活动还可延伸至课外,如本节课就设置了这样的课外作业:为了让读者更好地理解这两首诗,栏目组想在网页末端附上一则文学短评。请你结合前人(如苏轼、钟嵘等)的相关评论,写一则文学短评。短评完成后,小组讨论、确定评价标准,再根据评价标准打分,修改短评,最后推荐优秀作品用于网页制作。在学生互评及确立标准的过程中,他们逐渐达成共识,确定了角度选择、内容列举、语言表达、总体结构等四个评价维度以及每项的分值,并将评价指标依次定为:切口小巧,善于聚焦;列举准确,分析恰当;富有条理,表述清晰;叙议结合,层次明确。这个从制定评价标准到实施评价标准再到依标准修改作品的过程,让学生认识到怎样的文学短评是好的短评,怎样修改自己的文学短评,极大地丰富了学习体验。

四、教学案例（片段）反思

在教学内容的选取方面，不只关注诗歌内容，也关注诗歌形式及它们间的相互关系。作品的艺术风格是在内容与形式的和谐统一中表现出的总的特点。研习时先由形式而入内容，又由内容而反观形式，让学生对两首诗的思想内容和艺术风格及其相互之间的关系有一个较为明晰的认识。在教学实施过程中，本设计以广播站公众号的主题网页的制作为任务情境，将诗歌的诵读、思想内容和艺术风格的探究及文学短评的写作融合到一起，使学习内容明朗化、学习活动结构化。其中诵读是打开诗歌学习之门的钥匙，思想内容和艺术风格的探究是学习的核心内容，短评写作是学习所得的外化与呈现。整个过程注重成果的呈现和师生的共评，力求使学生言语实践增值化、学习体验品质化。

五、实践导师点评

课例突出体现任务式学习特点：以学生对初中时学习过的曹、陶两位诗人作品的认知为教学起点；以学生学习为主体，引导学生在相对真实的情境中，通过合作、探究的方式展开学习；重视、强调要完成“可见可测”的学习成果；以师生共评为手段，督促、保证学习过程、成果的质量。其中，选取两首风格迥异的诗歌进行联读，关注四言诗、五言诗音韵特点及其与思想内容的内在关联，赏析、写作结合，是本课例优点、亮点。

黄华伟
浙江省教育厅教研室，浙江省特级教师，副高级教师

姜在娟

承古诗词之传统，品今生活之魅力

一、教师简介

姜在娟

任教于松阳县第一中学，高中思想政治学科高级教师，教龄16年，在教学生涯中始终脚踏实地，认真钻研，立足自身的教育教学实践，积极参加教育培训和评比活动，主持或参与多个市、县课题，多篇论文在省、市、县评比中获奖，曾获丽水市优秀指导师、丽水市教坛新秀、丽水市德育带头人和丽水市学科带头人、松阳县学科带头人、松阳县名师等荣誉称号，但是过去的都属于历史，现在的我依然在奋斗的路上。

二、课堂教学思想

陶行知认为教育的根本意义是更好地面对生活之变化，生活便是教育。教学做合一是生活现象之说明，即教育现象之说明，在生活里，对事说是做，对己之长进说是学，对人之影响说是教，教学做只是一种生活之三方面，不是三个各不相谋的过程。“教学做是一件事，不是三件事。我们要在做上教，在做上学”。在陶行知看来，“教学做合一”是生活法，也是教育法。这一理论给了我深刻的启示，我逐步认为：教育是使学生在生活中学习，在学习中快乐，在快乐中成长。所以在我的教育教学中，始终坚持对学生进行思想的引领、文化的浸润、言行的熏陶，并以此作为自己的工作特色不断地实践着、改进着。

三、教学案例（片段）

传统文化单纯看来是很抽象的，所以我就想通过古诗词本身所蕴含的传统文化，让学生能够清晰而且具体地感受我们身边的传统文化，鉴于此我设计了本堂课的主题：从古诗词中感受传统文化的影响，并在生活中品味和继承其中的魅力。

本课的学习目标是：通过学习传统文化，学生在这个过程中学习传统文化的相对稳定性、鲜明的民族性继而形成对待传统文化的正确态度；学会从自己的视角去看待传统文化并继承传统文化；最终的目的还是要发展学生的综合能力，更好地学习和生活。所以本节课的教学设计意图就是要让学生感受传统文化的魅力，从而能够形成正确的价值观，正确对待我们的传统文化，更加热爱自己现在的生活。同时我也尊重学生身心发展规律，努力尝试去改进教学方式。本节课通过借用古诗词的方式去设置问题，利用问题去引导学生的思考，并运用解释层层推进，采用图文并茂努力使内容简单易懂，使学生能够更加深刻地理解相关知识，并在感悟中品味生活，从而真正达到内化于心、外化于行的目的，同时通过合作学习和探究学习培养创新精神和实践能力。

本堂课的设置分为三大板块。

（一）品鉴古诗词

首先透过图片让学生联想所学过的古诗词来感受传统文化所描绘的场景。

第一首诗，王安石的《元日》。“爆竹声中一岁除，春风送暖入屠苏。千门万户曈曈日，总把新桃换旧符。”本诗描绘的是人们在噼里啪啦的爆竹声中送走了旧年迎来了新年。人们迎着和煦的春风，开怀畅饮屠苏酒。家家户户都被太阳的光辉照耀着，每家每户都在新年的时候取下了旧春联换上了新春联。

第二首诗是范成大的《四时田园杂兴》。“昼出耘田夜绩麻，村庄儿女各当家。童孙未解供耕织，也傍桑阴学种瓜。”这首诗描绘的是白天在田里锄草，夜晚在家中搓麻，村中男男女女各有各的家务劳动。小孩子虽然不会耕田织布，也在那桑树阴下学着种瓜。

第三首诗是左乔林的《海阳竹枝词》。“张灯作戏调翻新，顾影徘徊却逼真；环佩姗姗莲步稳，帐前活现李夫人。”讲述的是滦州百姓张灯结彩，支起舞台，一个个逼真的皮影人物，一声声新颖的民间小调，连戏中汉武帝宠妃李夫人身上的玉佩、走步的姿势都灵巧无比。中国皮影戏与京剧、昆曲并称我们中国传统曲艺文化的三大瑰宝。2011 年，皮影戏入选人类非物质文化遗产代表作名录。通过介绍皮影戏来源的视频与描述皮影戏的相关诗词，感受《海阳竹枝词》表达的皮影戏文化。

第四首是岳飞的《满江红》。“怒发冲冠，凭栏处，潇潇雨歇。抬望眼，仰天长啸，壮怀激烈。三十功名尘与土，八千里路云和月。莫等闲，白了少年头，空悲切！靖康耻，犹未雪。臣子恨，何时灭！驾长车，踏破贺兰山缺。壮志饥餐胡虏肉，笑谈渴饮匈奴血。待从头，收拾旧山河，朝天阙。”这首词，代表了岳飞“精忠报国”的英雄之志，表现出一种浩然正气、英雄气质，表达了报国立功的信心和乐观主义精神。词里句中无不透出雄壮之气，充分表现作者忧国报国的壮志胸怀。

（二）品读知识

结合刚才的古诗词和我们自身的成长经历，请学生分享心中的传统文化是什么。在古诗词中我们可以看到传统文化是我们孩童时噼里啪啦的爆竹声，是门上的新春联，是身上的新衣服……传统文化是我们慢慢长大时跟着爷爷去看露天电影或戏曲，从小陪我长大的老房子，是我们学着大人的样子做各种农活的天真情趣……传统文化是我们青年时的那种浩然正气、英雄气质，忧国报国的壮志胸怀，是中华民族不甘屈辱，奋发图强，雪耻若渴的神威，是我们脚踏实地为理想不懈奋斗的努力……由此得出传统文化的含义：传统文化是在长期历史发展中形成并保留在现实生活中的、具有相对稳定性的文化。没有文化的继承，就没有文化的积累，我们都是文化的继承者，更是文化的传播者。

在古诗词中感悟传统文化。结合刚才的古诗词和我们自身的成长经历，传统文化又是通过哪些形式展现在我们面前的呢？传统文化其实就是我们生活中的那些节日习俗，是我们日常欣赏的那些传统文艺，更是我们从小就刻在骨子里的家国情怀。可见，传统文化的表现形式及地位：传统习俗是传统文化的基本形式之一；传统建筑，被称为凝固的艺术，是展现传统文化的重要标志；传统文艺是中华文化的重要组成部分；传统思想是中华文化的重要组成部分。根据刚才的古诗词和我们的感悟，概括一下传统文化的特点：①具有相对稳定性：从纵向的角度及历史的角度来说，传统文化在世代相传中保留着其基本特征，同时，它的具体内涵又能够因时而变。②鲜明的民族性：从横向角度来说，传统文化具有鲜明的民族特色、民族风格和民族气派，是维系民族生存和发展的精神纽带。③顺应变迁性：传统文化一成不变会阻碍社会发展，与时俱进则会促进社会发展。

（三）品味生活

借助胡海峰书记邀我们游丽水的视频来感受视频中的传统文化内容，并且结合视频思考其给我们对待传统文化的启示：继承传统文化的正确态度应该是取其精华，去其糟粕，批判继承，古为今用。我们要保持和发扬符合社会要求的、积极向上的内容；改造和剔除不符合社会要求的、落后的、腐朽的内容。正确对待传统文化的意义：①从民族、国家的角度看：只有发挥传统文化的积极作用，克服传统文化的消极作用，才能兴旺发达。②从个人角度看：每个人只有正确对待传统文化的影响，才能使自己全面发展，更好地创造新生活。③从文化自身的角度看：有利于文化的继承与发展，有利于世界文化繁荣。

创作共享：请结合我们的松阳文化特点和传统文化的内容，大家也以诗词的形式共同抒发豪情壮志吧！譬如：山清水秀好地方，松古文化远流长。延庆寺塔载传统，松阳高腔美名扬。英勇儿女多壮志，敢写小城新篇章！

课堂小结："传承中华文化，绝不是简单地复古，也不是盲目排外，而是古为今用、洋为中用，辩证取舍、推陈出新，摒弃消极因素、继承积极思想，'以古人之规矩，开自己之生面'，实现中华文化的创造性转化和创新性发展。"我们作为新时代的青年，更应正确对待我们的传统文化，为实现中华民族的伟大复兴，脚踏实地地去再创中华文化的新辉煌。

四、教学案例（片段）反思

本节课采用古诗词引领的方式去引导学生思考和体会，内容贴近生活且简单易懂，使学生能够更加深刻地理解相关知识，并在品读知识中品味生活，从而真正达到内化于心、外化于行的目的，同时在合作学习和探究学习中培养创新精神和实践能力。

课堂上学生的积极性较高，满足学生的要求，在讲到词《满江红》的时候请学生朗诵效果还是蛮不错的。课堂最后学生也能够稍微放松，适度表达，师生互动合作，达到了课堂上预设与生成的良好效果。

不过细节处理不到位，给学生思考的时间不够，最后的表达时间不够充裕，没有完成书写与交流，本堂课还是留有遗憾的。

五、实践导师点评

这节课有两个鲜明特点。一是让学生在传统文化中感悟传统文化。通过品鉴诗词、品读知识、品味生活三大板块，让学生在中华优秀传统文化的欣赏中理解传统文化，树立科学态度，增强文化自信。二是践行"生活教育"理念。通过"品味生活"环节，让课堂回归生活，让传统联结现实，思政小课堂与社会大课堂结合。如果最后一个环节改为让学生现场创造诗词进行分享，则能更好地体现"教学做合一"的思想，也能更好地实现教学的前后呼应。

王国芳

浙江省教育厅教研室，浙江省特级教师，正高级教师

雷敏

基于政治学科核心素养培养的深度学习策略

——以“联合国”为例

一、教师简介

雷敏

中共党员，一级教师，任教于景宁中学，目前担任政治组教研组长。2021年丽水市学科带头人、景宁县教学名师；多篇论文获得省、市教学论文一、二、三等奖，1篇在核心期刊发表；获得浙江省优质课二等奖、丽水市优质课一等奖；获评2019年丽水市绿谷新秀。

从教14年来，立足学生、钻研教学，与全组教师一起致力于教学方式的变革和学生学习方式的转变。2020年，景宁中学政治教研组获评浙江省优秀教研组，同时“主・动・议”品牌课堂正在不断走向成熟。

二、课堂教学思想

深度学习是培育学生核心素养的必由之路。在学习过程中，思想政治课要尽可能避免教与学的表层化现象，教师可以从精选真实情境、搭建问题支架、创设有效活动、注重迁移运用四个维度进行探索，让课堂学习由浅入深,让学生参与积极有效,让核心素养落地生根。

三、教学案例(片段)

新一轮课程改革以推进素质教育、开展核心素养培育为指向,这就要求课堂教学提升质量,其中学习方式和教学方式的变革是首要问题。但是,在当前高中政治课堂中仍存在教与学的表层化现象,教师的知识教学止于符号表征、缺乏逻辑关联、忽略意义关怀;学生的学习没有真正启动思维,不会自己发现问题、思考问题,不善于建构知识体系,不会迁移运用,这样的浅表化学习导致过程丧失,意义不足,价值残缺。

相对于浅表化学习,深度学习是指学生在教师引导下,围绕着具有挑战性的学习主题,全身心积极参与、体验成功、获得发展的有意义的学习过程。我在"联合国:最具普遍性的国际组织"一课的教学中,尝试从精选真实情境、搭建问题支架、创设有效活动、注重迁移运用四个维度进行探索,寻找深度学习的体验点、出发点、生长点、落脚点,以期让课堂学习由浅入深,让学生参与积极有效,让核心素养落地生根。

(一) 精选真实情境——深度学习的体验点

2017 年新课标强调,学科核心素养视域下活动型学科课程的实施要立足学生的真实生活和长远发展,促进文本理论逻辑与社会生活逻辑的有机结合,教师在课堂教学中要引领学生回归生活,感悟、思考社会问题,努力还原文本内容与观点,在丰富而真实的生活情境中凝练观点,形成正确的价值判断与价值选择,把教学空间拓展到真实社会生活领域中,努力提升思想政治课的信度与效度。因此,教师在情境材料选取过程中要寻找文本内容与现实生活的连接点,使学生在具体情境中内化知识。

教学片段 1:以往教学"联合国"这一课时,我发现学生总有一种"联合国与自己的生活相距甚远,对联合国的知识抱着远观即可、不必深究"的想法。为了增加学生的体验感和参与度,我精心整合情境材料,以"荆棘丛生的和平之路——由叙利亚问题话联合国"为主题,引学生入境。

环节1:热点聚焦

土耳其酝酿已久的“和平喷泉”军事行动于当地时间9日深夜正式打响，土耳其摧毁了连接叙利亚库尔德地区和伊拉克超过80%的通道，紧接着土耳其出动了大批F-16战斗机发动突袭，对库尔德人控制区内的曼苏尔大坝发动猛烈空袭，企图炸开大坝泄洪“水淹七军”。军事专家表示，曼苏尔大坝是大约200万平民的淡水来源，土耳其此举将造成严重的人道主义灾难。

思考问题:面对土耳其的侵略，叙利亚可以有哪些方式维护本国切身利益?

环节2:初识联合国

2018年2月土耳其袭击叙利亚，联合国安理会于当日时间24日一致通过决议，在叙利亚境内实施30天停火并进一步实施人道主义行动。决议规定，停火制度不适用于针对“伊斯兰国”、支持阵线和基地组织的军事行动。

思考问题:安理会如何通过履行职责避免局势失控?

环节3:模拟联合国

叙利亚外交部呼吁联合国安理会对土方施压，要求土耳其立即停止侵犯叙国家主权和威胁叙人民安全的行为，履行职责以终止土方对叙方领土与和平造成威胁的侵略行为。

学生开展小组活动探究，发表本理事国观点、阐述相应措施及理由。

环节4:感悟分享

一句话分享“守望和平，我想说……”。

这样充分结合教学内容进行情境处理，引导学生聚焦国际时事感受联合国，在真实情境中理解联合国发挥作用的机制，进而引发守望和平我们该如何做的思考。这样真实的情境不但贴近学生生活，能唤起学生的情感共鸣，而且有利于达成文本逻辑与生活逻辑的对接，促进知识理解和意义建构，是促进深度学习的体验点。

(二) 搭建问题支架——深度学习的出发点

指向“深度学习”的教学应当是能促进学生从知识本位学习到知识本质学习的教学，是一种在最近发展区内启动学习思维的教学。而问题是学习思维的出发点，在精选真实情境的基础上，搭建起学生最近发展区的问题支架，能引导学生构建有意义的内容体系，激发个体强烈的探究欲望，引发深度学习。

教学片段2：在教学“联合国：最具普遍性的国际组织”时，我组织材料并设计问题如下：

材料：2018年4月14日，联合国安理会就俄罗斯起草的谴责对叙利亚进行军事打击的决议草案进行表决，安理会15个成员中的3个投赞成票（俄罗斯、中国、玻利维亚），英法美等8国反对，4国弃权，该草案未通过。

2018年12月17日，联合国大会就《难民问题全球契约》进行表决，联大193个会员国中有181个投了赞成票，美国和匈牙利投了反对票，该决议草案获得通过。

思考问题：从联合国机构的角度，说明两份决议案一份通过、一份未通过的原因。

书本中对联合国各组织机构的职责等知识有完整的表述，如果仅是简单地从教材到教材（教师依据教材提出问题，学生依据教材回答问题）的教学方式并不能引发学生的深入思考。为避免浅表化教学，我尝试在学生解读分析材料1的基础上，再呈现一则内容相近的材料，通过问题引导学生比较、分析得出安理会与大会决议方式的区别。深度学习要遵循的方式是要根据文本理论的内在逻辑，巧妙创设有梯度的问题链，引导学生在解决问题过程中真正展开思维活动，发现问题、解决问题，最终形成学科核心素养。因此，搭建问题支架是深度学习的出发点。

（三）创设有效活动——深度学习的生长点

思想政治课堂应该是动的课堂，师生之间、生生之间建立良好的伙伴关系，在合作与互助中促进语言的交流和思维的碰撞。如果说搭建有质量的问题支架是深度学习的出发点，那么引导学生在活动中合作探究就是让学习走向高阶思维的引擎，是深度学习的生长点。教师作为课堂活动的组织者和引导者，要充分了解学生身心特点、兴趣爱好及喜欢的学习方式，创设贴近学生学习体验和需要的活动，使学生在活动中真正提高实践能力和综合素养。

教学片段 3:活动探究——模拟联合国

活动背景:叙利亚外交部呼吁联合国安理会对土方施压,要求土耳其立即停止侵犯叙国家主权和威胁叙人民安全的行为,履行职责以终止土方对叙方领土与和平造成威胁的侵略行为。

活动过程:四组抽签决定各自所代表的理事国,遵守联合国宗旨和《联合国宪章》规定的原则,发表代表国观点。小组成员相互讨论,记录员汇总,组长发言,本组组员可以进行补充。

四组分别代表美国、英国、法国、俄罗斯表明对土叙纠纷持有的态度、观点。

假设中国为安理会轮值主席,请一位同学作为中方代表主持会议并发言。

活动时间:讨论 3 分钟,发言 2 分钟。

学生发言 1(部分):土耳其政权对叙利亚领土发动侵略不仅是对叙利亚国家主权的公然侵犯,也将对生活在这一地区的数千名叙利亚公民的生命构成威胁。我代表俄罗斯呼吁主要大国向土耳其政权施加压力,阻止其继续侵略。

学生发言 2(部分):美国不支持土耳其在叙利亚展开任何军事行动,土耳其要对造成人道危机负完全责任,同时土耳其必须保证极端组织恐怖分子继续被关押,以避免对国际社会安全造成更大威胁。

学生发言 3(部分):任何绕开安理会采取的单边军事行动都有悖于《联合国宪章》宗旨和原则,国际社会有关各方应继续支持联合国斡旋主渠道作用。中方始终认为,叙利亚的主权、独立和领土完整必须得到尊重和维护。国际社会有关各方应该共同努力为推动叙利亚问题政治解决创造良好条件,避免给叙利亚局势增添新的复杂因素。

老师总结:各方代表的发言充分体现了安理会常任理事国应有的理性,希望土耳其军事力量在大家的共同敦促下尽快停止袭击,叙利亚问题能在政治谈判中得到有效解决。我们深切感受到和平需要各国共同守护,任何国家都不能在动荡环境中独善其身!

上述课堂活动通过贴近学生的情境设计,符合学生思维特点的活动方式,将课堂交给学生,促进学生在原有知识基础上,通过自我对话、生生对话和师生对话,开拓思维、交流看法、获取新知。有品质的课堂活动能够激发学生探求知识的欲望和兴趣,促进学生思考,推进学生在共同体的对话合作中实现深度学习。

(四) 注重迁移运用——深度学习的落脚点

心理学中把学习迁移定义为一种学习对另一种学习的影响,如我们常说的举一反三、触类旁通、由此及彼等。学生一切新知识的学习,都是在原有知识和经验的基础上产生的,“为迁移而教”是实现教学目标的捷径,既能切实提高教学效果,又能引导学生自主地学习迁移,有利于深度学习。

教学片段 4:在这节课的最后几分钟,我展示了一张照片和一段网友的评论,希望学生将本节课中所学的知识迁移到更深远的地方。

这个老人的名字叫巴沙尔·贾法里。是叙利亚驻联合国的代表。

4月9日,联合国安理会召开叙利亚化学武器会议,这位白发苍苍的老者代表自己的祖国叙利亚,与各国理事展开激烈辩论,舌战群儒,他怒斥美国以子虚乌有的化学武器事件发动侵略,“你们自己(美国)就是最大规模的杀伤性器。”铿锵有力,掷地有声,丝毫没有畏于强国而表现出来的怯弱,仿佛一个单打独斗的勇士,为自己的祖国而粉身碎骨。

但才当他开始发言,话都还没说完,美国英国和法国的代表,就不屑一顾地离场。随后,他们悍然发动了这场震惊世界的空袭,祖国的首都一夜之间沦为废墟。

图 1　网络照片

网友评论:这位老人落寞的身影,让我想起 1919 年巴黎和会上的中国外交官顾维钧,我们庆幸百年后,中国已经不是那个任人宰割的中国,百年后的中国,富强独立;今天的百姓,安居乐业。然而百年后的世界还是那个弱肉强食的世界,和平之路依然荆棘丛生。

结合本节课所学内容,请用一句话分享:“守望和平,我想说……”

学生1:我们每一位公民在面对国家内部问题的时候应该以理性的方式表达自己的诉求。

学生2:少年强则中国强,我们要好好学习,为国家富强、民族复兴而奋斗。

学生3:落后就要挨打。国家要加快发展,增强综合国力。

……

深度学习是一个持续的过程,不是一节课就能完成的,如果教师注重迁移运用,让学生通过对社会现实问题的深入思考,形成正确的国家观、社会观,能够明事理、知是非,自觉承担起作为公民应该担负的责任,在将来能够成为推动社会不断发展的促进力量和担当民族复兴大任的时代新人,是教育人的追求,也是深度学习的落脚点。

教学实践证明,深度学习可以拓展学生思维,开阔学生视野,提升核心素养,促进学生生命成长。精选真实情境、搭建问题支架、创设有效活动、注重迁移运用这四个维度,还只是我促进学生深度学习策略的粗浅尝试,政治教师可以根据自己的教学积累,在教学实践中尝试更好的教学策略和方法,激发学生的学习热情,让学生在政治课堂这方天地中驰骋得悠然自得。

四、教学案例(片段)反思

本课教学内容是"最具普遍性的国际组织:联合国",对于学生而言,这一内容离生活实际较远,因而"把'知识内容'转化为'学习任务'是难点,情境素材的重要价值是形成驱动性任务引导、促进学生的学科核心素养发展"。

为了达成培育学生核心素养的目标,教学抓住了深度学习的四个关键策略:精选真实情境、搭建问题支架、创设有效活动、注重迁移运用;教学过程中,教师设计了促进深度互动的任务,包括"设计富有挑战性的学习任务""指导学生完成任务""组织学生研讨交流"等,实现了较为良好的教学效果。

五、实践导师点评

雷敏老师的这堂课结合实际教学的需要,灵活而有创造性地使用教材,对教材进行“再度开发”,为学生创设了深度学习的体验点;在精选真实情境的基础上,搭建起学生最近发展区的问题支架,形成深度学习的出发点;引导学生在活动中合作探究就是让学习走向高阶思维,激发了深度学习的生长点;注重迁移运用,让学生通过对社会现实问题的深入思考,致力于培养合格现代公民,达成深度学习的落脚点。这堂课为促进学生深度学习提供了较好的示范。

项先银
浙江省三门第二高级中学,浙江省特级教师,正高级教师

李丽红

使市场在资源配置中起决定性作用

一、教师简介

李丽红

浙江省教坛新秀，丽水市学科带头人，现为龙泉一中思想政治学科教师，行政管理中心副主任、年级段长。从教19年来，一直坚守育人初心，在奋进中严以修身，曾获丽水市优质课评比一等奖、丽水市教研员工作室优秀学员、丽水市高中政治教学教研先进工作者等荣誉。主持和参与的“投资与理财”“龙泉宝剑”选修课程被评为丽水市精品课程；积极主持课题并撰写论文，并在丽水市高中政治教师业务水平考试中多次获一等奖。

二、课堂教学思想

在近20年的教学中，我一直秉持“生活即教育，教育即生活”的治教理念，坚持以学生为中心，深耕教材，关注生活，根据学情力求寻找知识与生活的契合点，让书本知识变得立体而鲜活，使理想与现实在课堂中激烈碰撞，引领学生在不断撞击的火花中去质疑，去思辨，在感悟中掌握知识，在解决现实生活疑惑的过程中实现政治认同、科学精神、法治意识、公共参与核心素养的培育。在近20年的教学中，我也一直秉持“教学无止境”的治学理念，将学无止境、与时俱进作为自己教育教学的自觉追求，孜孜以求，奋力修身，提升自我，努力做到精于授业解惑，更以传道为己任，成为塑造学生品格、品行、品味的“大先生”。

三、教学案例（片段）

议题式思政课堂，是知识与生活的融合，现实与理想的碰撞，学生在教师设置的议题中质疑思辨、合作探讨，在探究中感悟、理解和把握核心知识，提升素养，实现师生共同发展。我以“使市场在资源配置中起决定性作用”课堂教学片段为例，从精选素材、精设议题、精创微小情境方面分享把握好议题式教学的几点心得。

（一）精选素材，立足生活，鲜活知识

陶行知先生说过，深信生活是教育的中心。教育要通过生活才能发出力量而成为真正的教育。思政课就更应立足于现实生活，把握时代的脉搏，通过精选生活素材创设议题情境，将静态知识变为动态知识，实现教材内容和生活情景结合，架起已知通向未知的桥梁，引领学生在已有的生活体验中感知探索知识的内在联系。在讲授“使市场在资源配置中起决定性作用”课程知识时，我以“龙泉青瓷发展”为主线组织教学，以龙泉青瓷复兴之崛起、挑战再到全面复兴（素材详见表1）作为议题背景素材，主要基于以下两方面考虑：一是素材必须来源于学生的现实生活，符合学情，才能给学生更多精彩成长的空间。龙泉学子生于斯，长于斯，甚至有些家里就是青瓷行业参与者，因此以龙泉青瓷作为议题素材，学生定能有感而发，有话可说，有事可议，只要老师适当引导，就可以给学生留下宽广的自主思考和领悟空间。二是素材选择符合教学目标。对生活化素材进行感悟、选择与修剪，做到有的放矢。本课素材通过龙泉青瓷复兴之崛起篇、挑战篇、未来篇，设置问题情境让学生进行体验模拟，分析市场如何配置资源以及市场配置资源的优点（崛起篇），体验市场配置资源的局限性、自发性、盲目性、滞后性，得出市场调节不是万能的，要建立统一开放的市场体系（挑战篇）。由于素材与家乡

青瓷产业发展密切相关，学生认同家乡、建设家乡的自豪感和责任感油然而生，议题进一步激发学生为家乡发展出谋划策的热情（未来篇）。

（二）精设议题，序列推进，培育品质

议题串设置应体现逻辑性、序列性。在课堂中，往往单一的议题难以实现教学目标，因此在精确把握学科内容内在逻辑体系的基础上，往往可以设置一个主议题，再围绕主议题设置一系列小议题，通过有逻辑的议题串设置，实现与教学内容紧密匹配，培养学生由浅入深、由表及里地深入剖析问题的能力及逻辑性、广阔性、创造性等思维品质。本部分内容我以“从龙泉青瓷复兴探索市场如何在资源配置中起决定性作用”为总议题，并对总议题进行梯度化的分解，细化为 3 个子议题，从龙泉青瓷复兴的过程中的龙泉青瓷复兴之“崛起—挑战—未来”的发展逻辑进行预设。第二个子议题又根据教学内容需要设置了 3 个问题串，层层推进，学科任务层层分解，逐步提升思维梯度，从而实现了议题的序列推进和思维品质培育的有机统一，实现知识由大到小，由虚到实的衔接。（详见表 1）

表 1　具体议题设置及操作

总议题	从龙泉青瓷复兴探索市场如何在资源配置中起决定性作用			
子议题	议题素材	具体设问	知识点衔接	议题形式
子议题 1：如何认识龙泉青瓷复兴之崛起	**龙泉青瓷复兴之崛起篇** 瓷韵绕九州，一剑传千古。龙泉是著名的青瓷之都、宝剑之邦。龙泉青瓷传统烧制技艺入选“人类非物质文化遗产代表作名录”，从此龙泉青瓷大步走向世界。20 世纪 90 年代初，因产品滞销，龙泉各大青瓷企业竞相低价出售，先后破产，大批青瓷人放弃了青瓷行业，龙泉青瓷陷入困境。90 年	从市场经济的规律看龙泉市青瓷人为何从放弃又回归青瓷行业	市场经济中，主要通过价格、供求、竞争等机制引导和调节资源在全社会的配置	4 位同学为一组，分组合作讨论，由组长记录成果，每组推荐 1 人展示成果

续表

子议题	议题素材	具体设问	知识点衔接	议题形式
	代末以来,随着市政府的支持,市场上青瓷需求量不断增大,价格也持续走高,龙泉市陶瓷企业从 2005 年 130 家发展到目前 700 多家,青瓷人又重新回到了青瓷业,龙泉青瓷又再现辉煌!			
子议题 2: 如何应对龙泉青瓷复兴之挑战	**龙泉青瓷复兴之挑战篇** 龙泉青瓷中陈设艺术瓷占主要地位,作为高端消费品,需求量不大。同时,一些经营者生产设备落后,产能低,管理落后,限制了企业的发展。此外,在利益的驱使下,一些企业不管有无技术和销售能力,一哄而上,一年时间新建窑炉 100 余座。许多企业看人家做什么,就跟着做什么,不懂技术,就请外地师傅拉坯、刻花,想退出青瓷行业时又为时已晚,有的只好降价贱卖来维持生存,甚至有些企业以次充好欺骗消费者,出现了青瓷生产经营混乱的现象	① 面对"龙泉青瓷中陈设艺术瓷占主要地位,作为高端消费品,需求量不大。"挑战:如果你是某青瓷公司的决策者,你会如何做?(将同学们的决策与现实中龙泉部分青瓷厂的决策做对比)	市场调节的优点	4 位同学为一组,分组合作探讨,并由组长记录讨论成果,3 个问题串分别推荐组内 3 人展示成果
		② 从市场缺陷的角度看龙泉市青瓷业为何会发生以上现象	市场调节的局限性	
		③ 面对当前龙泉青瓷发展的挑战,我们如何更好促进其健康发展。(从政府、企业、市场活动参与者等角度思考)	建立统一开放的市场体系	

续表

子议题	议题素材	具体设问	知识点衔接	议题形式
子议题 3：作为青瓷之乡的龙泉人，新时代下结合我市发展如何全面复兴龙泉青瓷	**龙泉青瓷复兴之未来篇** 2021 年 10 月 24 日第四届世界青瓷大会·第十二届龙泉青瓷龙泉宝剑文化旅游节在龙泉开幕。近年来，龙泉更是以面向世界的视野，立足龙泉的实际，有效推动剑瓷文化产品、文化产业、文化经济迭代发展。本次开幕式上，发布了龙泉青瓷、龙泉宝剑文化“深化”“物化”“转化”最新成果、“天下龙泉”城市品牌、龙泉青瓷宝剑科创文创成果、“天下龙泉·名城水岸”策划和文旅高质量发展“五大行动”	课后研究性学习：在座的部分同学有幸参与了节日的开幕式，感受到龙泉青瓷文化的魅力。请同学们结合今天所学的知识，进行课后实践和研究性学习，为龙泉青瓷的未来发展提出合理性的建议		课后自由组队，分组实践，撰写报告

（三）精创微小情境，延伸素材，衬托课题

在设计“使市场在资源配置中起决定性作用”时，开课前播放了《爱在龙泉山水间》这首龙泉人的歌，同时配以青瓷图片的幻灯片。音乐的语言是微妙的，把听者带到特有的意境中，作为龙泉人的学生自豪感油然而生。开课后，我又拿出了一件青瓷艺术品——五管瓶，全班同学一片哗然，兴趣浓浓。“10 年前这座普通的观音像买入的价格是 50 元，同学们猜猜现在值多少?”在这种气氛下同学们踊跃发言。在我讲出它现在的市场价格时，同学们“哇”地叫开了。于是话锋一转，我提问：“不管龙泉普通青瓷还是国家级大师青瓷作品的价格都不断走高(之前已经通过幻灯片呈现国家级大师青瓷作品，让同学们竞猜其拍卖的价格)，为什么呢?”同学们在这样的情境下，探究气氛非常愉悦，思维也插上了隐形的翅膀，得到了放飞，成功地生成了“近年来龙泉青瓷价格不断走高，大力发展青瓷产业，对瓷土等原材料的需求也日益增加，矿产资源是‘不可再生’，为保护龙泉青瓷产业的健康、稳定发展，

所以要合理利用资源”的认知。

因此，根据教材的内容和教学的需要，在课堂中对议题素材进行有效的延伸，巧设同议题相关的微小情境，能有效吸引学生注意力、激发想象力、调动积极性，在渲染探究气氛、衬托课题、活跃思维上会有着意想不到的效果。

四、教学案例（片段）反思

在设置议题情境时，一定要把握好议题问题设计的逻辑性和难易度，要注意让问题有一定的开放度，给学生留有较大的思维空间，潜移默化培育学生学科素养。本堂课教学设计总议题和子议题及问题串的设置，不仅让学生外在肢体动起来，更触动了学生内心；不仅关注学生知识的掌握、能力的提高，而且在无形中渗透了政治认同、科学精神、法治意识、公共参与的素养培育，学生在探索龙泉青瓷复兴之路上，不断增强认同家乡、建设家乡的自豪感和责任感，坚定发展社会主义市场经济的决心和勇气。但本堂课如果在课前能组织学生进行龙泉青瓷发展的实地调研实践，学生的参与积极性会更高，知识与生活的密切交融互动效果会更佳。

五、实践导师点评

本课以“从龙泉青瓷复兴探索市场如何在资源配置中起决定性作用”为总议题，从龙泉青瓷复兴之“崛起”“挑战”“未来”三个环节，设置了具有挑战性和创造性的任务，并通过序列化活动，让学生探究“市场调节”“市场体系”“市场缺陷”等知识，进一步激发学生为家乡发展出谋划策的热情。本课将学生的生活体验与理论知识融合在一起，做到情境线、知识线、素养线的有机统一，很好地实现了课程内容活动化、课程内容生活化。

项先银
浙江省三门第二高级中学，浙江省特级教师，正高级教师

孙燕

议题式课堂教学案例

一、 教师简介

孙燕

浙江省庆元中学任教思想政治，中学高级教师。自2002年工作以来一直从事高中政治的教学工作，教学成绩突出。善于反思，勤于动笔，多篇论文、课题在省、市、县级获奖。曾先后获得丽水市教坛新秀、市优秀指导师，庆元中学优秀教师、优秀班主任、感动庆中十佳教工、“梦天”育人奖，庆元县家庭事业兼顾型先进个人、县优秀班主任、县优秀共产党员、县优秀教师、县春蚕奖等荣誉称号。

二、 教学思想

深度学习旨在发展学生的核心素养，是一个学生在教师的引领下，围绕适切性的学习内容，积极参与、获得发展的有价值的学习过程。在这个过程中，学生掌握学科的主干知识，把握学科的本质与思想方法，形成积极的学习体验、正确的“三观”，成为既具独立性、批判性、创造性又有合作精神的优秀学习者，成为担当民族复兴大任的时代新人。

议题式教学是一种活动型学科课程的教学方式，其过程是师生围绕一个议题、议学情境、议学任务共同学习的过程。

深度学习与议题式教学紧密联系。前者指引着后者的实施,后者促进前者的进行,两者共同致力于学科核心素养的培育。在深度学习这一教学理念的指引下,我力求在教学实践中做到精心设计议题、优化教学情境、有效设计问题。

三、教学案例(片段)

以统编高中《思想政治》必修二《经济与社会》第一单元“基本经济制度与经济体制”第二课《我国的社会主义市场经济体制》“2.1 使市场在资源配置中起决定性作用”的教学为例。

(一)教学思路

以“庆元民宿产业的发展”为主题情境,从昨日之庆元成就到今日之庆元民宿发展现状再到未来之庆元民宿发展前景,打破教材内容的顺序,顺应生活逻辑,进行市场调节、市场失灵和市场体系的学习。本课内容较多,不能面面俱到,应突出重难点。在情境创设上进行了简洁化处理,具有一定的结构性。

(二)教学目标

以“庆元民宿产业的发展”为主题情境,了解合理配置资源的必要性和手段,理解市场调节的机制、积极作用,以及市场调节的失灵和危害、建设现代市场体系的要求。培养辩证思维能力,增强竞争意识、规则意识、诚信意识,培育政治认同、科学精神和法治意识。

(三)教学重难点

教学重点:市场调节的机制、积极作用

教学难点:现代市场体系建设的要求

(四) 教学过程

总议题:中国经济为什么活起来了

1. 环节一:昨日之庆元发展成就

议学情境:庆元各项事业发展的成就。

议学任务:

(1) 列举改革开放以来庆元各项事业所取得的成就。

(2) 分析取得这些成就的原因。

议学要求:4 人为一小组,充分讨论,选派 1 名代表分享学习成果,时间 3 分钟。

设计意图:以小见大,通过庆元的发展折射国家的发展。以改革开放作为切入点、列举庆元的成就贴近学生生活,学生能说、愿说,但又往往流于表面,不能上升到经济学的角度,需要教师相机点拨和启发,生成学生认同经济体制改革这一历史必然性的认知。

2. 环节二:今日之庆元民宿现状

议学情境:大概 10 年前,庆元还不通高速,落后的交通条件导致外面的人不敢进来,县内的人纷纷外出谋生,背靠的这座青山几乎一钱不值。从 2013 年高速公路开通及 2017 年高速连接线的开通起,以庆元寻客栈领航庆元县乡村振兴之路开启,截至 2019 年 5 月底,全县共创建了 7 个农家乐综合体、11 个省市级农家乐特色村、40 个农家乐休闲旅游村(点),共有农家乐民宿经营户(点)310 家、餐位 18 885 个、床位 3 348 个。全县农家乐民宿共接待游客 90.2 万人次,同比增长 10.2%,营业总收入 6 636.5 万元,同比增长 20.4%。庆元寻客栈主人吴大兴说,虽然现在竞争激烈,甚至可能还存在一定问题,但这恰恰能推动我们的民宿"练好内功",走个性化发展之路。

议学任务:

(1) 从价格、供求、竞争的角度说明市场机制对庆元民宿产业的影响。

(2) 列举你听到的或看到的在庆元旅游过程中遇到的问题,分析这些问题出现的原因。

(3) 庆元民宿如何"练好内功",走个性化发展之路。

议学要求：4 人为一小组，充分讨论，选派 1 名代表分享学习成果，时间 5 分钟。

设计意图：本环节内容贴近学生生活，易激发学生学习兴趣，以此剖析市场调节的机制、积极作用，以及市场调节的失灵和消极影响。培养竞争意识、法治意识、诚信意识，培养辩证思维能力。

议学提示：

(1) 市场调节的机制。

(2) 市场调节的积极作用。

(3) 市场调节的失灵与危害：①市场调节不是万能的；②市场调节存在自发性、盲目性和滞后性的弊端；③单靠市场调节的危害。

3. 环节三：未来之庆元民宿前景

议学情境：莫干山民宿——中国最成功的乡村改造，是国内民宿文化的发源地。这里的民宿既保留了原生自然的样式，又独具创新富有内涵，让前来度假和追求生活的人们远离城市的喧嚣，避开世俗的浮华，追求内心的平静与满足，体验一次真正理想中家的味道。那么，到底是什么提升了莫干山民宿的名气和人气？区位优势明显，心灵归属地触手可及；自然资源丰富，是依托又是民宿构成部分；人文历史深厚，创意赋予新的灵魂；建筑遗存众多，建筑本身就是风景；乡村旅游推动，越是大城市越先逆势而动，等等。

议学任务：

(1) 大学毕业后，如果回到庆元，你也想开办一家有品质的民宿，需要哪些必备条件？

(2) 乡村旅游推动民宿经济发展的同时也存在一些问题，如：卫生状况不乐观，消毒不规范，疾病、安全防范措施不到位，个体民宿之间相互模仿、逐渐趋同、缺乏个性与创新，甚至为了私利产生恶性竞争……那么，如何推动今后庆元民宿的健康、可持续发展？（分角色讨论：从企业、市场、政府三个角度进行说明。）

议学要求：4 人为一小组，充分讨论，选派 1 名代表分享学习成果，时间 5 分钟。

设计意图：本环节围绕庆元民宿产业的发展前景，搭建学生参与市场活动的平台，分角色讨论如何推动今后庆元民宿的健康、可持续发展。这一任务贴近学生生活，学生能说、愿说，但不能上升到经济学的角度，需要教师相机点拨和启发，生成建设现代市场体系的三个知识点（重要性、内容、措施）。在这一过程学生树立自觉遵守、维护市场秩序与规则的观念，树立法治意识、规则意识和诚信意识。

议学提示：

（1）市场体系的内涵。

（2）建设统一开放、竞争有序的市场体系：①重要性；②内容；③措施（要建立公平开放透明的市场规则，要完善主要由市场决定价格的机制）。

板书设计如图 1 所示。

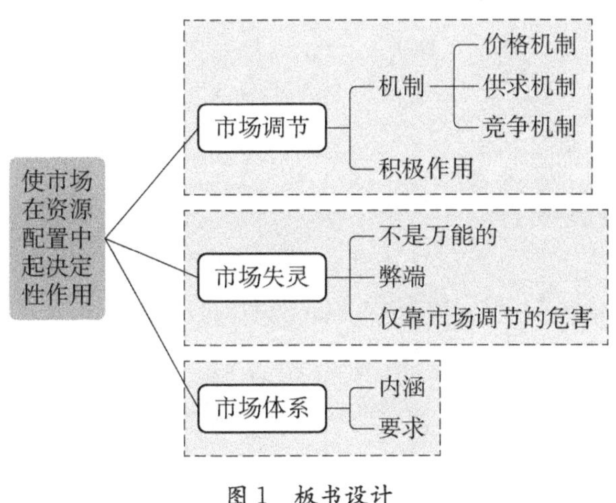

图 1　板书设计

结束语：无论是 1978 年改革开放，是 1992 年“不管黑猫白猫，能捉老鼠的就是好猫”，还是 2013 年十八届三中全会“使市场在资源配置中起决定性作用”，都是中国共产党带领中国人民的一次次伟大觉醒。中国的昨天已经写在人类的史册上！中国特色社会主义道路就是经过实践检验的人间正道，中国的今天正在亿万人民手中创造！新征程上，以团结为帆，以奋斗为桨，以更大的决心、勇气，在市场经济的浪潮中逐浪前行，向着下一个光辉的 70 年起航。中国的明天必将更加美好更加辉煌！

四、教学案例(片段)反思

本框教学以“中国经济为什么活起来了”为总议题,设置了三个教学环节,昨日之庆元成就、今日之庆元民宿发展现状、未来之庆元民宿发展前景,通过一系列活动,实现课程内容活动化,活动内容课程化,学生收获、感悟市场调节的机制、积极作用、失灵与危害、市场体系等内容。整堂课围绕庆元民宿产业的发展精心设计议题、优化教学情境、有效设计问题,激发学生学习兴趣,让学生有话可说,有话想说。不仅重视知识的落实,更注重学生思维的训练和能力素养的提升。

需改进之处:教学三环节中如何优化第一个环节,并使之与第二、三环节呈现序列化分布状态,三者间不仅其内部有着严密的逻辑关系,而且与结构化的学科知识相对应。

五、实践导师点评

(1) 知识梳理:本框内容梳理全面清晰,设计的板书体现学科内容的整体建构,体现出教师对教材内容的把握能力。如果在学科内容的素养化处理和活动化设计上能更进一步,将在新课标学科核心素养的课堂落地上取得更好的效果。

(2) 任务设计:教学设计能努力体现活动型学科课程的理念,三大环节中均注重了学生学习任务的设计,强调任务驱动。学生执行任务的过程,就是开展学习活动的过程。设计中如果能更好地平衡任务设计和活动的关系,活动型学科课程教学中的“活动”能更好地发挥育人价值。

王国芳
浙江省教育厅教研室,浙江省特级教师,正高级教师

温春元

情境导任务，活动促真知

一、教师简介

温春元

任教于丽水第二高级中学，现任学生发展处主任，2002年毕业于浙江师范大学，教龄20年，2021年4月被评为丽水市第四届教学名师，浙江师范大学和丽水学院学生实践导师，浙派名师培养对象，先后荣获浙江省优秀社团指导师、丽水市学科带头人、丽水市先进团干部、丽水市本级十佳青年教师、市直优秀共产党员和党务工作者等荣誉称号，在课程开发和试题命制等方面具备一定经验。

二、课堂教学思想

注重文本研读，通过深度备课提高课堂立意；注重整体立意，拒绝碎片教学，力求每一节课完整、严谨；注重思维激发，在互动中回应学生，在回应中点亮心灵，在长期的摸索中，逐渐形成了较为成熟的通过创设情境设置学习任务，在学生活动中导出知识真理的课堂教育模式。这种教学模式与新课程倡导的活动型课程也是相吻合的。我担任班主任工作9年，又先后在共青团岗位上工作8年、德育战线工作4年，接触了许许多多、各式各样的学生,这些经历让我越来越意识到,教师要组织好教学,必须首先承认、接受并尊重学生个体的差异,然后在这个基础上进行备课、教学和研究,我也在20年的教学工作中,逐渐形成了"尊重差异、理解个性、共同成长"的因材施教的教育教学理念。

三、教学案例(片段)

以"人代制:根本政治制度"教学设计为例。

(一)第一部分:设计依据

1. 理论依据

本框内容主要依据习近平新时代中国特色社会主义民主政治思想,讲述我国的根本政治制度。它是支撑国家治理体系和治理能力现代化的根本政治制度,是中国特色社会主义制度体系的重要组成部分,是人民当家作主的重要途径和最好实现形式。通过本框学习,学生了解基本内容,理解并认同优越性,坚定对中国特色社会主义政治制度的自信。

2. 课标依据

《普通高中思想政治课程标准(2017年版2020年修订)》对本框的内容要求提出,列举宪法有关人民主体地位的规定,说明我国是人民民主专政的社会主义国家,人民代表大会制度(以下简称人代制)是我国的根本政治制度。

(二)第二部分:教学设计

1. 教学目标

通过观看视频,学生从视频解说词中概括出人代制的基本内容,培养信息提取和归纳的能力。

学生通过阅读教材相关链接,全面把握中国共产党在制度探索中发挥的重要作用,增强对党领导核心地位的政治认同;同时理解人代制的一项基本功能,以及它作为根本政治制度的第一个方面的表现。

通过小组合作探究教材中的案例，学生推出案例中相关国家权力的行使方式，明确人代制作为根本政治制度第二个方面的体现，理解该制度的组织活动原则，逐步提高合作学习能力；同时全面理解人代制的优势，坚定实行这一制度的信心和定力。

2. 教学过程

环节一：人代制是怎样的制度

1）情境一　求是微理论“人类政治制度史上的伟大创造”

解说词（节选）：千余名代表肩负亿万华夏儿女的热切期盼，代表全体人民的共同意志，放下钳子、放下犁耙、放下镐头、放下笔杆，从车床边、从田地里、从矿井里、从海岸的哨所，汇聚到这里，同他们爱戴的党和国家领导人一起共商国是，以主人翁的姿态，行使国家最高权力。会议通过的宪法明确规定，“中华人民共和国的一切权力属于人民，人民行使国家权力的机关是全国人民代表大会和地方各级人民代表大会。”

材料：全国人大一届一次会议选举毛泽东为主席，朱德为副主席，刘少奇为全国人大常委会委员长。根据毛泽东的提名，大会决定周恩来为国务院总理。

【任务一】观看视频，阅读解说词（节选），说说自己的感受。

【教师活动】总结、概括学生的回答，将关键词板书在黑板上（见图1），引导学生提炼出人代制的内涵。

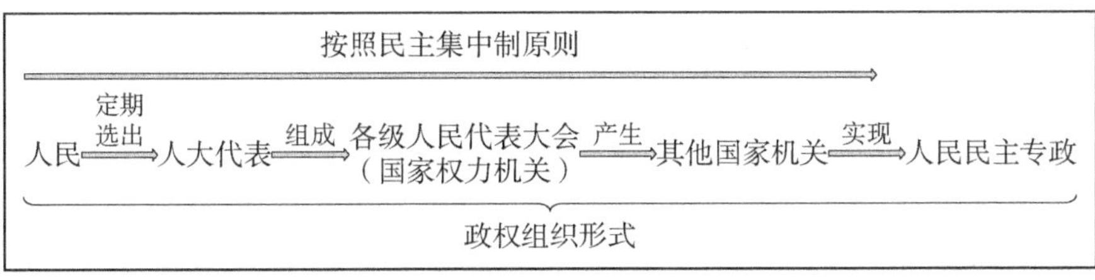

图1　板书呈现

【教学评价】重点关注学生信息解读能力和表达能力。

2)情境二 课本“相关链接”和视频信息(课件呈现图2)

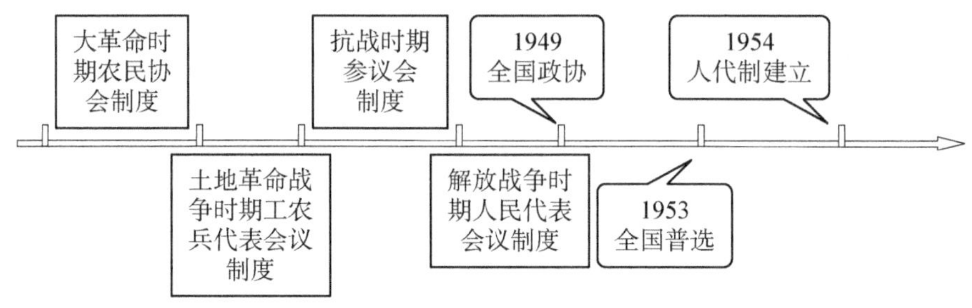

图2 课件呈现

视频信息:2019年,人代制在全国范围内建立65周年。65年来,人代制不断得到巩固和发展,其中:1988年4月第七届全国一次会议,首次特设秘密写票处;1990年3月第七届全国人大三次会议,首次启用电子表决器;2003年3月第十届全国人大一次会议启用智能电子票箱;2010年3月第十一届全国三次会议,首次实现城乡选举“同票同权”;2016年3月第十二届全国人大四次会议,首次推出部长通道;2018年3月第十三届全国人大一次会议,首次设立代表通道;2019年2月第十三届全国人大二次会议,全国两会新闻中心“开张”。

【任务二 合作学习】阅读相关链接、时间轴,回顾视频信息,结合68年来人代制的确立、发展和完善,谈谈你的感悟。

【教师活动】总结、概括学生信息,引导学生分析、理解并得出以下结论。

【结论】人代制离不开党的领导;人代制的一项基本功能及其作为根本政治制度第一个方面的体现。

【教学评价】互动对话中,关注教师的问题设置和学生的合作学习深度。

3)情境三 教材第50页“探究与分享”

【任务三】4个案例提及了哪些国家机关或地方?权力是如何行使的?它们与全国人大之间是什么关系?

【结论】(分析4个案例,再综合得出以下结论,课件呈现图3)

案例一、三反映了全国人大与国家主席、国务院之间的关系,其实监察机关、司法机关也是如此,它们都由人大产生,相应的行政制度、监察制度和司法制度也由处于核心地位的人代制，通过立法创制出来，并受其统领和制约，这是人代制作为根本政治制度的第二方面的体现。

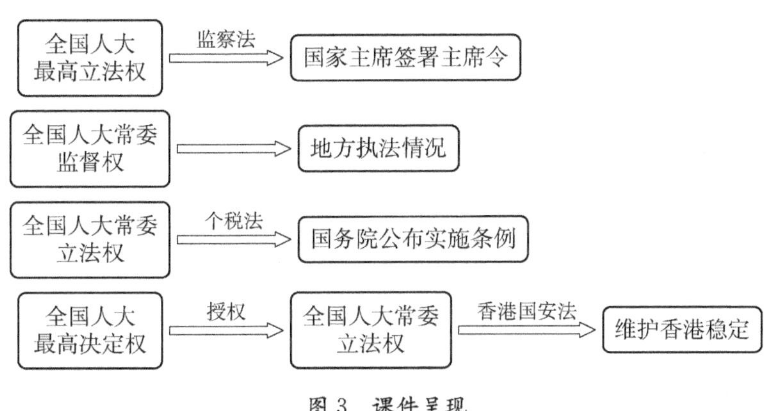

图 3　课件呈现

4 个案例中不同国家机关(或地方)与全国人大之间的关系，是民主集中制的重要表现之一。

【学习评价】根据学生的活动情况和展示结论，关注学生的政治认同度。

环节二:人代制好在哪里

1）情境四

2020 年 6 月 9 日，浙江省海盐县检察院召开网络听证会，人大代表和近千名网友参加了听证。

2021 年 9 月 8 日，北京朝阳区奥运村街道开展区人大换届选举宣传活动。

图 4　人代制保障人民当家作主

在民法典编纂过程中，全国人大常委会先后公开征求意见 10 次，累计收到 100 多万条，参与人数达到 40 多万人，这场广泛而热烈的“民法典大讨论”成为法治中国的靓丽风景。

2014年5月5日，参加湖南省七届人大二次会议的177名代表向大会主席团提案，要求罢免杨汇泉的副省长职务，经投票表决，赞成506票，反对162票，弃权88票，赞成票超过半数，通过了罢免案，整个会场掌声雷鸣，许多代表情不自禁地高呼“人民万岁”！

【任务四】结合图4，说说人代制是如何保障人民当家作主的。

【结论】人代制有力保证了人民依法实行民主选举、民主协商、民主决策、民主管理、民主监督，促进了国家政权的巩固；同时，该制度又调动了人民参与建设的积极性、主动性和创造性。这是它的优势所在，即：

(1) 保障了人民当家作主。

(2) 动员了全体人民以国家主人翁的姿态投身于社会主义建设。

2) 情境五

贴有蒙古文的选举现场

带着同声传译机的少数民族代表

穿着民族盛装的少数民族代表

图5　少数民族代表

十三届全国人大代表共2980名，来自各省、自治区、直辖市和香港特别行政区、澳门特别行政区、台湾省、中国人民解放军等35个选举单位，各地区、各民族、各方面都有适当数量的代表，其中少数民族代表 438 名，占代表总数的 14.70%，全国 55 个少数民族都有本民族的代表。

【任务五】结合图 5，说说人代制有什么优势？

【结论】维护了国家统一和民族团结。

3）情境六

2020 年 5 月 28 日，《民法典》在第十三届全国人大三次会议上，以 2 879 票高票通过。

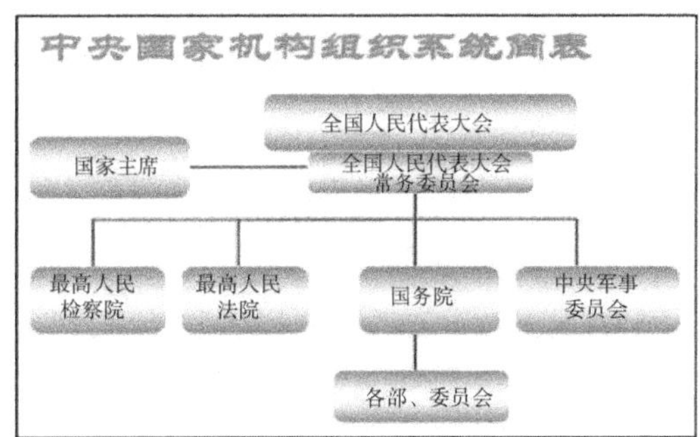

图 6　三权分立制与民主集中制

【任务六】结合图 6，分析“探究与分享”中中美差异的原因，并说明人代制实行民主集中制的原因。

【结论】保证了国家机关协调高效运转。原因主要在于两国政体的组织活动原则不同，美国实行三权分立制，人代制实行民主集中制。民主集中制能够既能保证国家权力始终掌握在人民手中，又有利于各个国家机关分工合作，协调一致地履行职责。

【学习评价】根据学生的活动情况和展示结论，重点关注学生的制度自信。

【本课小结】人代制是坚持党的领导、人民当家作主、依法治国有机统一的根本政治制度安排，60 多年的实践充分证明，人代制凝聚了 14 亿多人民的意志和力量，是符合国情和实际，体现国家性质，保障人民当家作主，保障实现中华民族伟大复兴，行得通、有生命力、有效率的好制度。在未来的岁月中，要继续坚定制度自信，长期坚持、不断完善，绝不照搬西方的政治制度模式。

四、教学案例(片段)反思

(1) 贯彻以学为中心的教学理念。整体坚持从情境导任务,在活动中悟真理、育素养的教学方法,围绕情境设计了若干学习任务,学生在任务驱动下开展活动。

(2) 注重学习方法的培养。一是培养论从史出的学习方法,该方式虽然是历史学科的重要学习方法,但在本课中也可以予以采用,综合运用各类历史课程资源,培养政治认同素养;二是注重比较学习法,通过政体运行的对比,让学生得出人代制保证了国家机关协调高效运转的优越性,培养学生的制度自信。

(3) 教学评价的设计仍需加强。就新课程提出的“建立促进学生思想政治学科核心素养发展的评价机制”的理念,如何在备课、授课中落地、落细、落实,仍要加强实践。

五、实践导师点评

温老师这节课的最大特点就是注重任务驱动,凸显了学为中心的教学理念。在教学的每个环节都创设了情境,基于情境设计丰富多样的学习任务,让学生在完成任务的过程中开展学习活动,同时也有意识地加强了对学生活动效果的评价,引导学生在真实的活动过程中掌握知识、提升能力,发展学科核心素养。特别是通过前后对比、中外比较,让学生在宏观时空的视野中,更深切地体会人代制的特点和优势,从而坚定“四个自信”,成效显著。

王国芳
浙江省教育厅教研室,浙江省特级教师,正高级教师

徐剑敏

构建人类命运共同体(教学设计)

一、教师简介

徐剑敏

任教高中思想政治,教龄26年,丽水市政协委员,丽水中学政治教研组组长、民进丽水中学总支主委。浙江省政治教育学会理事,丽水市教学名师、市学科带头人、市“138人才工程”培养对象,曾获教育部“一师一优课、一课一名师”部级优课和浙江省政治优质课二等奖。撰写的《知识建构三环节》等6篇论文在政治核心期刊发表,主持课题“高中政治梯级高考复习模式的研究”获市一等奖,20篇论文在国家、省、市级评比中获奖,多次参加市质量监控考试的命题工作。

二、课堂教学思想

高中思想政治课是以培育思想政治学科核心素养为主导的活动型学科课程,要完成教学任务,实现预期的教育效果,需要教师改进教学方式,增强课堂教学的实效性,提升学生的课堂实际获得感。情境教育理念认为,教师创设教学情境,学生进入情境,情感便发生在教师、学生、教材之间,相互作用着,生动的情境会激发学生学习兴趣,增加学习动力,获得学习活动带来的乐趣和满足。教学要采用多种评价方式，综合评价学生的课堂参与度、知识运用情况、情感态度价值观等，全面反映学生思想政治素养的发展状况。

三、教学案例（片段）

（一）教材分析

“构建人类命运共同体”是统编高中《思想政治》选择性必修一第五课第二框题，本框题共两“目”，其中第一目“人类命运共同体的内涵”主要解决“是什么”“为什么”“怎么做”的问题，侧重解决理论问题；第二目“中国智慧的生动实践”主要解决中国在建设人类命运共同体中是如何做的问题，主要解决实践问题。

（二）学情分析

从认知角度看，学生对中国践行人类命运共同体的实践有一定的感性认识，但对为什么要践行人类命运共同体理念缺乏客观、全面、理性的认识，对人类命运共同体的内涵理解也不全面。在这样的学情基础上，本课的教学策略是以探究原因为起点，围绕议题，讲好中国践行人类命运共同体的故事，引导学生从学理层面深入思考中国为什么要践行人类命运共同体理念，以及中国的智慧和方案。

（三）教学目标

在本课学习结束时，学生能够：

（1）通过导课视频和学生列举当今世界存在的问题，在情境分析中，感知构建人类命运共同体的必要性；通过整理导学案，在讨论交流中感悟人类命运共同体的内涵和基本要求；借助研究性学习小组活动，通过学生课外收集实例，在课内交流分享中，感受中国践行人类命运共同体理念。通过上述问题探究，培养学生的政治认同。

（2）结合新时代中国外交实践，理解新型国际关系，以共商共建共享为原则的全球治理观、携手共建“一带一路”的意义和价值，培育科学精神。

(3) 学生畅谈怎样为人类命运共同体建设贡献力量这一问题，以趣味性的开火车方式，表达构建人类命运共同体的内在心声，学生之间相互影响、相互学习，将知识内化为心、外化为行，承担社会责任，自觉参加到人类命运共同体建设当中。

(四) 教学重难点

教学重点：人类命运共同体的基本内涵和推动构建人类命运共同体的基本要求。

教学难点：构建人类命运共同体的原因，中国智慧和中国方案。

(五) 教学过程

1. 创设情境，导入新课

【情境展示】播放短视频，主要内容为：全球气候变暖，海平面上升，人类面临生存考验。

【情境问题】该视频反映当今世界的什么问题，为什么没有一个国家能独自应对这些问题?

【活动任务】学生交流、回答。

【教师点评】在全球化的今天，国家与国家联系加深，人类共同生活在同一个地球上，成为休戚与共的命运共同体。今天我们就一起来学习构建人类命运共同体!

设计意图：视频内容贴近生活，激发兴趣。依据教育心理学理论，好的教学应该充分激发学生的学习兴趣。兴趣激发的第一步就看情境本身是不是能够吸引学生的关注，抓住学生的思维。

2. 议题探究，学习新课

1) 环节一：贡献中国智慧

【议学情境一】习近平主席在不同时期发表过关于人类命运共同体的观点(见表 1)。

表 1　习近平主席关于人类命运共同体的观点

时间	地点	观点
2013 年 3 月	莫斯科国际关系学院	这个世界越来越成为你中有我、我中有你的命运共同体。
2015 年 3 月	博鳌亚洲论坛	通过迈向亚洲命运共同体，推动建设人类命运共同体。
2015 年 9 月	纽约联合国总部	构建以合作共赢为核心的新型国际关系，打造人类命运共同体。
2017 年 1 月	联合国日内瓦总部	世界命运应该由各国共同掌握，国际规则应该由各国共同书写。
2018 年 5 月	全国生态环境保护大会	推动和引导建立公平合理、合作共赢的全球气候治理体系。
2019 年 4 月	中国海军成立 70 周年活动	我们人类居住的这个蓝色星球，是被海洋连接成了命运共同体。

【议学任务一】阅读习近平在不同时期关于人类命运共同体的表述，谈谈你对构建人类命运共同体的理解。

【议学活动一】自主思考，合作交流，代表发言。

【议学情境二】情境材料：尊重各国人民自主选择发展道路的权利，反对干涉别国内政，反对以强凌弱；目前，臭氧层破坏、气候变暖、生物多样性剧减，全球性环境危机是人类面临的共同挑战。

【议学任务二】上述习近平主席讲话，对我们构建人类命运共同体有何启示？

【议学活动二】小组讨论，合作交流，代表发言。

【教师小结】经过学生自主思考，代表发言后，老师小结人类命运共同体思想的基本内涵。

第二个议学任务，经过学生小组讨论，代表发言后，老师概括构建人类命运共同体思想的 5 点具体措施。

设计意图：运用现实案例，理论联系实际，构建思维课堂，融课程目标和核心素养于问题之中；学生进行基于问题的学习，自主探究合作学习，在分析解决问题的过程中养成主动探究的学习习惯,提高学习能力,展现核心素养的行为表现。

2) 环节二:点赞中国行动

【议学情境】材料一:美国全球战略的目标是谋求“按照美国的构想塑造世界”。拜登就任美国总统以来,一再高喊“美国回来了”,号称要“重塑美国的领导力”。拜登声称,美国“最大的竞争对手是中国。”

材料二:2022 年 4 月,世卫组织总干事谭德塞表示,目前新冠疫情或许会再度出现病毒的感染高峰,全球各国理应加强防控力度,积极维持最基本的防控工作,在应对免疫力低下的脆弱群体时,更应积极展开新冠疫情的接种工作,从而规避疫情局势的进一步恶化。

材料三:近年来,随着单边主义、贸易保护主义和逆全球化思潮涌现和行动升级,不仅导致采取贸易保护措施国家自身付出昂贵成本,也对全球经济与贸易产生了显著的消极影响。

材料四:美国认为自己的人种和文明高人一等,执意改造甚至取代其他文明。世界的主流媒体几乎都被美国控制。国际上有什么新闻大事都第一时间覆盖,并且第一时间给出态度。

材料五:全球变暖使全球冰川消融,引发海平面上升,这不仅危害生态系统的平衡,还威胁人类的生存。

【议学任务】结合材料,列举中国在应对全球政治、安全、经济、文化、生态等问题的方案和实践,并思考中国是按何种理念开展这些活动的。

【议学活动】小组讨论,每组选 1 位代表发言,然后由后一组的同学对前一组发言的同学进行评价。

【教师小结】构建人类命运共同体思想,为国际和平事业、完善全球治理体系、全球生态文明建设贡献了中国智慧和中国方案;中国坚持打开国门搞建设,以“一带一路”为重点,坚持引进来和走出去并重,为世界经济发展增添了新动力。

设计意图:一是学生课外调查,收集信息,引导学生能够对中国践行人类命运共同体的行为进行思考;二是培养学生的自信心和民族自豪感,认同国家践行人类命运共同体的做法;三是融入多元化的教学评价,除老师对学生的评价,还有学生与学生之间的互评,将教学评价融入教学全过程,榜样的力量是无穷的,教育要传播正能量。

3) 环节三:塑造中国形象

【议学情境】青年有理想、有行动,世界就有希望,推进人类和平与发展事业就有强大力量。构建人类命运共同体需要青年肩负起重任。

【议学任务】青年人怎样为人类命运共同体建设贡献力量?

【议学活动】以开火车式请每位学生发言,说说自己心中的承诺。

【教师小结】当今世界,人类面临许多共同挑战,我们要牢固树立人类命运共同体意识,同舟共济,世界才能更美好。

设计意图:结合本课所学,将人类命运共同体理念转化为自己的行为,内化于心、外化为行,提高学生的公共参与素养。

四、教学案例(片段)反思

本框教学以"如何构建人类命运共同体"为总议题,设置了3个教学环节,即贡献中国智慧、点赞中国行动、塑造中国形象,通过一系列活动及其结构化设计,学生自主学习和合作探究,领悟什么是人类命运共同体,中国是如何践行人类命运共同体理念等内容。本课找准学生知识困惑点和成长的需求点,通过议学情境和议学任务的设置,以学为中心,调动学生学习主动性,让学生有话可说,有话想说。教学中不仅重视知识的落实,更注重学生能力素养的提升。学生主动参与,课堂讨论热烈,提高学习思政课的获得感,满足学生的成长需求。

五、实践导师点评

板块化设计,逻辑清晰。整节课围绕"如何构建人类命运共同体"这一主题,分贡献中国智慧、点赞中国行动、塑造中国形象3个环节徐徐展示,板块清晰、逻辑严谨。

活动化设计,学为中心。设置多样化活动,有观看视频谈问题,有结合材料谈理解、谈启示,有结合研究性学习分析实例,有结合未来谈贡献、做承诺等,实现课程内容活动化、活动内容课程化。

融入化评价,凸显创新。环节二中的前一组分享,后一组评价,给人耳目一新的感觉。

王国芳
浙江省教育厅教研室,浙江省特级教师,正高级教师